中国出版家丛书
ZHONGGUO CHUBANJIA CONGSHU

国家出版基金项目
NATIONAL PUBLICATION FOUNDATION

巴金

中国出版家

Zhongguo Chubanjia

Ba Jin

柳斌杰 主编　孙晶 著

人民出版社

出版说明

　　出版不仅仅是一个充满竞争的商业领域，同时，它也深深打上了"文化"和"思想"的印记。在这个文化场域中，交织着多种力量的动态关系，通过出版物的呈现和出版活动的开展，描绘了一个时代的文化风貌；而回旋折冲于其间者，则是那些幕后活跃、台前无闻的各类出版人。他们自喻"为他人做嫁衣裳"，事实上，却是国家文化传承和历史记录的主要担当者，有出版发展的参与人和见证者甚至称他们所起的作用为保存民族记忆的千秋大脑。虽然扼据出版要津之地，却少见自家行当的人物传记出版。本丛书是第一次规模化地为这个群体中的杰出者系列立传，从一个人到一群人的出版事功中，折射出近代以降出版业的俯仰变迁，同时也见证着出版参与时代文化思想缔构及其背后深广的社会历史内容。那些曾经彪炳于时的出版人，一方面安身于这个行业，以其敏锐犀利的时代洞察力，在市场、经营与创意中躬行实践，标领乃至规划了这个行业的发展，并使之成为国民经济的一个重要门类；另一方面又在"安身"之外，显现出面向社会的公共性关怀与"立命"的超越性关怀，从职业而志业的追求中，服务于民族解放、思想启蒙与文化进步的社会性经营，书写了出版人生的风采、风骨与风流。

本丛书所传写的 30 余位出版人，均为活跃于 20 世纪并已过世的出版前辈。中国古代也曾涌现了陈起、毛晋等出版大家，只是未纳入本书的传主范围。丛书在体例上，有单人独传与多人合传之分，但这并不必然意味着对传主出版贡献及其历史地位的轻重判别，许多情况下的数人合传，乃困于传主史料的阙如而不得已的选择，某些重要出版人如大东书局总经理沈骏声、儿童书局创办人张一渠等，也囿于同样情形而未能列入本丛书的传主名单，殊觉憾事。虽说隐身不等于泯灭，但这个行业固有的幕后特征多少带来了出版人身份上的隐而不显、显而不彰。本丛书的出版，固然是想通过对前辈出版事迹的阐幽发微、立传入史，能让同样为人做嫁衣者的当今出版人不至于觉得气类太孤，内心获得温暖，并昭示后来者在人生目标上，在家国情怀上，在出版境界上，追步于前贤，自觉立起一面促人警醒自鉴的镜子；同时更希望通过一个个传主微历史的场景呈现，让更多的人认识到出版在产业之外，更是一项薪火相传的社会文化事业，它对时代文化的接引与外度，使其成为一种任何人都不可忽视的"势力"，在百余年来的社会发展进程中，发挥了不可替代的作用。

故此，我们推出这套"中国出版家丛书"，以展示中国文化创造者的风采，弘扬他们的优良传统和崇高的职业精神，发掘出版史史料，丰富出版史研究和编辑史研究。

"中国出版家丛书"编辑委员会

人民出版社编辑部

二〇一六年四月

目　录

前　言

　　巴金（1904—2005），原名李尧棠，字芾甘。中国现当代著名作家、出版家。1927 年初赴法国留学，写成了处女作长篇小说《灭亡》，这部作品发表时首次使用巴金的笔名。

　　巴金创作了大量优秀的文学作品，主要代表作有长篇小说《激流三部曲》（《家》、《春》、《秋》）、《爱情三部曲》（《雾》、《雨》、《电》）和《寒夜》，中篇小说《憩园》和《第四病室》，随笔集《随想录》。

　　除了文学创作上的巨大成就之外，巴金在出版上也可谓功勋卓著。他对出版事业倾注了大量的心血，并乐在其中。巴金在晚年曾深情地回忆说："能够拿几本新出的书送给朋友，献给读者，我以为是莫大的快乐。"①

　　在与其同时代的许多知名作家眼里，巴金是一位极具编辑热情与编辑天赋的出版家；在许多名家看来，巴金的出版成就一点也不比其

---

　　①　巴金：《上海文艺出版社三十年》，《随想录》，载《巴金全集》第 16 卷，人民文学出版社 1991 年版，第 412 页。

文学成就逊色，只是有被其文名遮蔽之嫌。与巴金相知甚深的作家萧乾评价说："谈巴金而不谈他惨淡经营的文学出版事业，那是极不完整的。如果编巴金的'言行录'，那十四卷以及他以后写的作品，是他的'言'，他主持的文学出版工作则是他主要的'行'。因为巴金是这样一位作家：他不仅自己写、自己译，也要促使别人写和译，而且为了给旁人创造写、译的机会和便利，他可以少写，甚至不写。"① 在促进民族文化发展的过程中，巴金作为知识分子在出版岗位上发挥的作用，是连他的文学事业也无法比拟的。文学史家司马长风对于巴金的出版才能发出由衷的赞叹，他说："巴金以文名太高，掩盖了他在出版事业方面的贡献，其实后者对新文学的贡献远比前者重大。"②

巴金之所以能在出版上取得如此令人赞叹的成就，与他作为一位现代知识分子所拥有的岗位意识和文化自觉是分不开的。对于知识分子在现代社会转型时期的价值取向，陈思和教授曾提出了知识分子"岗位意识"③ 的著名论题；该命题从历史的深广度上考察知识分子的社会定位及价值表达，分析处在文化转型期的知识分子的价值取向及其现实处境，论述了现代知识分子与传统知识分子之间的差异。

---

① 萧乾：《挚友、益友和畏友巴金》，《文汇月刊》1982 年第 2 期。

② 司马长风：《中国新文学史》中卷，香港昭明出版社 1980 年版，第 12 页。

③ 按照陈思和教授的论述，所谓岗位意识，是指知识分子在自己的工作岗位上守持一份学术责任与社会责任，并通过这一系列的努力去维系一份文化的精血。这种对岗位的认同和岗位意识的确立，是现代知识分子对自我在社会中的一次准确定位，是知识分子的理性自觉，是对知识分子所承担的历史使命和现实责任的清醒认知。在陈思和看来，"岗位"的具体含义有两层："第一层含义是知识分子的谋生职业，即可以寄托知识分子理想的工作"，这其中已经包括了知识分子的学术责任与社会责任；第二层含义，也是"更为深刻也更为内在的意义"，即知识分子如何维系文化传统的精血。（陈思和：《知识分子在现代社会转型期的三种价值取向》，《犬耕集》，上海远东出版社 1996 年版，第 15—17 页。）

正如陈思和教授所指出的："一个国家的民族有没有理性的反省精神，并不是看统治者如何优秀，而是看这个国家的知识分子的精神传统发扬到什么程度，在教育、学术、出版、传媒等知识分子的岗位上有没有将一个民族最优秀的思想文化保存下来和发扬下去，从而对社会及其统治者的某些非理性的趋向形成制约。"[①]正是在这一意义上，可以说学术、教育、出版三位一体，成为现代知识分子践约理想、坚守岗位、"术"不同而"道"相同的三个重要方面。

知识分子的岗位不是空中楼阁，它是知识分子的精神世界与社会现实之间的契合点，"要做一个现代知识分子，首先要做一个现代观念的人，它的岗位应该是开放型的，应该在现代社会变动中找得到自己的立足点。著书立说、传播学说，以及将这些学术成果通过现代传媒转换为社会财富，应该成为一个知识分子的工作系统。"[②]

与学术、教育一样，出版成为现代知识分子十分重要的安身立命之所，成为知识分子承载和寄托人生理想和价值追求的工作岗位，成为知识分子将其知识价值转化为社会动力，并实现其自身价值的重要渠道。对出版人而言，他们应担当守先待后、薪尽火传的文化使命，这也正是出版人的文化自觉与文化追求。知识分子不应低估自己工作的意义，更不应随便放弃自己的责任；在一个民族的文明发展中，他们理应寻找到自己的岗位并发挥别人无可替代的作用。这一理念也正在为更多的出版人所认可，所践行。

巴金早年是个无政府主义者，无政府主义一个重要的精神核心便是牺牲、奉献。当中国无政府主义运动失败后，巴金从国外回来，感

---

① 陈思和：《犬耕集·自序》，上海远东出版社 1996 年版。
② 陈思和：《回顾脚印》，《写在子夜》，上海人民出版社 1996 年版，第 100 页。

到前途渺茫，唯有用笔写作来倾诉自己的苦闷与不满。不过，他只是把写作视为他的社会政治活动的延续，他对自己还不能把人生更多地奉献给世界感到迷茫。在他看来，凡是一个主义者，思想、言论、行动三者必须一致。因此，他的小说越是获得广泛赞誉，他越是深深陷于不被理解的痛苦之中。就在这个时候，一家在中国出版社史上有着特殊地位的出版社的出现，给苦闷中的巴金带来了脱胎换骨的契机和升华羽化的希望。

1935年5月，留日学生吴朗西①与伍禅②等人创办了文化生活出版社③。文化生活出版社始创时，巴金并不在国内。由于吴朗西等认为"巴金在当时已是拥有广大读者的有名作家，他有搞编辑工作的经验，他做事认真、负责"④，便希望巴金回国主持文化生活出版社的工作。得知吴朗西等创办文化生活出版社的消息后，巴金喜出望外，不仅把自己的一本译作《狱中记》、一本著作《俄国社会运动史话》交给他们出版，更欣然接受邀请，于1935年9月正式出任文化生活出版社的总编辑。

参加文化生活出版社的工作成为巴金一生中一个极其重要的转折

---

① 吴朗西（1904—1992），重庆人。日本东京上智大学肄业。曾任上海美术生活杂志社编辑。1935年创办文化生活出版社，任总经理。新中国成立后，历任文化生活出版社主任委员，新文艺出版社、人民文学出版社上海分社编辑室副主任，上海译文出版社编辑。译有《五年计划的故事》等。

② 伍禅（1904—1988），广东海丰人。留学日本东京高等师范。九一八事变后回国，在福建、广西等地中学任教，后与吴朗西共同筹办文化生活出版社并任编辑。抗日战争爆发后到沙捞越，从事抗日活动。1952年回国，1956年加入致公党，1979年当选为致公党中央副主席兼北京市委员会主任委员。

③ 1935年5月，文化生活出版社正式成立，其时社名为"文化生活社"，9月份改称"文化生活出版社"，简称"文生社"。

④ 吴朗西：《文化生活出版社》，《新文学史料》1982年第3期。

点。出任总编辑一职后，巴金对政治的热情完全转换成一种新的实践兴趣。如果说，写作仅仅是巴金政治社会理想不自觉的宣泄，被他视为社会政治活动的延续，而 20 世纪 30 年代已经开始的部分期刊编辑活动使他的热情有所寄托，那么，在文化生活出版社的编辑工作则成了巴金完成知识分子自我转型的新岗位。

　　任总编辑的十四年里，作为出版家的巴金以天才的眼光与职业的敏感主编了"文学丛刊"、"译文丛书"、"文化生活丛刊"诸多出版物。其中"文学丛刊"，历时十余年，最终出齐 10 辑 160 本，成为现代文学史上一套具有持久生命力、深远影响力的大型丛书。这套丛书除了编入鲁迅、茅盾、王统照等著名作家的作品外，更大量编入曹禺、何其芳、卢焚、萧军、萧红、周文、沙汀、艾芜、穆旦、陈静容等三四十年代成长起来的文坛新秀的作品，使得"推荐新人"成为这套丛书的显著特色。"译文丛书"等译丛不仅翻译出版了世界各个国家、各个民族的优秀作品，选目精当，编辑严谨，在现代翻译史、文学史上占有重要的地位；而且也推出了一批优秀的年轻翻译家。不拘名气，唯才是举，拔擢新人，这样一种看来似乎理所当然的出版理念，不仅经过历史的考验证明其实是颇不简单的，而且在今天的出版环境下愈发显得弥足珍贵。

　　"出版活动的意义，是由执著献身于传薪继火事业的优秀出版人擘画实现的。出版人的品格与追求，决定了出版的品质与成就。"[①]纵观中外有影响的出版人的成功经验，我们可以发现，影响出版品质的因素非常多，而最最重要的因素，无疑是从事出版工作的文化人的角

---

① 　贺圣遂、姜华主编：《出版的品质》弁言，复旦大学出版社 2012 年版。

色意识，亦即出版人的文化自觉。

所谓出版人的文化自觉，概言之就是对自己所从事职业的文化特质的清醒认知和作为文化人角色的自我认同；根据笔者的理解，出版人的文化自觉，主要体现在以下四个方面。

第一，出版人的文化自觉，首先体现在出版人强烈的岗位意识，即对自己所从事职业的高度认可和自我悦纳上。

第二，出版人的文化自觉，还体现在对出版物思想品质的自觉提升上，即把出版物的思想品质视作出版物的本质特征，并以提升其品质为己任。

第三，出版人的文化自觉，也体现在对人文精神的自觉呵护上，即关怀人生百态，关心弱势群体，对世间万物葆有一颗宽容怜悯之心。

第四，出版人的文化自觉，还体现在对出版物艺术品位的自觉追求上，即将出版物视作实现其审美理想的载体。

出版物是文明成果得到积累、文化传统得以流传的重要载体，出版人则是这一工作系统的重要一环。如果没有知识分子的人文精神贯注其中，出版事业便丧失了其内在的文化属性，外化为一种单纯的商业行为；一旦有了知识分子人文精神的贯注，出版则成为民族文化建设、国民精神涵养、人类文明传承的重要渠道。

巴金晚年曾这样回顾自己的出版生涯："我们工作，只是为了替我们国家、我们民族做一点文化积累的事情。这不是我自我吹嘘，十几年中间经过我的手送到印刷局去的几百种书稿中，至少有一部分真实地反映了当时我国人民的生活。它们作为一个时代的记录，作为一个民族发展文化、追求理想的奋斗的文献，是要存在下去的，是谁也抹杀不了的。这说明即使像我这样不够格的编辑，只要去掉私心，也可以作出好事。那么即使终生默默无闻，坚守着编辑的岗位认真地工作，有一天也会看到个人生命的开花结果。"① 事实也的确如此，巴金等一批出版人恰恰是在文化大萧条、图书出版陷入低谷之际走上这个岗位的。他们并没有要做文坛霸主或出版巨子的心，而是以自己的努力踏踏实实地为文学事业作贡献，以其文化人强烈的责任意识积极投身文化出版工作，干预生活，教育民众，出版了一大批影响了几代人的经典之作。在编辑的工作实践中，巴金切实感受到了作为一个精神播火者的意义，在行动中体会到了编辑工作是一项值得为之长期奋斗的创造性工程。

对自己在文化生活出版社的编辑经历，巴金的总结是："我在文化生活出版社工作了十四年，写稿、看稿、编辑、校对，甚至补书，不是为了报酬，是因为人活着需要多做工作，需要发散、消耗自己的精力。我一生始终保持着这样一个信念：生命的意义在于付出、在于给予，而不是在于接受，也不是在于争取。"② 的确，巴金在编辑工作的岗位上默默地垦殖与播种，沉浸在释放自我、燃烧自我、实践自己人生理想的兴奋与快乐中。巴金觉得知识分子不能守株待兔，等待别人恩赐，他确信："人文精神是要靠知识分子在具体的实践中逐步发扬的。"③ 巴金在编辑的岗位上实践着自己人生的理想、人生的梦。他在平凡的岗位上，朴朴素素地传衍文明。因此，文化萧条时他坚守自

---

① 巴金：《上海文艺出版社三十年》，《随想录》，载《巴金全集》第 16 卷，人民文学出版社 1991 年版，第 414—415 页。

② 巴金：《上海文艺出版社三十年》，《随想录》，载《巴金全集》第 16 卷，人民文学出版社 1991 年版，第 412 页。

③ 陈思和：《结束与开端：巴金研究的跨世纪意义》，《犬耕集》，上海远东出版社 1996 年版，第 87 页。

己的事业，漫天烽火中依然坚守自己的岗位，以自己的方式去放散个人的生命，照彻更广的人生。

正如出版人郝铭鉴所指出的："巴老是文学的高峰，是社会的良心，是时代的一面镜子，也是我们出版人的一面大旗。"[1] 无疑，作为出版家的巴金，其社会意义和给我们的人生启迪是多方面的。

首先，巴金的出版实践对中国文学事业的影响是巨大而深远的；不能设想，如果没有巴金在文化生活出版社工作期间对青年作家的提携和对中外文学成果的集中展示，中国现代文学乃至当代文学会是怎样一番景象。其次，巴金的出版实践"向我们展示了现代知识分子对中国命运的多种可能的选择和尝试"[2]；20 世纪 30 年代，正当我们的民族需要救亡图存的关口，进步知识分子可以选择投笔从戎，可以选择以笔为刀，也可以像鲁迅、巴金一样从事传承文化和抚慰人心的出版工作。再次，巴金在出版上的探索启示我们，"知识分子在社会现代化转型过程中如何寻求自己安身立命的岗位"；这种岗位"不是要放弃知识分子对社会的责任，而是重新寻找对社会履行责任的方式"。出版为现代知识分子提供了履行责任的一种可能，而"巴金等人的实践确实为我们这一代的知识分子提供了一条思路"[3]。

今天，我们身处一个急速发展和大跨度转型的时代，在世界范围内文化软实力和意识形态话语权竞争日趋激烈的当下，某种意义上同样面临着民族文化救亡图存的严峻形势。在这样的关头，知识分子该

---

① 郝铭鉴：《心中要有块石头》，华夏出版社 2010 年版，第 40 页。

② 陈思和：《结束与开端：巴金研究的跨世纪意义》，《犬耕集》，上海远东出版社 1996 年版，第 89 页。

③ 陈思和：《结束与开端：巴金研究的跨世纪意义》，《犬耕集》，上海远东出版社 1996 年版，第 90 页。

如何选择自己的岗位，同样是值得慎思的人生课题。

不可否认，在这样急剧变化的时代，知识分子的社会角色和政治地位也发生着天翻地覆的变迁，甚至陷入了某种身份危机。正如弗兰克·富里迪所指出的，在世界范围内，知识分子正在经历一种"从强大的主人公到迷失的灵魂"①的蜕变。如何把握历史的趋势，校准人生的方向，守住做人的底线，是摆在每一位知识分子面前的难题。从某种意义上说，现今知识分子的身份危机不是来自物质而是来自精神，不是来自外界而是来自自我，倘不留意，就会自陷庸人的巢穴而不自知。巴金等老一辈知识分子的选择，尤其是在自觉维护民族文化完整和精神传承上所做的努力和奉献，或许正可作为当今知识分子选择职业和筹划人生的借镜。

"在商业出版大行其道的今天，我们终于在巴金先生那里，找到了一个文化理想主义的出版典范。"②对于已经选择了以出版为业的我们来说，巴金身上所体现的现代知识分子应有的那种文化担当和悲天悯人的博大情怀，更是我们必须自觉继承和学习的。唯有如此，我们才能不辱知识分子的名号；唯有如此，我们才担负得起当代中国出版人的光荣使命。

---

① ［英］弗兰克·富里迪著，戴从容译：《知识分子都到哪里去了——对抗 21 世纪的庸人主义》，江苏人民出版社 2005 年版，第 25 页。

② 俞晓群：《巴金：文化理想主义的出版典范》，《中国新闻出版报》2009 年 8 月 21 日。

第一章

个人生命的开花结果

——巴金的人生理想与岗位意识

如前所述，知识分子的岗位意识在于立足岗位，守持一份学术责任与社会责任，并通过一系列的努力去维系一份文化的精血。这种岗位意识的确立和对岗位的认同，是现代知识分子在历史文化转型期对自我价值在社会中的一次准确定位，是知识分子理性自觉的客观外化，是对所承担的历史使命和现实责任的清醒认知。

作为中国现当代最伟大的作家之一，巴金有着十分高远的人生理想，这或许不足为奇，因为这是许多伟大作家的共性。但是，巴金更有其独特之处，即他很早就将自己的人生理想落实在具体的岗位意识上，在大变革的时代找到了自己发挥作用的具体路径，这就是他的出版工作。巴金和他的同人们不是为了金钱利益才搞出版，他们恰恰是在文化大萧条时走上这个岗位的。他们出于自己人生理想的支持，要为时代留下文明的火种、刻下艺术的印痕。也正因此，即使在战争的烽火硝烟之中，他们仍然踏踏实实地为文学事业作贡献。不论在何种境况之下，他们心头的火种始终长存。

一、在出版事业中看见"信仰所开放的花朵"

教育救国，曾是一代知识分子的人生抱负。出版工作和教育工作一样，都是知识分子投身社会、促进社会变革和文明进步的重要岗位。出版工作，最初被视为教育的组成部分，而事实上也是如此。叶圣陶曾说过，"就广义说，出版工作也是教育工作"。[①] 实际上，现代出版机构创立之初，大多均与编辑出版教科书有关。张元济投身商务印书馆前曾任南洋公学监督，是明确怀着"昌明教育生平愿，故向书林努力来"之宗旨来主持出版工作的。入主商务后，张元济继续坚守"吾辈当以扶助教育为己任"的理念，聘请具有新思想、新学识的专家编制小学用最新教科书，将中西文化知识融入其中，一改传统蒙学读物的内容和格局，从而使商务版所编新式教科书以焕然一新的面目出现，开创了现代教育新纪元。与此同时，张元济还本着"为中国开发急务"之宗旨，积极策划汉译名著丛书，将介绍西方新知识新思想的学术著作当作出版的重点。《天演论》、《法意》、《社会真诠》、《群

---

① 叶圣陶：《要理解少年儿童——祝贺少年儿童出版社建社三十周年》，《叶圣陶集》（叶至善、叶至美、叶至诚编）第9卷，江苏教育出版社2004年版，第331页。

学肆言》……，一部部西方学术名著接连编译完成出版，成为当时引领思想、启迪心智的出版物，而汉译世界名著也成为商务印书馆承传百年、特色独具的品牌。

巴金从事出版，一开始就出于对文化传承和民族振兴的自觉意识。正因为巴金对这一点很早就有了清醒的认识，因此，他能在出版工作中建功立业就一点也不奇怪了。

从现代文学史上看，从事文学编辑工作的知识分子可以分为两种，一种是职业型编辑，另一种是理想型编辑。职业型编辑，他们为人正直，知识渊博，善于发现真正的人才，并乐意竭尽全力去帮助他和造就他。他们的成就感在于编出一本本被世代诵读的好书。而理想型编辑则是特殊的编辑人才，他们有自己鲜明的文学理想和文学主张，往往本人就是杰出的理论家和文学家，他们希望通过编辑出版工作来传播自己的信念和理想。这也就说明了为什么中国现代出版史上有那么多知识分子，他们既是优秀的作家，同时又是优秀的编辑家，如陈独秀、鲁迅、茅盾、叶圣陶、巴金、靳以、胡风、冯雪峰、郑振铎、林语堂等。

这类理想型编辑往往兼有导师的责任，他们的成就感不仅仅在于一本书的出版，而在于更大的精神力量作用。以启蒙为主要特征的现代出版史上，光彩夺目的优秀编辑多半是属于后一类，如编《新青年》的陈独秀，编《小说月报》的茅盾，编《生活》的邹韬奋，编《七月》、《希望》的胡风。巴金，应该也算在这一行列。不过，巴金的编辑生涯却更有其特殊之处。

20 世纪 30 年代，一度高涨的无政府主义运动在中国陷入低潮。从国外归来的巴金陷入深深的困惑之中，他觉得自己崇尚无政府主义的理想，在实际生活中却没有把自己的思想与行动合二为一。他渴望付出，渴望奉献，但即便是写作也无法安抚他的灵魂。1934年里他几乎有半年不曾提笔，而是到自己昔日的同志、朋友那里去旅行，寻找自己适合的位置。巴金先后去了江苏南京、浙江的台州和长兴煤矿，三次北上平津，去了山东青岛，还曾三次南下福建，一次还去了广东、香港。其中尤以三访泉州给巴金留下的印象最深。

当时的福建泉州和广东新会等地，一度曾是年轻的无政府主义者们的活动中心。这些年轻人在海外侨胞的捐赠支持下，创办了两所中学。巴金的新老朋友吴克刚①、卫惠林②、陈范予③、叶非英④、郭安仁⑤、

---

① 吴克刚（1904—1999），又名君毅。早年留学法国，积极参与无政府主义活动，后于1927年被法国政府驱逐出境。回国后继续发表文章传播无政府主义，曾任上海劳动大学教授；1949年赴台，任台湾大学教授。

② 卫惠林（1904—1992），原名卫安仁。1927年1月曾和巴金同船赴法留学，主要研究民俗学。20世纪40年代先后执教于南京大学、复旦大学，20世纪50年代后任职于台湾大学等院校。

③ 陈范予（1901—1941），本名昌标。1918年考入浙江第一师范，与冯雪峰、潘漠华、汪静之、柔石等成立晨光社。1930年与文学家巴金结识，互为知己，翌年曾为营救同学柔石奔走呼号，惜未如愿。1941年2月，病逝于武夷山。巴金闻讯，撰写《做一个战士》、《死》、《悼范兄》三文悼念。一生著译甚丰，有《新宇宙观》、《科学与人生》等传世。

④ 叶非英（1906—1961），字士平。曾在黎明高中任教，并在平民中学兼课。1930年秋天，巴金探望黎明高中校长吴克刚，和叶非英相识，结为好友。1958年反右运动中被错划为右派分子，1983年平反。2002年，泉州市黎明大学（黎明职业大学的简称，巴金曾任名誉董事长）设立"叶非英奖学金"。巴金在《随想录》中写了《怀念非英兄》的长文，以表达对叶非英永久的怀念。

⑤ 郭安仁（1909—1968），即丽尼。曾任《泉州日报》副刊编辑，晋江黎明高中、武汉美专教师。抗战后在福建、四川从事写作和教学，任重庆相辉学院外文系、武汉大学中文系教授，1949年后在中南人民出版社、暨南大学等处任职。"文革"中受到迫害，1978年平反。著有散文集《白夜》、《鹰之歌》、《黄昏之献》，译著有《田园交响乐》、《贵族之家》、《前夜》、《天蓝的生活》。

陆蠡[①] 等都先后在这里工作过。巴金被朋友们用工作征服疾病、用信仰克服困难的奉献精神深深感动，他无比地崇敬他们，留恋泉州这一理想的汇聚地。回到上海，巴金创作了小说《爱情三部曲》。写完全书，巴金感到了欣慰，但同时更加感到了一种失落。他认为自己与那些朋友不同，认为自己依旧是一个生活的旁观者，他渴望做更多的事来发散，来付出，使自己的生命开花结果。[②]

在文化生活出版社工作之前，巴金其实已有一些编辑工作的实践经验。早在故乡成都，巴金便与吴先忧[③] 等志同道合的朋友，结成了一个叫"均社"的团体，友谊的成果之一就是编辑出版《半月》杂志。吴先忧原是四川公立外国语专门学校学生，与几位友人创办《半月》刊，宣传新文化，刊物的大部分经费都是吴先忧设法筹措的。那时吴先忧也没有固定收入的来源，为了付印刷费，他常常拿家里衣服去典当，为了怕姐姐知道便把要典当的衣服穿在身上，以致闹出夏天把棉袍穿在身上的笑话。陈丹晨在《巴金全传》中写道，"吴先忧言行一致和苦行、牺牲精神，不顾社会舆论和家庭责备毅然实践自己主张的勇气，给巴金留下不可磨灭的印象，使他进一步懂得了如何做人，也

① 陆蠡（1908—1942），即陆圣泉。毕业于上海劳工大学机械工程系，后到福建泉州泉州平民中学任理化教员。虽然从事理化教学，课余却喜爱文艺，致力于散文创作和文学名著的介绍。太平洋战争爆发后，由于在沦陷后的上海坚守文化工作岗位，1942 年 4 月 13 日被捕。7 月 21 日，陆蠡被押出牢房，说是释放却就此失踪。朋友们后将这一天作为陆蠡的遇难日加以纪念。著有散文集《海星》、《竹刀》、《囚绿记》（《竹刀》又名《溪山集》），均由巴金经手，收入"文学丛刊"。此外还翻译了拉玛丁的《葛莱齐拉》，屠格涅夫的《烟》、《罗亭》，都收在文化生活出版社的"文化生活丛刊"及"译文丛书"里。

② "个人生命的开花结果"来自法国居友的学说，也是无政府主义社会理论的伦理学基础之一。

③ 吴先忧（？—1956），成都外语专科学校学生，后转入华西协合大学教育系学习，毕业后从事教育工作。建国后任成都十三中校长。

看到了信仰的力量。"①

巴金在自己的文章中也总是怀着崇拜的心情谈到吴先忧，他说："我第一次在他的身上看见了信仰所开放的花朵。他使我第一次知道一个人的毅力会作出什么样的事情。母亲教给我'爱'，轿夫老周教给我'忠实'（公道），朋友吴教给我'自己牺牲'。"②不过，《半月》刚刚创刊一年便因刊登提倡女子剪发的文章，触犯了政府禁令，被查封了。③后来，巴金又和吴先忧创办了周刊《平民之声》，出刊10期；与卫惠林一起为太平洋书局编辑《革命论丛》（最终未出版）。

1927年，巴金在巴黎遥控编辑了一家在旧金山出版的刊物《平等月刊》，发表大量对国内时局的看法和作为一个无政府主义者的对策。在这期间，巴金发表了第一篇中篇小说《灭亡》。④1929年1月，巴金回到上海后，以"马拉"为笔名编辑5期《自由月刊》。1930年3月，巴金为上海世界语学会编辑世界语杂志《绿光》。1931年1月，巴金与卫惠林共同主编的《时代前》月刊出版，出刊6期。

巴金参与编辑的这些期刊都是规模不大、非文学性的小刊物，而且都与他早年的政治信仰和追求有关。但是，通过编辑这些刊物，巴

---

① 陈丹晨：《巴金全传》，中国青年出版社2003年版，第64页。

② 巴金：《我的几位先生》，《短简》，载《巴金全集》第13卷，人民文学出版社1990年版，第19页。

③ 巴金早年的编辑历程，他自己曾在《小小的经验》一文中有所回忆，收入《忆》（文化生活出版社1936年版）。后收入《巴金全集》第12卷，第409—415页。

④ 巴金步入文坛十分偶然。他的朋友索非是开明书店的编辑。巴金在法国时，索非在上海。巴金把《灭亡》寄给他，请他帮忙自费印出来。但是，后来朋友索非把《灭亡》交给了当时在《小说月报》主持工作的叶圣陶。叶圣陶将其发表了。巴金也一举成名。回到上海，巴金常和索非住在一起。巴金的大部分作品都是由他送出去发表的。索非曾用AA的笔名编过《开明》，从前出版过《狱中记》和《战时救护》等书。1945年赴台湾。

金走上了人生奉献的第一步，同时，也"替他后来编辑刊物，办出版社积累下有用的经验，更会是促使他干这项工作的思想源泉。"①

　　1934 年 1 月 1 日，《文学季刊》在北京问世。该刊的创办宗旨是：组织、推动作家，特别是年轻的进步的有朝气的作家，用新的创作来打破当时文坛的沉闷空气，"以忠实恳挚的态度为新文学建设而努力着"②。对于彼时的情状，沈从文曾有记载："在北方，在所谓死沉沉的大城里，却慢慢地生长了一群有实力有生气的作家。曹禺、芦焚、卞之琳、萧乾、林徽因、李健吾、何其芳、李广田……是在这个时期陆续为人所熟习的。"③

　　《文学季刊》创刊的 1934 年，号称中国的"杂志年"，当年定期出版的杂志约三百种，百分之八十是文艺或半文艺性质的"软性读物"。然而，《文学季刊》却不取媚市场，以纯正的严肃的创作为主打，以切实从事文化建设的决心，赢得了读者的尊重和文学杂志的尊严。当时，创办《文学季刊》这样一份纯文学的刊物，其遇到的困难是不难想象的。1934 年 12 月 16 日出版的第一卷第四期《文学季刊》封二上，刊有这样一条启事："本刊为同人杂志，以前一切文稿酬劳，均未与书店有明确规定，故付给稿酬极不规则。第一期仅有四位得到极微的稿酬，计每面一元。……第四期起，已定当稿酬办法，为数虽微，但全是一律，不分等级。"当时一般大型期刊稿酬为每千字五元左右，而《文学季刊》仅每面一元，由此可以想见刊物经济之困难。

　　刊物虽然面临着经济上的严重困难，但在主持者的执著追求和

---

① 纪申：《记巴金及其他——感想·印象·回忆》，宁夏人民出版社 1994 年版，第 4 页。
② 《大公报·小公园》1330 号，1935 年 8 月 19 日。
③ 沈从文：《从现实学习》，《大公报》1946 年 11 月 10 日。

苦心经营下，这本刊物却办得很有生气，被称作"中国第一个大型文学杂志，开当前全国例如《收获》一类大型文学刊物的先河"①。虽然1935年12月出版第2卷第4期后，《文学季刊》因故停刊，但却是一本有着深远影响力的重要期刊，"在现代文学史上有它不可忽视的地位。《文学季刊》团结了一大批作家，发现了一大批文学新人，并发表了不少有重要影响的文学作品。如今，他们中间的不少人成为现代文学史上的著名作家。"②

巴金在担任《文学季刊》编委期间，开始发挥他卓越敏锐的文学编辑眼光，推出了包括曹禺的处女作《雷雨》在内的一大批优秀作品。

《文学季刊》创刊的同年10月10日，巴金与卞之琳等一起创办主编了另一个文艺月刊——《水星》。这是一个只发表创作，不发表评论和译作的文学刊物，前后共出版了2卷9期。关于《水星》，卞之琳回忆说，《文学季刊》和《水星》"一大一小两个刊物，按期出版，当然也得归功于书店方面的努力和效力。首先当然是感谢郑振铎、巴金两位以及一些义务组稿人员，从来稿中又形成一支基本队伍。"③作为《文学季刊》的姊妹刊物，《水星》承继了《文学季刊》办刊理念，也是巴金编辑思想的又一块试验田。

1936年6月1日，巴金与靳以主编的《文季月刊》出版。该刊是《文学季刊》的继续，同样在当时产生了重大影响。《文季月刊》仅仅维持了七个月。但其"在现代文学期刊出版史上，仍然占有光辉

---

① 卞之琳：《星水微茫忆水星》，《读书》1983年第5期。
② 艾以：《艺海一勺》，四川文艺出版社1986年版，第149页。
③ 卞之琳：《水星微茫忆水星》，《读书》1983年第10期。

而重要的一页。"①1937 年 3 月 15 日，巴金和靳以合作主编的《文丛》月刊创刊，继续"文"字头期刊的出版。

参与上述这些文学期刊的编辑，为巴金积累了更多的经验；同时也为他积累了从事图书出版最重要的作者资源，使他距离成为一位成熟编辑家的道路更近了。不过，巴金在编辑出版这一工作岗位焕发出新的动力，找到自己新的人生定位，则始自他在文化生活出版社的十四年编辑生涯，这一"切实的岗位才使他有了把无政府主义的精神与具体的文化工作结合起来的可能，由此恢复了知识分子的自信。他的自信不但体现在从事出版工作的热情中，也逐渐体现在文学创作上，使《憩园》、《寒夜》等作品达到了思想性与艺术性较高的结合。"②正是在文化生活出版社的工作中，巴金将他的人生信仰伦理化，并与其编辑实践实现了无缝结合。

20 世纪 30 年代伊始，在世界经济疲软不振的大背景下，上海工商界也面临连年萧条、经济衰退的局面。反映到文化产业方面，当时一般的出版社都争着出杂志，而不愿意出版单行本图书。1934 年、1935 年这两个年头更是被称作"杂志年"。对此，吴朗西回忆说："当时不景气的风已经吹到上海工商界身上来了。书店出版社争出销数比较大、资金周转比较的刊物杂志，至于单行本，一般连创作的小说都不愿意出，更不用说翻译小说了。"③关于这种状况，1934 年 7 月施蛰存在致戴望舒的信中也曾感慨："现在一切的书局都不收

---

① 赵家璧：《文坛故旧录：编辑忆旧续集》，生活·读书·新知三联书店 1991 年版，第 154 页。

② 陈思和：《巴金的意义》，《上海社会科学院学术季刊》2000 年第 4 期。

③ 吴朗西：《文化生活出版社》，《新文学史料》1982 年第 3 期。

单行本，连预支百元的创作集也没有出路，这是如何不景气的一个出版界啊！"①

　　鲁迅对当时的出版状况也十分不满："现在的一切书店，比以前更不如，他们除想立刻发财外，什么也不想，即使订了合同，也可以翻脸不算的。"②在致孟十还的信中，鲁迅说："现在即使有了不等饭吃的译者，却未必有肯出版的书坊。现在虽是一个平常的小梦，也很难实现。"③1935年，鲁迅在写给曹靖华的一封信中更是指出："上海今年的出版界，景象比去年坏。"④已是文坛巨子的鲁迅尚有如此感受，那些名不见经传的文学青年所面临的出版困境便可想而知了。文化生活出版社则"完全是一群知识分子按照自己的社会理想和文学爱好而开办起来的"⑤，他们希望"多数青年的需要就这样被人忽略了"的局面不再出现，期待以自己的努力踏踏实实地为文学事业作贡献。可以说，巴金正是在加入文化生活出版社的事业后，找到了自己安身立命的岗位，出版恰恰为巴金等一批现代知识分子提供了履行责任、燃烧自我的可能。

　　巴金一生勤于笔耕，伟构不凡，但他在编辑出版岗位上的工作，却是建功于无形之中。在文化生活出版社担任总编辑的十四年中，巴

---

①　施蛰存：《施蛰存致望舒函》，《现代作家书简》（孔另境编），花城出版社1982年版，第84页。

②　鲁迅：《致孟十还》（1934年12月6日），《鲁迅全集》第12卷，人民文学出版社1991年版，第582页。

③　鲁迅：《致孟十还》（1934年12月4日），《鲁迅全集》第12卷，人民文学出版社1991年版，第579页。

④　鲁迅：《致曹靖华》（1935年2月18日），《鲁迅全集》第13卷，人民文学出版社1991年版，第62页。

⑤　王建辉：《出版与近代文明》，河南大学出版社2006年版，第93页。

金主编了一系列大型丛书，为中国现代文学的发展作出了重大贡献。"《文学丛刊》、《现代长篇小说丛书》、《戏剧家作品集》等几套大型丛书，出版了大量的文学名作，为培养人才，繁荣文学，作出不可磨灭的功绩"①，文化生活出版社也因此成为三四十年代对新文学创作推动最大的民间出版社。对巴金而言，文化生活出版社不仅仅是一个出版机构，更是他在现实中实践无政府主义互助和奉献精神的一个场域和栖居之所，是他立足民间完成知识分子自我转型的一个新岗位。从此，巴金这个名字不仅是中国现代文学史上一位伟大作家的符号，更成为中国现代出版史上一位卓越出版家的代码。

巴金的人生理想之所以在文化生活出版社得到了升华，主要取决于文化生活出版社的性质。文化生活出版社不同于一般商业性质的出版机构，也不是某种政治团体的出版机构，而是一群志同道合者的朋友实践人生理想的实验机构。在这里，政治激情转换为伦理自觉，传统的庙堂政治价值转换为民间的文化工作价值取向。他们都是为了一个共同的理想，以义务工作的方式把自己奉献给社会和文化。这种实验与当时泉州等地的那群年轻人从事教育的实验一样，充满了崇高的理想色彩和献身精神。巴金在文化生活出版社的编辑工作中"不但找到了人格理想与文学事业相一致的道路，而且确定了自己文坛上的位置"②。

应该说明的是，这样一种由广场向岗位转化的道路并不是巴金独特的道路。鲁迅的弃小说而重杂文的写作，正是为了更好地发挥广场上的战斗作用，同时又把自己的工作范围严格设定在文化批判领域，

---

① 陈思和：《试论现代出版与知识分子的人文精神》，《复旦学报》1993 年第 3 期。
② 王辛笛：《我所了解的巴金》，《新文学史料》2001 年第 5 期。

这就使他在切实的知识分子的实践中走出一条特有的道路。鲁迅晚年自觉团结了一批严肃认真从事文化事业的青年作家和编辑，其中主要就形成了以巴金和胡风为代表的两个知识分子群体。"很显然，如果鲁迅不是因病早逝的话，中国知识分子将会在汇聚了各种风气的上海发挥极为重要的战斗作用，而且其生存与斗争方式将明显区别于《新青年》开创的广场的传统，也区别于因怯懦于现实环境而躲入书斋的传统文人的方式，形成一种知识分子岗位意识的价值取向。"[①]

不过，与其他优秀的出版家有所不同的是，巴金将他个人的信仰与理想主要贯穿在自己的工作精神之中，却很少贯穿在所编辑的具体图书之中。巴金很少以个人的思想和理论来约束图书出版，很少以自己的好恶来取舍作品，这就使他避免了导师的角色，而成为一个既有强烈的个人精神追求，又能做到海纳百川、有容乃大的优秀出版人。所以说，也许从纯粹的意义上看，巴金更具备一个优秀编辑的博大胸怀与审美眼光。

这样，巴金从事编辑的意义便与其他杰出的编辑们区别开来了。其他的杰出编辑，如陈独秀编《新青年》，是为宣传他的启蒙理想，唤起整个国民的伦理觉醒；又如胡风编《七月》、《希望》，是为了贯彻他的文学理论主张，在文坛上凝聚起一股新的力量。而巴金从事编辑却没有仅仅局限在他的政治理想之上，而是将其转换为工作精神，去建构新的知识分子的民间价值系统。因此，巴金所编辑的出版物并不受其政治信仰的影响，而是真切地呈现出现代文坛的真实风貌。尽管文化生活出版社也出版过一些宣传无政府主义或含有无政府主义精

---

① 陈思和：《巴金的意义》，《上海社会科学院学术季刊》2000 年第 4 期。

神的书籍，但总体上则是受到出版事业一般规律的制约。尤其作为一位作家的巴金，他选择书稿的眼光是以文学创作为主题，以中外文学名著为对象。也正因为如此，巴金为三四十年代的中国文学发展作出了极其重要的贡献。从文学的意义来看，巴金坚持文学的品格与理想，出版了一大批优秀的具有上乘艺术价值的作品，来满足广大读者的阅读需求；从出版意义来看，巴金从事平凡的文化积累工作，坚持用好书来冲淡当时污浊的文化空气，抗衡险恶的现实环境。正像他自己所说的："我们谈理想，是要努力地把理想变成现实；我们要为理想脚踏实地做些事。"①

像巴金这样将理想坚持不懈地变为现实行动的自觉，就是一个优秀的出版人应有的文化自觉。这种文化自觉许多时候就体现为出版人强烈的岗位意识，即对自己所从事职业的高度认可和自我悦纳上。这个层次的文化自觉是人生理想层次的自觉。出版人具备这一层次的文化自觉，就会乐在其中，视出版事业为自己的人生目标与终身使命。

从中国现代出版的发展历程来看，巴金身上所体现的这种自觉，与张元济、王云五、陆费逵等文化人是一脉相承的。"从张元济办商务印书馆到吴朗西办文化生活出版社，先后形成了三代出版家：第一代以张元济为代表，他基本上代表了旧传统士大夫向现代知识分子转化的一代，虽然筚路蓝缕开创了现代出版事业，但其从事的出版工作，仍然有意无意地贯穿了国家精神，这与蔡元培在开创现代教育事业的同时有意无意地体现了国家精神是同样的，他们都属于过渡的一代人物，较后的王云五、李石曾等也可属这一代人；第二代出版家可

---

① 田一文：《我忆巴金》，四川文艺出版社1989年版，第5页。

以从辛亥年以后逐渐出现的出版商陆费逵等人算起，'五四'后崛起的赵南公、李小峰、张静庐等也属于此列，他们对社会思潮的发展有相当透彻的了解，对新文化运动也有感情，他们站在商人的立场投入新文化运动，在推动新文化的同时获取利润。这一代出版家多有两重性，在目标一致的时候有可能成为作家的朋友，为了商业利润也会与作家发生冲突。但这一代出版家在现代出版事业与现代文化市场之间建立了良好的机制，使出版直接与市场发生关系，体现出了现代知识分子的民间精神。"到巴金这一代，可以算是第三代出版家。他们是二三十年代逐渐出现的一批参与了出版实践的知识分子，如邹韬奋（生活书店）、叶圣陶、夏丏尊等人（开明书店）、巴金、吴朗西（文化生活出版社）、胡风（希望社），这些出版社大都办得很成功，既体现了知识分子的理想，又推动、繁荣了出版事业。"当然不是说知识分子办的书店专爱赔钱，但他们的成功经验证明了，用知识分子的人文精神来进行社会实践是可行的。知识分子的民间岗位不是从天上掉下来的，也不是靠皇上恩赐的，当知识分子脱离了传统仕途以后，他们只能靠自己的实践来探索自己的价值取向所在，来重新梳理现代社会安身立命的新道统，而出版事业，正是知识分子不妨一走的道路。"①

如果说现代史上第一代出版家还只是朦胧地意识到现代文化人与封建士大夫应有所不同的话，到了巴金这一代，则已经清醒地意识到，搞出版、办教育、著书立说都是现代知识分子对社会的一种贡献，是他们自我人格成全的一种方式。搞出版，更是知识分子在以自

---

① 引自陈思和为孙晶著《文化生活出版社与现代文学》一书所作的序，广西教育出版社 1999 年版。

己的实际行动，通过为人作嫁进行文化精神传衍的重要方式。尤其是在中国现代化的转型与进程中，出版工作成为知识分子将其所拥有的知识价值转化为社会动力，并实现其人生理想与目标的重要渠道。许多真正的出版人绝不是为了金钱利益才搞出版，他们往往都弃绝商品利润的诱惑，而是出于一种理想的支持，要为时代留下文明的火种，为社会刻下文化的印痕。因此，不论在何种境况之下，他们心头的那点真始终长存，他们的人文精神在实际的行动中实实在在地体现出来，使之不再虚浮，而其人格之伟大、人文价值之真切也正是在这一过程中得到了充分的体现。

二、为"贫寒的青年"读者作打算

作为一家规模不大的小型出版社，要有理想，要为读者提供好书，这绝对不只是一句空话，它的背后要有出版人无限的投入和奉献。

从出版史的发展来看，将编辑工作与文化追求、经营活动有机地结合在一起，是张元济、王云五、陆费逵这些第一批现代编辑人的一个新变化，他们以自己的独特眼光努力创新文化，推进新思潮，开创了新的出版格局。"一方面，通过鉴别和整合出版资源，为社会提供文化服务，使古今中外的文化惠及知识阶层，实现了编辑者自身的文化价值；另一方面，卓有成效的编辑工作、成功的商业化运营也带来了较好的经济回报，为编辑出版事业实现良性循环奠定了基础。商务印书馆的'汉译世界名著'，以往人们看重的往往是主持者的文化眼光和出版魄力，实际上，这套书同样展示了出版者的商业才华。"不过，这一批早期职业出版人，本着"在商言商"的宗旨，在经营事业过程中日渐保守，"逐渐将精力放在教科书等获利项目上，对中西文化撞击所产生的新思想、新文化重视不够"，反倒是一批中小型出版机构的编辑家们出版了许多反映新思想、倡导新文化的经典作品。①

究其原因，最根本的应该还是文化目的与经济利益的矛盾。引领新思想和新文化的政治、学术、文艺作品，有的或与当时的政治环境不相宜，或一时难以判断它的市场前景。此时，大的出版机构的主持者一般为求稳健长存，往往忍痛割爱。鲁迅曾在致孙用的信中谈到出版界的这一状况："近来出版界很消沉，许多书店都争做教科书生意，文艺遂没有什么好东西了"②，影射这个时期大型出版社过于注重产业利益而不顾文化发展的倾向。而中小型出版机构的主持者从事出版则多出于爱好与兴趣，考虑经济利益少些，重视文化意义的意识强些，凡遇有价值的出版资源，往往不惜牺牲经济利益，甚至敢冒被取缔的风险。

作为总编辑的巴金，通过自己的人生经验感受到："一代一代的青年在现实生活中成长，也在文学作品中找到自己的同志和弟兄"③，因此，为青年提供可读的作品成为巴金主编"文学丛刊"等丛书时不变的理想和原则。巴金尊重并且了解青年读者的需要，更不愿"虫蛀的书籍和腐儒的呓语大批地被翻印而流布了，才子佳人的传奇故事之

---

① 贺圣遂：《关于编辑职能演变的思考》，《中国编辑》2007年第1期。
② 鲁迅：《致孙用》(1931年9月15日)，《鲁迅全集》第12卷，人民文学出版社1991年版，第55页。
③ 巴金：《为〈新文学大系〉作序》，《随想录》，《巴金全集》第16卷，人民文学出版社1991年版，第509页。

类也一再地被介绍到青年中间"。① 他认为，新文学是散播火种的文学，自己从中得到温暖，就应该更努力地把火种传给别人，去点燃理想的火焰，照亮青年的道路与心灵。这一初衷在"文学丛刊"、"文化生活丛刊"中得到充分体现，在文化生活出版社其他丛书中同样鲜活地存在着。

巴金回忆说，"朋友们试办出版社，约我参加工作，我认为自己可以做点事情，就答应下来。那时文艺书销路差，翻译小说更少人看，一本书的印数很少，不过一两千册，花不了多少成本。朋友们积了一笔钱，虽然不多，但几本书的印刷费总够支付，其余的则靠个人的义务劳动，出版社就这样地办了起来。"② 他主编的"文学丛刊"等大型丛书，为中国现代新文学的发展壮大起到了重要的承前启后的作用；不仅在 20 世纪 30 年代满足了急剧增多的新文学读者的阅读需求，更在后来抗战的艰苦时期，"慰藉了文学作者的灵魂，也温暖了文学读者的心"③。对巴金来说，经过他的手送到印刷厂的几百种书稿是他重要的精神寄托，他心甘情愿减少自己的创作而把更多的时间放在编辑工作上。诚如萧乾所说："看到巴金的文集长达十四卷，有人称他为'多产'。可是倘若他没从 1935 年的夏天就办起文化生活出版社(以及 20 世纪 50 年代初期的平明出版社)，倘若他没把一生精力最充沛的二十年献给进步的文学出版事业，他的文集也许应该是四十卷。"④

分析一下巴金主编的"文学丛刊"的作家群，不难看出这套文化

---

① 巴金:《复刊词》(文学季刊社)，《文季月刊》一卷一号。

② 巴金:《上海文艺出版社三十年》，《随想录》，载《巴金全集》第 16 卷，人民文学出版社 1991 年版，第 412 页。

③ 王建辉:《出版与近代文明》，河南大学出版社 2006 年版，第 367 页。

④ 萧乾:《挚友、益友和畏友巴金》，《文汇月刊》1982 年第 1 期。

生活出版社的看家书的作家涵盖面很广，有力地结合了三四十年代聚集于京沪两地的文学主力，容纳了当时堪称一时之最的南北两大刊物《文学》①与《文学季刊》的作者群。与前面提到的《文学季刊》一样，《文学》是当时上海十分重要的一个发表文学作品的阵地，正如夏志清所称："《文学》无疑是当时最具影响力和最持久的左派杂志。"②《文学》这个重要的文学园地包括鲁迅、茅盾等已享有盛名的前辈作家，还包括了鲁迅周围一批追求理想追求光明的进步青年，如胡风、萧红、萧军、周文、沙汀、艾芜、叶紫等，聚集了左翼文学创作的实力派人物。就这样，曹禺、芦焚、萧乾、靳以、沈从文、何其芳、卞之琳、李健吾、李广田这些巴金在北京结识的作家与上海左翼作家一起构成了"文学丛刊"的基本阵容。此外，还有一批与文化生活出版社关系密切的作家如丽尼、陆蠡、鲁彦、缪崇群、田一文，以及一批成长于20世纪40年代的文学青年如穆旦、郑敏、杜运燮、陈敬容、林蒲、黄裳等。

这不单纯是一种作家数量上的多与众，更显现出"文学丛刊"的一大风格：包容百家、博大恢宏。司马长风指出"文学丛刊"的特点在于，"能够破除门户之见，选辑的作品包括各派的作家"。③的确，这里没有宗派、党派的壁垒之争，也不限于某一具体团体、组织的束缚，而是打破以往那种多以具体社团、流派为中枢的丛书出版格局

---

① 1933年7月，上海生活书店出版大型文学刊物《文学》，由傅东华、王统照、郑振铎先后主编。《文学》一直坚持到1937年11月停刊，是上海20世纪30年代大型期刊中生存最久的刊物。

② 夏志清：《三十年代的左派作家和独立作家》，转引自司马长风：《中国新文学史》中卷，香港昭明出版社1983年版，第10页。

③ 司马长风：《中国新文学史》中卷，香港昭明出版社1983年版，第12页。

（如以前商务印书馆出版的"文学研究会丛书"、泰东图书局的"创造社丛书"、北新书局的"未名丛刊"），成为联系各个流派各家文学的重要纽带，从而使新文学呈现出一种真正的博大与恢宏、开阔与渊深。这不只是"文学丛刊"的特点，也是整个文化生活出版社各种丛书的特点。值得玩味的是，当时除文化生活出版社外，良友图书公司的"中国新文学大系"、"良友文学丛书"，生活书店的"创作文库"，开明书店的"开明文学新刊"等均程度不同地体现出对这种开放性、包容性的追求。这许多大系、文库、丛书、新刊经一批有胆有识有眼光有气度的编辑家的努力，孕育了一代优秀作家。也正是这样一种情形共同造就了 30 年代中后期乃至 40 年代文学大气磅礴的精彩局面。

今天当我们回顾现代文学的发展时，通过"文学丛刊"中收录的众多作家的作品，使我们能够见出当时真实的文学状况。"文学丛刊"以这样一种容纳百川归海的雍容风度，编辑众多流派众多风格的作家作品，保留了三四十年代新文学创作的诸多精华，这不仅为我们提供了一部部佳篇杰作，更使我们从中获得一种看待文学史的真实眼光。

巴金编辑的另一特点倒是与他的政治思想结合在一起的，即他所追求的"平民性"。在介绍"文化生活丛刊"时，巴金颇为激烈攻击现实中的文化界：

> 　　在我们这里，学问依旧是特权阶级的专利品，无论是科学、艺术、哲学，只有少数人可以窥见的门径，一般书贾所着重的自然只是他们个人的赢利，而公立图书馆也以搜集古董自豪，却不肯替贫寒的青年作丝毫的打算。多数青年的需要就这样被人忽略

了。然而求知的欲望却是无法消灭的。①

这里，巴金将冒一次更大的风险。他要把整个出版业都追求的商业利润置于对立面，设计出为平民大众而编的知识文库。对此，萧乾曾经说："在他一共出了十集、一百六十种作品的"文学丛刊"所写的广告里，巴金声明他主编的这套书，'作者既非金字招牌的名家，编者也不是文坛上的闻人'。这话实际上是对当时上海滩上书商恶劣作风的一种讽刺和挑战。事实上，丛书从第一集起就得到了鲁迅（《故事新编》）和茅盾（《路》）两位的通力支持。丛刊的第一特点是以新人为主，以老带新。每一集都是把鲁迅、茅盾诸前辈同像我那样刚刚学步的青年的作品编在一起。不少人的处女作都是在这套丛刊里问世的。我自己就曾经手转给过巴金几种。另一个特点是每集品种的多样性：长短篇、诗歌、散文、戏剧、评论以至书简、报告。这两个特点都是从一个非商业性观点出发的，就是只求繁荣创作，不考虑赔赚。这是与当时的书商做法背道而驰的。"②

巴金认为，他只是在把作家的作品推荐给读者，但作品究竟是好是坏，最终还是由读者来判断。他说："我们更应该相信读者。不要以为读者对当前生活一无所知，对作品毫无欣赏力和判断力。我看，一部作品的最高裁判员还是读者。古今中外的文学名著是靠谁保留下来的呢？还不是读者！也只能靠读者。"③可见，巴金在编辑工作中真

① "文化生活丛刊"发刊广告，《申报》1935 年 9 月 21 日。
② 萧乾：《挚友、益友和畏友》，《文汇月刊》1982 年第 1 期。
③ 巴金：《致〈十月〉》，《随想录》，载《巴金全集》第 16 卷，人民文学出版社 1991 年版，第 331 页。

正做到了把读者摆在第一位，是从读者的需要这个客观的角度来编选作品的。他的这一编辑思想始终体现在他的编辑生涯中。

在解释文化生活出版社的第一套大型丛书"文化生活丛刊"的理想时，巴金说："我们刊行这部丛刊，是想以长期的努力，建立一个规模宏大的民众的文库。把学问从特权阶级那里拿过来送到万人的面前，使每个人只出最低廉的代价，便可享受到它的利益。"[1] 也许现在的读者可以视这番话为广告术语，也许这套一共出了五十种的文库最终也不算完全达成"民众文库"的宏旨，但这套文库的低廉价格和质朴装帧已鲜明地透露出主编者的深刻用心：希望用低价来编一套普通民众买得起，并且又能对他们产生实在的精神力量支撑的大型文库。

巴金的这种选择，与国外许多有理想的出版家可谓不谋而合。对俄国 19 世纪著名的出版人绥青而言，在与列夫·托尔斯泰、契诃夫、高尔基等作家交往的过程中，他渐渐懂得："出版不仅关乎'生意'，而且关乎'文化'；书铺不仅是为'读者'服务，而且主要是为'平民'服务——'读者'是现成的，'平民'却需要出版人去造就成'读者'。"[2] 绥青发现，对农民而言，历书和年历几乎是他们唯一的读物，他们多从历书里汲取知识作为生活的指导。经过一次次的修订，绥青版历书的内容越来越丰富，越来越实用，成为实至名归、包罗万象的百科全书，受到读者极大欢迎。与此同时，绥青还改革儿童读物，将普希金、茹科夫斯基的童话配以精彩的插图出版，并将世界公认的经典童话引进到俄国，低价销售，使许多穷人的孩子也买得起。

---

① "文化生活丛刊"发刊广告，《申报》1935 年 9 月 21 日。

② 汪家明：《绥青：为书籍的一生》，载贺圣遂、姜华主编：《出版的品质》，复旦大学出版社 2012 年版，第 7 页。

在出版策划中，巴金不仅用一部部优秀的作品丰富了读者的阅读生活，而且更是在实际运作中通过一切办法来提升质量，降低成本，以使普通大众都能拥抱精神世界的美好。例如，高尔基的短篇小说集《草原故事》从 1931 年起陆续在马来亚书店、新时代书店出版，1933年由生活书店出版，后来文化生活出版社出高尔基的作品时，由巴金收回版权，在文化生活出版社重新出版。这次出版译文完全重新修订，几与重译无异，但售价却只是以前书价的二分之一。可以说，文化生活出版社的确努力去做到他们在编辑纲领中所希望的，为读者提供"价格低廉、品质优良"的好作品，使每个有志青年能够买得起他们心爱的书籍。巴金一再希望能通过价廉物美的图书来切实地为平民服务，尽一切努力为大众提供可以流传深远的平价文库，这对于今天的出版界来说，无疑是值得认真思考与学习的。

三、做"一个为理想献身"的人

巴金主编"文学丛刊"，首先坚守的是文学独立性的标准，但这种审美性同时又是始终与进步性密切相连的。这在前面所提到的"文学丛刊"中出版了多位左翼作家的作品即可见证，还可以从"文学丛刊"中编辑的许多进步作家的作品中见出。

20 世纪 30 年代，文坛上呈现出一种"无名状态"，形成一个群雄逐鹿、众声喧哗的文学格局。各种文艺思潮、文艺主张都可以找到自己的阵地，发出自己的声音，接受时代与历史的考验。它们形成一个个小单元，相互影响，相互制约，但都不是全部也不是中心。在这种情形下，"文化工作和文化创造都反映了时代的一部分主题，却不能达到一种共名状态，……'无名'不是没有主题，而是有多种主题并存。"①作为 20 世纪 30 年代文学"无名状态"的具体表现，便是出现了一批书写个性体验、真正走进大众生活空间、重新看取百姓生活场景的作家，在 20 世纪 20 年代不被重视的领域如今静静地放射出夺目光彩，沈从文、曹禺、李健吾、何其芳、李广田、萧乾、靳以、芦焚、丽尼、陆蠡等作家个人化的色调十分鲜明。

到了抗战时期，作家在多元的文学时代作出自己的选择，执著于自己的追求。他们都有一颗坚持正义、抨击邪恶的心，他们的作品浸润着时代的气息，映现出现实的身影。文化生活出版社的出版物也应时代的需要，传递出新的时代特色。不过，巴金的独特之处在于，一方面他也努力为抗战呐喊，正如他在为艾芜编选的《逃荒·后记》中所说的："在这时候我们所需要读自己人写的东西，不仅因为那是用我们自己的语言写成的，而且那里闪露着我们的灵魂，贯穿着我们的爱憎，……读着这样的文章永远做一个中国人——一个正直的中国人"②；另一方面，他还是十分注重作品中独特的个人体验，重视艺术的打磨，尽一切所能去保留文学本身的魅力。

随着淞沪会战的爆发，许多文学刊物不得不停刊，《文丛》也在其中。《文丛》第 6 期在上海排版后也未能继续出版，后在广州复刊③。到广州后，为适应非常时期客观的情况，《文丛》改为纯文艺半

---

① 陈思和：《共名和无名》，《写在子夜》，上海人民出版社 1997 年版，第 25—26 页。
② 巴金：《逃荒·后记》，文化生活出版社 1939 年版。
③ 《文丛》自 1938 年 5 月 20 日在广州出版第 2 卷第 1 期，至第 2 卷第 6 期后停刊，共出版 14 期。

月刊，版面也由原来的二十五开改为十六开。内容方面除原有的小说、诗歌、论文、戏剧、散文外，还增加了日记、通讯、报告、速写等，迅速反映战时生活的现实。之所以作出这样的变革，是因为"第一声神圣的抗战炮火，揭示了我们全民族对强敌侵略抵抗的决心，就形势来看，我们要有长期抗战的准备。所以作为文艺工作者的我们，也要在这伟大的时期中，把原来的计划加以改变，使之能和时代相吻合。"① 因此，作为抗战时期的文学刊物，《文丛》从形式到内容的这一改变，就能使之能更快地反映那个时期的时代气息和社会风貌。改版之后的《文丛》，仍能每期保持高质量，发了不少有影响的作品。如巴金的《火》、荃麟的《海塘上》、芦焚的《无名氏》以及靳以的长篇《前夕》都是在这一时期的《文丛》上发表的。

从 1935 年 5 月创建至 1937 年七七事变后全面抗战爆发，短短两年时间里，文化生活出版社就出版了 8 套丛书②。其中"文学丛刊"已出版了 4 辑 64 部作品，第五辑也已问世 10 本，"文化生活丛刊"也有 22 种作品出版。并且，"由于全体工作人员通力合作，到了 1937 年初，已能平均三天出一本新书"③，出书速度已逼近"日出一书"的老牌出版社商务印书馆，文化生活出版社迎来了属于自己的"黄金时代"。如此短的时间里取得如此的业绩，不能不说是出版史上的一个奇迹。这奇迹中凝结着诸多巴金与文化生活出版社同人的汗水与心血。

---

① 《文丛》第 2 期广州出版预告，载 1938 年 5 月 11 日《烽火》第 14 期。
② 即"文学丛刊"、"文化生活丛刊"、"译文丛书"、"现代日本文学丛刊"、"新艺术丛刊"、"新时代小说丛刊"、"战时经济丛书"、"综合史地丛书"。
③ 姚福申：《中国编辑史》，复旦大学出版社 1992 年版，第 402 页。

战争的硝烟燃起后，文化生活出版社的事业受到严重打击，1938年"译文丛书"未出版一本作品①，连最重要的"文学丛刊"也一度处于中断状态。然而，烈烈烽火、茫茫硝烟斩不断文化生活出版社同人那种为理想献身的精神，那份执着追求的情怀。为了继续出版事业，巴金辗转于广州、桂林、重庆、上海等地，在炮火中筹建了文化生活出版社广州分社、桂林分社和成都分社，出版了大量的上乘作品。同时他还主编了四社联合的抗战刊物《呐喊》周刊，后改名《烽火》。巴金在自己所到之处尽力播撒着文化的种子。

谈到出版《呐喊》的缘起，茅盾回忆说："当天下午我约了冯雪峰去找巴金。巴金完全赞成办这样一个刊物，他说，文化生活出版社已决定《文丛》停刊，听说上海杂志公司的《中流》、《译文》也已决定停刊，现在可能出现这样一种反常的现象：抗战开始了，但文艺阵地上却反而出现一片空白！这种情形无论如何不能让它出现，否则我们这些人一定会被后人唾骂的！"②因此，冯雪峰建议就用《文学》、《中流》、《文丛》、《译文》这四个刊物同人的名义办起来，资金也由这四个刊物的同人自筹。随后，又研究了刊物的名称，确定叫《呐喊》，发刊词由茅盾来写。

《呐喊》于 1937 年 8 月 22 日创刊，茅盾任"编辑人"，巴金任"发行人"。《呐喊》为小三十二开本，每期篇幅仅十数页，封面除目录外，只有一幅单色画，显示了紧张的战时环境。《呐喊》创刊号上这样写道：

---

① 检阅《中国现代文学总书目》可知，这一年全国译作书目也剧烈下降：1936 年全国文学译著共 195 部，1937 年为 159 部，而 1938 年仅 66 部。

② 茅盾：《烽火连天的日子》，《茅盾全集》第 35 卷，人民文学出版社 1991 年版，第 137 页。

沪战发生,《文学》、《文丛》、《中流》、《译文》等四刊物(原由王统照、靳以、黎烈文、黄源分别主编)暂时不能出版。四社同人当此非常时期,思竭绵薄为我前方忠勇之将士,后方义愤之民众奋其秃笔,呐喊助威,爰集群力,合组此小小刊物。①

《呐喊》创刊号刊有献词《站上各自的岗位》,号召全民抗战,同时也是文人报国的誓词。《呐喊》出版两期后,于1937年9月5日改名为《烽火》。除刊名更换外,形式与内容则一仍其旧。更名的原因,是因为国民党政府要查禁《呐喊》,编辑部决定先礼后兵,由邹韬奋、胡愈之、郑振铎和茅盾联名给国民党中央执行委员会宣传部部长邵力子致电抗议。后由上海市社会局局长潘公展处转来邵力子的回电及回信。电报说:"已电询新检所饬复,最好办法为速办登记。"对此,茅盾回忆说:

不少读者不赞成《呐喊》的刊名,认为在这时代,作家仅仅《呐喊》助威是不够的,于是就想换一个刊名,但又考虑到才出两期就改名也不好。现在既然要补办登记手续,我们就决定趁机改换刊名为《烽火》。又考虑到登记后照例要注明刊物的负责人,就在《烽火》第一期封面上加印了"编辑人茅盾,发行人巴金"。

后来,上海沦陷,《烽火》搬到广州继续出版,又把两个负责人倒换过来,成了"编辑人巴金,发行人茅盾"。②

---

① 《呐喊》创刊号所载同人启事。
② 茅盾:《烽火连天的日子》,《茅盾全集》第35卷,人民文学出版社1991年版,第141页。

1937年10月3日，《烽火》第五期出版。10月5日，茅盾离沪赴长沙，《烽火》的编辑事宜便全部交给巴金。茅盾说，"我暂时离开上海，《烽火》的实际主编就是巴金了；搬到广州出版后，我这个发行人更完全是挂名，因为那时我已在香港编《文艺阵地》。"①《烽火》在上海出版到第十二期，即1937年11月20日。其后随着战争的转移和人员的撤退，迁到广州继续出版，1938年5月在广州复刊，改为《烽火》旬刊，文化生活出版社则成为这份杂志的经售者之一。《呐喊》创刊号中的献词《站上各自的岗位》在复刊的《烽火》里又重新发表了一次。

此间，巴金、靳以还以烽火社的名义编辑了"烽火小丛书"、"烽火文丛"，后来又编辑了"呐喊小丛书"、"呐喊文丛"。在这些出版物上，有的标明是文化生活出版社做总经销，有的则已署上是由文化生活出版社出版。巴金自始至终负责了这四套丛书的编辑出版。"烽火小丛书"、"呐喊小丛书"、"烽火文丛"中的书籍虽然只是些薄薄的小本，只是一些篇幅较短的小册子，但每本都是用血和泪做成，是鼓舞中华民族追求自由和光明的火炬与号角。这些小册子的编辑共同体现出如下一些特点。

首先，这些作品都是直接与抗战生活有关的。恰如巴金在《无题》里所说的，"这本小册子里有杂志，有短论，有悼文，有卷头语，有后记，说'杂'，说'短'，倒是名副其实。自然它们都是不像样的东西，不过因为全和抗战有关，我就把它们集起来付印了。"②的确，收

---

① 茅盾：《烽火连天的日子》，《茅盾全集》第35卷，人民文学出版社1991年版，第141页。

② 巴金：《无题·前记》，文化生活出版社1941年版。

入这四套小丛书中的每本书、每篇作品几乎都燃烧着抗日的热情与火焰。有的是反映战时人民所遭受的苦难，有的是表现人民坚韧不屈的精神，有的是抒发知识分子积极投身抗战的高扬情绪，有的则是唤起大众的爱国热情。所侧重的内容有所不同，但都从不同角度积极支持了抗战。对此，研究者指出，这些作品"是洋溢着爱国主义激情的文艺作品，揭露和控诉了侵略者的罪行，配合了当时中国人民的抗日斗争"①。

其次，这些小册子形式多样，有小说，有诗歌，有散文，有通讯，有特写，有报告文学。多种活泼的文学体裁加上真挚动情的文学描写，使得这些作品具有更强的艺术感染力，对宣传抗战起到了更好的促进作用。这些作品今天读来也依然令人荡气回肠。而其中，尤其是诗歌与特写/报告文学占了相当大的比重。从"烽火小丛书"、"烽火文丛"与"呐喊小丛书"、"呐喊文丛"的目录即可看出，四套丛书共出版作品38部。②这些作品中，诗集或诗文合集有6部，特写/通讯/报告文学有6部。前者以其强烈的抒情性，后者以其即时的新闻性，有效地把全民族抗战的热情展示给全国人民，同时更是抒发知识分子慷慨报国的一腔热忱。正如《呐喊》周刊的创办宗旨中所言："当此非常时期，思竭绵薄，为我前方忠勇之将士，后方义愤之民众，奋其秃笔，呐喊助威。"

抗日战争期间，面对敌人的炮火和敌机的轰炸，巴金安之若素，一如既往地默默工作。编稿审稿、跑印刷厂发排、取校样。书刊出版后，又亲自打包、邮寄到外地。巴金在文章里描述了当时的危险：

---

① 陈思和、李辉：《记文化生活出版社》，《新文学史料》1982年第3期。
② 其中《炮火的洗礼》与《横吹集》同时收入"烽火小丛书"与"呐喊小丛书"。

"飞机在我的头顶上盘旋了三天了。谁能够断定机关枪弹和炸弹明天就不会碰到我身上?"①但巴金毫不畏惧,他的心中只有一个信念:"只要我活着,我还是要工作,我愿意趁这个时机,多做完一件事情。"②一天,巴金与几位朋友去印刷厂送稿的途中,呜呜的警报声又响了起来,他们匆忙蹲在四层洋房的骑楼下。几分钟后,就传来了飞机俯冲的呼啸声,机关枪的扫射以及炸弹的爆炸声。此时此刻,巴金没有想到个人的安危,想到的只是自己编辑的刊物的出版、自己写作计划的进度。他说:"我在等死的时候,还想到几件未了的事,我感到遗憾。"敌人的飞机远去了,在浓烟和纷乱中,巴金捧着稿子,又匆匆地赶到印刷厂去。

广州陷落,疯狂的火浪吞噬了巴金及其几位朋友大半年的心血:文化生活出版社广州分社、《烽火》半月刊已排竣的稿子……随后,巴金带着《文丛》第二卷第四期的纸型,跋山涉水,经过梧州、柳州,来到桂林。在这里,他创办了文化生活出版社桂林分社,用土纸继续出版的工作,并终于把《文丛》第二卷第四期印了出来。在《文丛》第2卷第5、6期合刊的卷头语中,巴金说:"这本刊物是在敌机接连的狂炸中编排、制型、印刷的。倘使它能够送到读者诸君的眼前,那么请你们相信我们还活着,而且还不曾忘记你们。"当巴金拿到墨香未干、装帧简陋的刊物时,兴奋地对友人说:"这本小小刊物的印成,虽然对抗战的伟业并无什么贡献,但是它也可以作为对敌人暴力的一个答复,我们的文化是任何暴力所不能摧毁的。我们有广大的肥沃的土地,到处埋着种子。我们的文化与我们的土地和人

---

① 巴金:《生人妻·后记》,文化生活出版社1937年版。

② 巴金:《生人妻·后记》,文化生活出版社1937年版。

民永远存在。"① 桂林期间，两个刊物虽然都难以继续出版，但巴金仍为"文学丛刊"编发书稿，并设法寄给在上海的陆蠡；另又新编"文学小丛刊"等，收入了艾芜《逃荒》、罗淑《地上的一角》、艾青《大堰河》等优秀作品。

1947 年，巴金为他的朋友卢剑波编辑了一本散文集《心字》并代作了后记。巴金说："他自己愿做一个为理想献身的革命家，……可是他始终找不着牺牲的机会。……后来他改变了生活方式……做了十几年的中学教师，生活在四川的一个角落里，几乎与外面的世界隔绝……他的脚步稳定了。正如他自己所说，'一个人的生命有限，而人的生命无限，时间无限'。瞭望着将来，他'存蓄着无限的希望'。"② 这是在写朋友，写朋友在实际的工作中践约了自己的人生，这何尝又不是巴金此刻心态的自况呢？

---

① 巴金：《文丛·二卷四期卷首语》。
② 巴金：《心字·后记》，文化生活出版社 1947 年版。

第二章

温暖文学读者的心
——巴金的文化自觉与出版追求

出版史上优秀的出版人都极端重视出版物的思想与文化含量，追求原创精品，倡导思想启蒙和智慧启迪。作为出版人的巴金的文化自觉，正体现在他对编辑这一职业的钟情与忠诚上，同时还体现在对出版物品质的自觉提升上，即把出版物的思想与文化品质视作出版物的本质特征，并以提升其品质为己任。

诚如陈思和谈及出版策略与文化思潮的关系时所指出的："最好的出版家是创造文化思潮、扭转文化潮流的人，这样的出版社是原创型的出版社，所谓的品牌，就是这样创造出来的。"① 其实，整个文学文化思潮的发展，与

---

① 陈思和:《从鲁迅到巴金:陈思和人文学术演讲录》，中西书局 2013 年版，第 75 页。

出版人的工作密切相关。往往就是通过人的努力，推动着某种文化趋向的发展，甚至影响整个文化事业。巴金和他的朋友们正是通过自己的努力，建构了原创文学以及翻译文学的宏伟蓝图，推动了这种文化潮流的生长与繁荣。

文化生活出版社年轻的同人们有着共同的人生信仰，有着崇高的人生追求，有着神圣的责任感。他们把文化生活出版社作为实现自己人生价值的园地，作为奉献自己燃烧自己的一种方式。他们有着从容的心态，冷静的眼光，严谨的态度，认真的精神，从而成就了中国出版史上的一个奇迹。正如萧乾所言："在中国出版史上'文生社'永是一颗明星，一个'五四'以来办得最成功、影响最大、推出的作家最多的同人出版社。"①

一、文化潮流是如何扭转的

真正有理想的出版人，都是将出版作为职业与志业。"每个时代都有这样一批知识分子，他们深切地感受到自己所面临的困境与问题，总觉得这些问题与困境需要他予以关注、思考与批判，不这样做他就会觉得于心不安。"②巴金、吴朗西如此，张元济、陆费逵等一批有为的出版人也无不如此。他们需要出版这样一个平台来施展抱负，传递心声。陆费逵曾说，"我从十九岁起，投身书业，一直到现在，

---

① 李济生：《巴金与文化生活出版社》跋，上海文艺出版社 2003 年版。
② 王建辉：《陆费逵：以出版为终身事业》，载贺圣遂、姜华主编：《出版的品质》，复旦大学出版社 2012 年版，第 147 页。

巴金（1904—2005）

催生了文化生活出版
社的一本书：丽尼翻译的
《田园交响乐》

由于当时没有书店愿意出版丽尼（上图）翻译的《田园交
响乐》，吴朗西等朋友便一起创办了专门出版文艺书的文化生
活出版社

文化生活出版社创办人吴朗西（摄于20世纪80年代）

文化生活出版社历史上一个永远为人追忆的名字：陆蠡

文學季刊

本期執筆人：

鄭振鐸　常燕生　顧頡剛
老舍　余一　吳組緗
孫育民　李健吾　冰心
淑文　巴金　畢奐午
御萬　卞之琳　李文通
吳秋　李文通　曹葆華
臧家　佳芬　顧慶鳳
林庚之　王文顯
黃源　吳文藻
李長之　夏尼
葉子　唐紹　吳世昌
薰先明　李青崖
向　曾葆華　余訴華
七雨　李素　趙景深
余均明　葉素明　宿明

1

《文学季刊》创刊号

巴金以新合編

文季月刊

創刊號

上海良友圖書公司總經售

《文季月刊》创刊号

《呐喊》创刊号

《烽火》创刊号

"文学丛刊"套装本书影

"文学丛刊"套装本书影

ESTABLISHED 1872. NO. 22417 THE SHUN PAO SHANGHAI SATURDAY SEPTEMBER 21 1935

申報

巴金主編

文化生活叢刊

第二次世界大戰

田園交響樂

俄羅斯的童話

獄中記

俄國社會運動史話

柏林生活素描

文學叢刊

“文化生活丛刊”广告

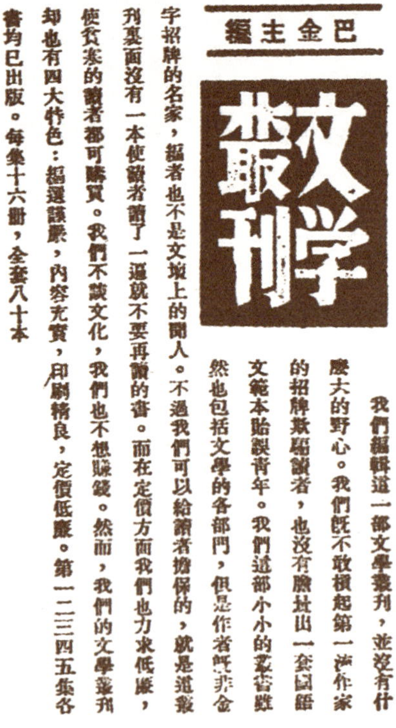

巴金主編

文學叢刊

我們編輯這一部文學叢刊，並沒有什麼大的野心。我們既不敢揭起第一流作家的招牌欺騙讀者，也沒有膽量出一套國語文範本貽誤青年。我們這部小小的叢書雖然也包括文學的各部門，但是作者既非金字招牌的名家，編者也不是文壇上的聞人。不過我們可以給讀者擔保的，就是這叢刊裏面沒有一本使讀者讀了一遍就不要再讀的書。而在定價方面我們也力求低廉，使貧寒的讀者都可購買。我們不談文化，我們也不想賺錢。然而，我們的文學叢刊卻也有四大特色：編選謹嚴，內容充實，印刷精良，定價低廉。第一二三四五集各書均已出版。每集十六冊，全套八十本

“文学丛刊”发刊词

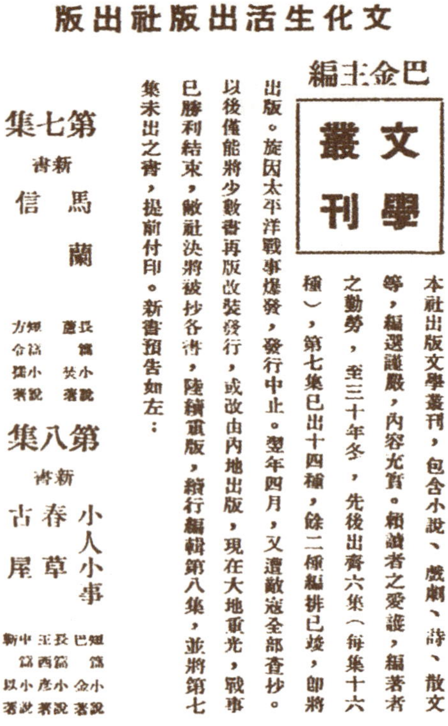

文化生活出版社出版

巴金主編

文學叢刊

本社出版文學叢刊，包含小說、戲劇、詩、散文等，編選謹嚴，內容充實。頗蒙讀者之愛護，編著者之勤勞，至三十年冬，先後出齊六集（每集十六種），第七集已出十四種，餘二種編排已竣，即將出版。旋因太平洋戰事爆發，發行中止。翌年四月，又遭敵寇全部查抄。以後僅能將少數書再版改裝發行，或改由內地出版，現在大地重光，戰事已勝利結束，敝社決將被抄各書，陸續重版，續行編輯第八集，並將第七集未出之書，提前付印。新書預告如左：

第七集 新書

馬蘭 長篇小說 蘆焚著

信 短篇小說 方令孺著

第八集 新書

小人小事 短篇小說 巴金著

春草 長篇小說 王西彥著

古屋 中篇小說 靳以著

“文学丛刊”新书预告

大概是我的终身事业了。"① 陆费逵的一生都在紧紧追赶着时代。他的职业是出版，而他思考的着眼点是教育和社会，其背后所隐藏的则是匡时济世的悲悯情怀。王建辉说："历史幸有陆费逵，才有了中华书局和近代出版精彩的一幕。张元济和陆费逵们的业绩表明，出版人不仅仅是一个时代文化的感应者、被动者，同时也是一个时代文化的创造者、激荡者。"②

真正有理想的出版人应该是这样的，"对文化和出版充满热爱、憧憬之情，从某种程度上讲，他们是拥有理想和浪漫情怀的文化人，是真正的文化至上主义者，文化和理想在其心中永远是第一位的。他们还有自觉承担启迪时代精神的社会责任感，有将文化的圣火通过自身的出版活动播撒到更广大的民众中去的雄心与抱负。"他们"往往能敏锐地捕捉到作者灵光一现的创意洞见，凭借自身的独特眼光、出版卓见与职业热诚，激励、呵护尚在'孕育'中的'文化精灵'，使其完美地降临人世，不致'胎死腹中'，从而催生出有价值的真理和思想并使其广为传播，为社会发展起到巨大的推动作用。"③

真正有理想的出版人应当创造一流的产品。"一个点子、一种努力、一本书，就改变了整个出版界，并会使出版界朝另一个方向发展。……并不是说有了文化走向，对应它来想方设法出书，而是反过来，应先制定一个文化策略，有了整体的出版理念，然后可以去创造

① 陆费逵：《书业商会二十周年纪念册》序，《陆费逵文选》，中华书局 2011 年版，第 336 页。

② 王建辉：《以出版为终身事业》，载贺圣遂、姜华主编：《出版的品质》，复旦大学出版社 2012 年版。

③ 贺圣遂、姜华主编：《出版的品质》弁言，复旦大学出版社 2012 年版。

阅读走向，影响文化市场，推动文化发展。"① 其实，每一个有追求的出版人都可能成为一种文化思潮或学术思潮的推动者，通过他们的努力可以推动文化创新、学术发展，进而改变风潮，影响世界。

巴金和文化生活出版社的同人们正是这样的一批出版人。作为一家经济实力并不雄厚、规模也不能算大的出版社，文化生活出版社却以其出版的一部部优秀作品在现代出版史、文学史上刻上了深深的印迹，在读者心中留下了自己的根。这一切都离不开编辑者、发行者的心血与汗水。巴金与文化生活出版社的同人们做编辑、搞出版不为一己之私，丝毫不图金钱与名利。他们不怕困难，一切从零开始，白手起家，不仅是怀抱一种初生牛犊的勇气，更有着一份人格力量与人生理想的支持。

这种精神正如陈思和在纪念吴朗西时所指出的："从事出版和教育的这群有着坚定人生信仰的知识分子，正是在两者之间走出了第三种道路，他们把理想之路归诸足下，一步一个脚印地在布满荆棘的中国大地上实践着。"② 巴金的弟弟李济生在文章中也回忆说，文化生活出版社"完全不同于一般书商经营。既非官办，又不是个人独资创立，也不是几位老板有意文化，投资合股经营，更非规章齐全的有限公司组织，仅是当时三个从事文化工作的青年，既不为名更不是图利，全凭忧国忧民之思以满腔之热忱，要在乱世中为祖国文化积累做点贡献。虽是'经商'，却视之为实现自己理想的事业，锲而不舍地埋头实干下去。"③

---

① 陈思和：《当代文化趋向与图书出版》，《海藻集》，广西师范大学出版社 2008 年版，第 244 页。

② 陈思和：《永远的浪漫——记吴朗西先生》，《羊骚与猴骚》，上海人民出版社 1994 年版，第 387—388 页。

③ 李济生：《巴金与文化生活出版社》，上海文艺出版社 2003 年版，第 39 页。

"做好书"是贯穿巴金和他的朋友们出版工作实践的一个十分重要的理念。对于当年的情形，吴朗西先生曾回忆说："当时书店都不大愿意出单行本，我们就来填补这个空白。……把这个书店（即文化生活出版社——作者注）作为共同的事业，培育它，扶持它，切切实实，认认真真地干吧。"① 当时，一般出版社都不太敢于涉足文学书，尤其是翻译类图书，但是巴金他们做到了。他们通过自己的敏锐眼光，把握住了时代的真实需求，实现了出版"没有读者读了一遍就不要再读的书"的初衷。文化生活出版社出版的"文学丛刊"、"译文丛书"、"文化生活丛刊"等大型丛书在现代文学史、文化史上留下了不可磨灭的印迹。

"文学丛刊"第一集后面附有一段《编者的话》：

> 我们编辑这一部"文学丛刊"，并没有什么大的野心，我们既不敢掮起第一流作家的招牌欺骗读者，也没有胆量出一套国文范本贻误青年，我们这部小小的丛书虽然也包括文学的各部门，但是作者并非金字招牌的名家，编者也不是文坛上的闻人。不过我们可以给读者担保的，就是这丛刊里面没有一本读者读了一遍就不要再读的书。而在定价方面，我们也力求低廉，使贫寒的读者都可以购买。我们不谈文化，我们也不想赚钱，然而我们的"文学丛刊"却也有四大特色：编选谨严，内容充实，印刷精良，价格低廉。

---

①　吴朗西：《文化生活出版社》，《新文学史料》1982 年第 3 期。

开宗明义，清晰地道出了巴金编辑理念的宗旨所在。事实上，以成果论之，这四条原则确无虚夸。

事实上，世界出版史上的许多出版人都是在做着巴金和他的同事们一样的事情，其中，被吴朗西和巴金引为同道的日本《岩波文库》创始人岩波茂雄就是佼佼者之一。

在描述岩波茂雄对于日本文化的贡献时，李长声指出："作为知识青年，茂雄属于这样的一群，而且是一个典型：对国家或社会不显示任何积极性、行动性，自顾自郁闷，一味地煽动个性的无力叛逆，模模糊糊地怀疑而彷徨。正是这一群人的佼佼者后来从知性与感性造成了日本知识层的近代性格，其实也就是岩波文化的实质。"[1] 毫无疑问，无论是从个人情怀还是从时代环境来看，岩波茂雄出版"哲学丛书"都显得那样水到渠成。岩波茂雄认为，当时的日本思想界处于混乱时代，而这种混乱的根源在于哲学的贫困，出版哲学丛书的目的则是为了向大众普及哲学的一般知识。"哲学丛书"给了广大学生亦即知识阶层以巨大影响，造成了哲学书以及哲学在日本的流行，岩波书店也以此赢得哲学书肆之称，奠定了出版的风格与特色。

在德国现代出版史上，也有一位出版人表现十分突出。第二次世界大战后的德国不仅面临家园破碎、百业凋敝、经济衰退的境况，更可怕的是人们在思想和认识方面出现的困惑危机。而随着经济的复苏，又有不少人遁迹于经济奇迹带来的福利享乐之中。就在这种情况下，一道图书构成的思想彩虹出现在德国的上空。这就是翁泽尔德经过充分准备出版的"苏尔坎普版图书系列"，又称"彩虹系列"。"在'彩虹系列'作

---

① 李长声：《岩波茂雄和他的岩波书店》，载贺圣遂、姜华主编：《出版的品质》，复旦大学出版社 2012 年版，第 32 页。

为展示德国文学新成就平台，推出新作家的处女作和老作家的新作的同时，翁泽尔德还致力于出版哲学、社会学、政治学和社会心理学等社科方面的力作，比如阿多诺、本雅明、维特根斯坦、马尔库塞、福柯、哈贝马斯和布卢门贝格等人阐述新思想、新认识和新精神的著作。"[①]

对于翁泽尔德创造的福泽世界的"彩虹系列"，荷兰《德国图书报》曾评论道，联邦德国思想界哪怕是细微的变化，都可以说是苏尔坎普出版社某些书籍直接影响的产物；反过来，在德语文化中，似乎没有任何一个具有重要意义的理论不是受到彩虹系列的"赐福"才有所作为的。显而易见，作为一个充满文化自觉、倡导思想启蒙的出版人，翁泽尔德凭借对时代精神的敏感把握和快速反应，把德国以及世界文学界、思想界的精英集中在一起，使书库成为名副其实的经典图书馆，为渴望知识的人提供精神的滋养。因此，人们不难理解汉泽出版社（Hanser）老板米歇尔·克吕格尔对翁泽尔德由衷的羡慕："一个出版人不仅不必追随任何时尚，而且他自己可以按照自己意愿制造时尚。"[②]

二、不出一本"使读者读了一遍就不要再读的书"

1933 年始，各家出版社一哄而上抢出杂志。据统计，1934 年全年的杂志数量为：上海出版 215 种，南京 39 种，杭州 10 种，北

---

① 马文韬：《翁泽尔德：世纪出版家》，载贺圣遂、姜华主编：《出版的品质》，复旦大学出版社 2012 年版，第 78 页。

② 马文韬：《翁泽尔德：世纪出版家》，载贺圣遂、姜华主编：《出版的品质》复旦大学出版社 2012 年版，第 86 页。

京 5 种，广州、武汉各 3 种，天津 2 种，镇江、济南、安庆各 1 种。1934、1935 这两个年头更是被称作"杂志年"。① 而当时这些杂志中，百分之八十是文艺或半文艺性质的"软性读物"，用茅盾的话说，它们几乎全是幽默与小品的"合股公司"。

巴金与朋友们主持《文学季刊》、《文季月刊》、《文丛》时，却从新文学建设的实际要求出发，立足文学本体，以文化建设为己任，用纯文学作品打动了读者的心。他们不取媚市场、始终以纯正的文学创作为主打，以切实从事文化建设的决心，赢得读者的尊重和文学杂志的尊严。中华人民共和国成立后创办的《收获》选择的也同样是这样一份坚守。

巴金对文学作品出版的重视，既源于他作为一名作家的真实体验，也正体现了作为出版家的他对开启民智、提升审美的尽心竭力。《文心雕龙》开篇云"文之为德也大矣，与天地并生者何哉"，结语为"文果载心，余心有寄"。文学是人学，它直接作用于人的精神生活，追问人生，拷问灵魂，让胸中有一种东西"勃勃欲发"。在人类精神的生长过程中，文学始终是最基本、最核心的元素，是每个时代每个社会追寻价值的精神制高点，是一定时间内人类精神所能达到的辉煌顶点。古今中外，屈原、李白、杜甫、鲁迅、但丁、莎士比亚、托尔斯泰、巴尔扎克、雨果……都是这种精神探索的代表者。在文学的大众化过程中，先行者的思想精神逐步被大众认识和接受，成为世俗生活的一部分，成为公众价值标准的一部分，由此也就成了传统的一部分。其后，不满于世俗现状的创作者又继续新的精神探索，新的文学形态和价值体系又会以先锋的姿态呈现在读者眼前。

---

① 转引自陈思和：《理想与希望之孕》，《牛后文录》，大象出版社 2000 年版，第 176 页。

　　在巴金出任文化生活出版社总编辑的十四年中，他更是自始至终保持着"生命的意义在于付出、在于给予"的理念，历经磨难，无怨无悔。他希望能够用自己的智慧，以所出版的文学作品去奉献光与热，从而达成个人生命的开花结果。事实证明，巴金做到了。诚如陈思和所指出的："现在不难设想，如果没有文化生活出版社，很可能我们的现代文学史将有另外一种写法。"①

　　前面提到，包容百家、博大恢宏，沟通南北文学交流，是巴金编辑风格的一个显著特色，更是其对中国现代文学的一大卓越贡献。正因为如此，巴金为现代文学发现、存留了一批艺术的精品。《文学丛刊》不仅是文化生活出版社最重要的一套大型丛书，也是现代文学史上一套具有持久生命力、深远影响力的重要丛书。

　　倪墨炎曾说，"文学丛刊"中的作家"是以巴金、曹禺为代表的中国现代文学的第二代作家，在现代文学的发展中起着承上启下的作用。本丛书出版了他们的处女作、成名作，为他们的生长提供了摇篮，提供了显示力量的机会。这就是这套丛书的重大意义。"②陈荒煤也高度评价"文学丛刊"说："从（20 世纪）30 年代到（20 世纪）40 年代由巴金主编的'文学丛刊'大约出了百部各种文体作品……团结作家的面很广，也有不少共产党员和左翼作家的作品。这套'丛刊'实际展示（20 世纪）30 年代开始了一个创作繁荣的新时代，这是现代文学史异常光辉的一页。"③的确，巴金主编的"文学丛刊"以一种有容乃大、百川归海的雍容气度，编辑了众多风格作家的作品，保留

---

①　陈思和：《理想与希望之孕》，《牛后文录》，大象出版社 2000 年版，第 177 页。

②　倪墨炎：《现代文学丛书散记 [续三]》，《新文学史料》1995 年第 3 期。

③　陈荒煤：《我所认识的巴金老人》，《冬去春来》，江苏文艺出版社 1994 年版，第 147 页。

了 30 年代中后期以及 40 年代新文学创作的许多经典作品。

巴金将他的政治信仰转化为工作精神，他主持的编辑出版工作超越了一般职业编辑的意义，形成了中国文坛一股虎虎有生气的新生力量；又因为他不是将政治热情贯穿到具体的编辑工作中去，而使编辑工作能够成为一种较纯粹的文字工作。他主编的大型丛书"文学丛刊"这套三四十年代极其重要的文学创作丛书，在战争的磨难和文化萧条的岁月里，几乎独立支撑了纯文学的创作，推出了一大批优秀作家的作品。甚至可以说，缘了这套丛书，才使许多中国作家在文学史上留下名字。巴金为这套丛书定下的编辑宗旨是"这丛刊里面没有一本使读者读了一遍就不要再读的书"，这样的自信恰恰来自他对艺术的自信以及为之作出的努力。

倚借"文学丛刊"的助力，一个个文学青年登上文坛，与读者见面，继而扩大影响，为读者所喜爱。尤其值得重视的一点是，《文学丛刊》不仅出版了许多青年作家的第一部集子，而且还出版了他们全部的作品或大部分作品，如曹禺的处女作《雷雨》编入"文学丛刊"第一集，"文学丛刊"第三、五、七集中又陆续出版了他另外三个著名剧本《日出》、《原野》、《北京人》（曹禺其他几个剧本《家》、《蜕变》、《正在想》及电影脚本《艳阳天》也均由文化生活出版社印行）。又如陆蠡全部的散文创作《海星》、《竹刀》、《囚绿记》也都收在"文学丛刊"中。此外，罗淑、丽尼、萧乾等的几乎全部著作也都由"文学丛刊"推出。

这样一种系统的出版方式既有利于支持文坛新秀的创作，对研究作家创作道路、风格的变化也有重要意义。例如，何其芳早期的三个创作集子都由"文学丛刊"出版。从《画梦录》到《刻意集》再到《还乡杂记》，我们既能看到其中一脉相承的部分，又能发现作者由在烟云水影之中画梦的忧郁青年向置身烽火风云之中奔突的时代战士转变的人生足迹。又如李广田的《银狐集》、《日边随笔》、《金坛子》体现了作者不同的创作风貌，芦焚最初的三部集子也如此，从《谷》到《里门拾记》一直到《野鸟集》，展示了他日渐深厚沉实的艺术风格。从《文学丛刊》的出版物里，我们不仅能够追寻到一个个作家不断发展的生命轨迹，更可以借此通过分析他们的艺术历程，进一步看取现代文学整体潮流的流变与运演。

　　20 世纪 40 年代的文学遭遇战争、政治、经济的几重压迫，许多作品注重政治功用性，不免成为代时代传声的话筒，出版界弥漫一种粗糙的气氛。这时文化生活出版社一方面编辑了"呐喊小丛书"、"烽火小丛书"等宣传抗战精神的书籍，另一方面依然坚持一贯的出版方针，不忘对艺术本真的追求。尤其是在"文学丛刊"中，保存了一批独具艺术品格的佳作，推出了不少质量上乘的优秀作品。例如"文学丛刊"在 20 世纪 40 年代陆续推出了杜运燮、郑敏、穆旦等西南联大学生的诗集，他们堪称当时文坛最优秀的青年诗人，另外还出版了青年小说家汪曾祺的小说《邂逅集》以及冯至等的小说，为文坛输送了新鲜的作品。这些作品有着丰盈的艺术魅力与价值，如卞之琳在评价冯至的《伍子胥》时说："我认为冯至文学创作中，中篇历史小说《伍子胥》比诸诗组《十四行诗》是更值得学人作学术性讨论的。"[1] 从这里我们也能更清楚地体会到，文化生活出版社予万难中的中国文学的一份特殊贡献。

　　抗战期间，文化生活出版社出版的创作类丛书除了旨在宣传抗日

---

　　① 　卞之琳：《诗与小说：读冯至创作〈伍子胥〉》，《冯至先生纪念集》，科技文献出版社 1993 年版，第 9 页。

的"烽火小丛书"、"呐喊小丛书"等之外，还出版了另外三套重要丛书：《现代长篇小说丛刊》《文季丛书》与《文学小丛刊》，刊行了大量优秀的文艺作品。三套丛书中的作品篇幅有长有短，但不论是长达几百页的鸿篇巨制，还是不足百页的小丛书，作品的质量都有相当的保证。

抗战前，文化生活出版社曾出版过一种丛书："新时代小说丛刊"，已出版的作品有两部，包括巴金的《雪》（即《萌芽》）与萧军的《第三代》。抗战爆发后，巴金继续长篇小说的出版工作，于1942年重版了《雪》和《第三代》，并将《新时代小说丛刊》改名为《现代长篇小说丛刊》。①

"文季丛书"与"文学小丛刊"是巴金在抗战期间编辑出版的两套重要丛书。《文季丛书》② 自1939年出版，至1949年，共出版作品30种。《文学小丛刊》③ 起始于1939年，结束于1948年，共出版3辑

---

① 《现代长篇小说丛刊》共出版14种，上海图书馆现存仅12种，本文依此版本，包括：(1) 巴金《雪》；(2) 萧军《第三代》；(3) 靳以《前夕》（上下册）；(4) 骆宾基《边陲线上》（上海编辑）；(6) 田涛《沃土》；(7) 萧乾《梦之谷》（又收入《文学丛刊》第5辑）；(9) 巴金《憩园》；(10) 老舍《骆驼祥子》；(11) 沙汀《淘金记》；(12) 师陀《马兰》（又收入《文学丛刊》第7辑）；(13) 刘盛亚《夜雾》；(14) 沙汀《还乡记》（重庆编辑）。

② 包括有散文集：艾芜《海岛上》，朱沫《生的意志》，靳以《红烛》，缪崇群《废墟集》《眷眷草》，田一文《怀土集》，李广田《雀蓑记》，流金《一年集》，毕奂午《雨夕》；戏剧：袁俊《美国总统号》、《山城故事》、《边城故事》，李健吾《撒谎世家》、《这不过是春天》、《黄花》，姚易非《被侮辱与被损害》；诗作：艾青《火把》，孙毓棠《宝马》，何其芳《预言》，苏金伞《窗外》；小说集：张天翼《同乡们》、《速写三篇》，巴金《还魂草》，李健吾《心病》，靳以《众神》，金魁《逃难》，王统照《银龙集》；此外还有王统照的散文、译作合集《去来今》，沈从文的散文、评论合集《烛虚》，以及芦焚的通讯特写《上海手札》。

③ 第一辑有：李健吾《十三年》（戏剧），艾青《大堰河》（诗集），师陀《无名氏》（短篇小说集），罗淑《地上的一角》（短篇小说集），萧乾《灰烬》（通讯特写），沈从文《昆明冬景》（随笔评论集），艾芜《逃荒》（短篇小说集），巴金《黑土》（散文集），朱雯《逾越节》（短篇小说集），刘白羽《蓝河上》（短篇小说集）；第二辑有：曹禺《正在想》（戏剧），许幸之《归来》（短篇小说集），邹荻帆《尘土集》（诗集），杨刚《我站在地球中央》（长诗），李健吾《希伯先生》（散文集）；第三辑有：巴金《小人小事》（短篇小说集），罗淑《鱼儿坳》（短篇小说集）。

17本作品。这两套丛书的篇幅短小，与"烽火小丛书"、"呐喊小丛书"基本相同。不过，文字容量虽然相对较小，但是在艺术质量上，这两套丛书都有实足的保证，是抗战时及战后颇有影响的丛书，其中不乏现代文学的精品。如收入"文季丛书"中的李健吾的《黄花》、《心病》，艾青的《火把》，张天翼的《速写三篇》，靳以的《众神》，孙毓堂的《宝马》等，收入《文学小丛刊》的艾青的《大堰河》，萧乾的《灰烬》，巴金的《小人小事》，沈从文的《昆明冬景》等。

在编辑风格方面，《现代长篇小说丛刊》、《文季丛书》与《文学小丛刊》既有着与"烽火小丛书"、"呐喊小丛书"尽显抗战风云变幻，力展抗战激情热忱的共同特色，同时也更多保留了"文学丛刊"的一贯风格，如尊崇艺术性，侧重对非小说体裁的介绍，关注评论文学的发表等，其文学性的色彩显得更为浓郁。从作者角度来看，它们拥有与"文学丛刊"相近的作者群（这实际上也就证明了它们彼此风格的接近），而在培养文学新人上，也同样是继承了"文学丛刊"的优秀传统。

三、小说出版：现实主义情怀的闪耀

"文学丛刊"中共收小说80部，数目恰为所收作品总量的二分之一。由此可见"文学丛刊"中小说的分量。这80部作品尽管风格各异，但其中大部分作品都闪耀着现实主义的光辉，显现着现实主义精神的脉动。这些作品集存在"文学丛刊"之中，就形成了"文学丛刊"小说创作的一大特点：与新文学主流接轨，对新文学启蒙传统现实主义精神进行继承与发展（这其实也正是整个"文学丛刊"呈现的一种风格）。

"文学丛刊"中的小说创作，涉及题材广泛，但主要集中于展现乡村农民、产业工人以及知识分子的生活状况、心路历程、情感世界。其中，又尤以书写乡土情怀、人伦风物、气象世貌的作品为众，并且不乏精品佳作。其中，王鲁彦、蹇先艾本来就是创作乡土小说最早的闯将之一，东北作家群、西南作家群将一缕缕或滞重厚实或空茫辽远或清丽率真的乡野之风吹进文坛，田涛、林蒲、高咏、罗淑则更是倾心于表现脚下那片饱含苦涩土地的呻吟，而京派沈从文、李健吾、李广田、芦焚也以各自不同的独特体验抒写其看取世风景观的不同视界。

自从《黄金》之后，鲁彦的小说进入了一种更为坚实沉厚的乡土气息之中。他20世纪30年代的作品散发着不可逼视的写实色彩，浓墨重彩地实录了浙东农村物质上的落后困乏以及乡民精神上的鄙陋无聊，而这种现象又是藤藤蔓蔓地与宗法制社会的世风世貌、天伦人常密切相关的。在《雀鼠集》中，覆盖在宗法制社会人伦关系的那层温情脉脉的面纱已被撕破，露出种种隔膜、冷淡、鄙俗的阴影。尤其当这一切面临金钱的逼仄之时，已是私欲多于同情，势利多于帮助。旧的心理秩序一点点碎去，却又惶然没有归属，不知去处。事实上，这番现实景象已经进入了许多作家的艺术视野，甚至是一些京派作家的作品中。如李广田的《金坛子》（收在同名小说集中），写一对老夫妇一世劳苦，存下积蓄若干，却反引起后辈们的猜忌甚至仇恨。吴组缃的《樊家铺》（收《饭余集》），更画出一幅血肉模糊的人生图景。小说在阴冷寒战的肃杀气氛中，借一出伦常悲剧，写出宗法制农村社会经济以至精神的双重崩溃。

塞先艾出道并不太早，却被鲁迅评点乡土作家时置于许钦文、鲁彦之前，足可见这位年轻人在乡土文学创作上的实绩与潜质。20 世纪 30 年代，塞先艾进入了创作的丰收期。他的一系列作品扑闪着浓郁的乡土气息，映画着强烈的地方色彩，更可贵的则是其中显现出的现实主义的深度与广度。

收入"文学丛刊"的《盐的故事》即是其中一部佳作。与鲁彦笔下的浙东农村有所不同，西南山地更带一份封闭与荒蛮。深入地展示出这种地域风貌，豁透出逼真切实的现实情状，正是塞先艾的本色当行。在这一点上，20 世纪 30 年代闯入文坛的两个同乡同庚同道的小青年与他颇相近。这两个小青年就是来自四川的沙汀、艾芜。他们如双星闪耀，似双璧争辉，背依丰厚的生活源泉，潜心熟悉的乡野世界，再现一份实在的人生。他们凝神屏气，注目那片患难沧桑的土地，活脱出民众的悲苦命运，满溢浓重的感怀与慨叹。

沙汀共有四部短篇小说集收入《文学丛刊》：《航线》、《土饼》、《苦难》、《堪察加小景》，充分代表了他在乡土小说方面的成就。由于人生阅历、家庭背景等不同因素的影响，与沙汀相比，艾芜的作品更为俊逸明丽一些。使他一举成名的处女作《南行记》如一缕清新的风，自然、疏朗、曼妙，写化外风俗，状世态人情。而两人作品共通的则是那一份现实主义的文学风格。

《南行记》中最好的两篇是《山峡中》与《松岭上》。《松岭上》写"我"在云南西部山家店中给一位杂货贩子做伙计，后来得知这个老人居然是个杀人犯，他杀了陷害他的地主一家，并杀了被凌辱的妻子与儿子。然而"我"却始终没法把这个喜欢同小孩玩耍同女人斗嘴的老人与杀人犯等同起来。但最终当"我"发现他依然把缠有烂麻线的线团卖给别人时,"我"也就决心离开他,坦言"他是可原谅的,但我不能再替他做了。因为同情与助力,应给更年轻的一代"。全篇气氛扑朔迷离,那股神秘气息扑面而来,与沈从文早期一个短篇《夜》颇有异曲同工之妙。

相形之下,《山峡中》更近完全的文学的纯美意味,几臻化境。一群强悍至于蛮野残酷的强盗,为讨生存铤而走险。惊风险浪之中为了保护自己他们把想离群而去的小黑牛抛入滔滔江中。这几乎要令人窒息了。然而人性毕竟还存留在他们的心底,罪恶中生出了良知的花朵,蛮性中闪现出人性的庄严。野猫子、魏大爷他们在"我"熟睡之际,拔营而去。"看见躺在砖地上的灰堆,灰堆旁边的木人儿,与乎留在我书里的三块银元时,烟霭也似的遐思和怅惘,便在我岑寂的心上缕缕地升起来了。"小说至此戛然而止,但光华照人的野猫子的笑靥身影却久久挥之不去。其中那份野性废墟上升腾起的良善,蛮性世界烛照出的人性,更是耐人咀嚼与寻味。

东北作家群是一群失去了乡土的流亡者,是一群远离了故乡的漂泊者。但他们却依然时刻回眸故土的旷野、草原、莽林、湖泊,熔铸苦苦的乡思乡恋,抒写刻骨铭心的乡音乡韵。更浓重的是他们胸中燃烧着的那份痛切,他们灵魂中奔涌着的那份热诚。他们是当然的乡土派,是当然的写实派,只是他们的眼光更宏阔,他们的笔调更醂畅。他们不只是表现具体乡村的生活场景,还抒发对故土乡情的记忆与怀念,更展示东北大地的生命力与自信心,风雷一般的激情与斗志。正如女作家白朗《伊瓦鲁河畔》中所描述的:"他们谁也不表现一星儿悲哀,他们都在笑,刚强的笑,让眼泪从眼窝里干回去。……一齐起来合唱，像沉雷一般传播到远方去。"这回荡在广阔平原上的激情的呼啸，纵横恢宏，汪洋恣肆，喷薄呼号，倾泻出一种紧紧扎根大地的强悍的力，一种粗犷奔放广袤纵情的美。另外，或许正因为他们漂离了脚下这片土地，他们的作品在洋溢着浓郁乡情的同时，更会舒卷风起云涌之时代，演奏出一曲曲大气磅礴雄浑开阔的现实主义劲歌。

20 世纪 30 年代是一个多元共生的文学时代，尤其表现在文学审美风格的多样化方面。不论西南作家、东北作家还是其他作家，他们都坚持现实主义传统，创作的主题是相近的，取材的生活是相同的，作品却显露出各异纷繁的风格。这是由于他们注重把生发于自己心灵深处的碰撞吻合到对外部世界的表现中，作品的声音就是作者的声音。这还由于他们在各自钟爱的领域进行各具特色的艺术探索，从而丰盈出无限的个性魅力，形成多维立体的审美风格。拿东北作家群来说，萧军的劲骠强悍，萧红的清幽雅静，端木蕻良的雄浑温婉，骆宾基的粗犷豪放，白朗的自然细腻，舒群的绵密沉实，交相辉映，极大地丰富了 20 世纪 30 年代的文坛创作。

东北作家离开故乡之后，都漂流到上海，进行文学创作。他们在上海这块土地上捧出一本本佳作，光芒四射。这既离不开鲁迅等老作家的指导帮助，也离不开巴金主编的"文学丛刊"的扶植支持。端木蕻良的处女作《憎恨》、白朗的处女作《伊瓦鲁河畔》、舒群的代表作《秘密的故事》均收入"文学丛刊"，萧军、萧红则分别有四部、三部作品由"文学丛刊"结集出版，可以说是尽收了他们三四十年代创作的重要作品。"文学丛刊"为这群漂流的星星提供了憩息的云朵，并且让每一颗星星自由地放散自己的光亮。

萧红在东北作家中才情最高。1934年，萧红来到上海不久，她在青岛完成的《生死场》即由鲁迅编入《奴隶丛书》出版，她迎来了创作生涯中的一个高峰。而她在上海期间创作的所有作品，包括散文集《商市街》、散文小说合集《桥》及小说集《牛车上》，均由"文学丛刊"梓行。

同其他东北作家一样，萧红挚爱着自己的家园，眷顾着自己的故土。她曾写下《给流亡异地的东北同胞书》、《九一八致弟弟书》等掷地有声、焰焰烈火一般的文字，她也有《北中国》等直抒胸怀、若惊涛拍岸的作品。这是良知，是呐喊。而作为一个优秀的小说家，她主要的创作旨归是去表现生生不息的民间生活，随着这一倾向的不断圆熟，她展现出了最具个性的艺术魅力——在这一流程中跳动的那一颗玲珑的心。这颗心折射出独特的审美体验，释放十分个性化的情怀。茅盾在《呼兰河传·序》中称赞这部小说是"一篇叙事诗，一幅多彩的风土画，一串凄婉的歌谣"。萧红小说的这一特点其实始终贯穿于她的全部创作之中，贯穿在从《生死场》到《牛车上》再到《呼兰河传》的发展中。而收入"文学丛刊"的《牛车上》可以看作是《生死场》通向《呼兰河传》的一道桥梁，显现出萧红创作轨迹的逐步发展。

《生死场》描写的是一群平民百姓在生死线上的挣扎呼号，具有强烈的现实主义精神。但《生死场》与其他反映百姓疾苦的作品的不同在于，它不止于表现现实世界的悲痛不幸，揭出人的病苦，还写出了生命本身的顽强，写出了"人和动物一起忙着生，忙着死"的境况。在《生死场》中，写农民们怀揣着愤与怒，扑进抗争的巨浪洪流之中，有时代宏大的声音。然而更具艺术审美的则是那些对永恒的风俗情状的描写。写那麦场、菜圃、屠场、羊群，那"如放大的太阳一般勃发起来，茂盛起来"的传染病，写"农家无论是菜棵，或是一株茅草也要超过人的价值"的观念。在这里，有一种民间的自在，是一种亘古长在的肌质。《牛车上》继续了这一新鲜别致魅力独具的审美思路，在一幅幅风情画、一篇篇风俗志中生发诗情画意，尽管这中间也满含辛酸与悲苦。而且《牛车上》与《生死场》相比，更多一份民间的淳厚。在此层面上，萧红作于香港的《呼兰河传》与《牛车上》息息相应。这不仅是说《呼兰河传》的某些段落（如有二伯的故事）与《牛车上》中的某些篇章有所呼应，更重要者在于《呼兰河传》中的"我"承接了《牛车上》抒情主人公"我"那份诗性的光华，用"我"的回忆去直接展示自然人生的面貌。那里有扎彩铺、大泥坑，那里有跳大神、唱秧歌、放船灯，有心灵的寂寞与荒凉和那"好像含着眼泪的笑"。这些实在的乡村写真，呈现出民间自身的凝聚力与向心力。这是现实主义在审美向度上的另一重表现。

除了乡土小说，"文学丛刊"里还收入了不少反映产业工人、市民生活的作品，充实了现代小说创作中显得较为薄弱的这一环。其中，张天翼、李健吾多描写市民的生存状态，以自己独到深邃的眼光，在灰色的习见的市民生活中开掘新的光亮，展示市民百样心态。萧军、欧阳山、蒋牧良、万迪鹤的作品则更多注重开拓产业工人的生活领域，表现他们在生活中的各种悲喜遭际。

萧军的短篇小说集《羊》中近一半篇幅是关于产业工人的。《初秋的风》写了一个拼命钻营的印刷工人，他凭着心计与苦干，"早晨第一个来，晚上最后一个离开工厂"，顺利地取代了老胡爬上了工头的位子。他的心中没有什么民族、国家的观念，印不印日本人的印刷品他丝毫不在意。但他却总有一份无法摆脱的空虚缠绕在心头。终于他堕落成疾，被老板踢出工厂。萧军成功地刻画了一个苟且、鄙陋的工人形象，展示了被沦陷区日伪统治与金钱异化扭曲了一批人的灵魂。同样收入《羊》中的另一篇小说《货船》则写了另一种类型的工人。这是一群常年生活在船上的人，整日里为了生存在大海上漂流。他们吞咽着生活的磨难，饱尝了人生的艰辛，小说描写那个小水手只幻想着有一天能有一条新的学生裤的文字，着实令人动容。尽管如此，他们心中却有一个梦，盼望能拥有一个"没有外国人管辖的祖国"。一派元气，塞溢天地。

"文学丛刊"中收入不少描写知识分子的作品，涉及各个时期、各个区域，风格多样，仪态万千。其中有表现青年学生斗争的萧乾的《栗子》、茅盾的《路》，展示他们追求革命、追求进步、追求光明的奋斗历程。《栗子》中描写了一个坚强执着的女学生菁的形象。当孙家麒阻拦她去示威时，她愤然喊道："你有什么权柄！……告诉你爸爸，把枪磨亮点。"在示威中她的眼睛被击伤，却毫不退缩，顽强地说："我好了还要去干。"《路》则是通过青年学生火薪传的所见所闻，广角地展现了学生运动中的各种场景以及青年们的成长经历。

抗日战争期间，身处民族危机、生存危机、艺术危机的多重困境之中，知识分子以不同方式尽显自己悲愤的情怀与不折的精神。例如，白朗的《一个奇怪的吻》（收入《伊瓦鲁河畔》）写一对情深意切的青年夫妇李华与姚行谦从日本人的囚车上逃脱，李华受了重伤。为了不拖累丈夫，为了让他继续未竟的事业，绵长而热烈的一吻之后，李华纵身湍急的石头河中。梅林的《婴》同样描写一对为民族献身的青年夫妇夏民、华贞。华贞在地方医院生下一个可爱的婴儿，她和夏民近乎疯狂地爱着孩子。然而为了苦难的民族，华贞和夏民不得不留下只有十六天的婴儿回转前方。这两篇小说都不是单纯地表现这些青年知识分子的英勇无惧，而是把夫妻之情、舐犊之情与爱国之情、报国之志交融在一起，真实地袒露他们的胸怀，也更引发读者心中的悸动。

"文学丛刊"中还有不少篇章以朴素自然的笔触，写尽了国统区、沦陷区、孤岛上海的知识分子的生存境遇，困顿贫苦。靳以的《生存》写一位国画教授李元瑜的苦痛遭遇，写他的极端清寒。他劳累的妻子没有一件棉袍，他可怜的儿子没有一块面包，为了缴学费，只能把幼婴订奶的钱、卖米所得的钱和他打算买眼镜的钱垫上。然而尽管如此，他却始终不出卖自己的良心，不出卖自己的人格。萧军的《职业》写"我"失业经月后谋得一份在警察厅侦缉局做书记录口供的差事。"我"参与一桩审讯后，拿着薪金去请一位总帮助"我"的朋友喝酒，无意中得知那位犯人就是这位朋友正在援救的一名抗日反满的政治犯。"我"却只能告诉他犯人已被押送刑事科由日本人审讯了。文章写这个小职员失业后的穷愁酸苦极其真实，更通过写他的懊丧、郁闷、惆怅表现一大批小人物未泯的天良，并且曲笔写出东北大地上熊熊燃烧永不停息的反抗怒火，从而预示着在正义与暴戾的较量中正义必将胜利。

"文学丛刊"的诸多小说，共同透射出一份强烈的现实主义精神，一份激情澎湃的热切的现实主义情怀。这一特点的形成可以说同巴金的辛勤努力与出版观念是分不开的。陈思和在《新文学整体观》一书中对此作过分析："（20 世纪）30 年代仍然独立坚持新文化启蒙精神的是巴金。……在启蒙的文学方面，巴金及其圈子（文化生活出版社等）是文研会真正的继承者"①，从一部部具体的作品来看，的确如此。一大批现实主义风格的作家围拢在"文学丛刊"周围，鲜明的现实主义精神自始至终贯穿于"文学丛刊"之中，同时也存在于巴金主持的其他丛书之中。

再以"文季丛书"与"文学小丛刊"中小说类的作品为例来看，也鲜明地呈现出现实主义的脉动。作品大致可以分成如下三类：一是通过描写普通人民或英雄勇士的平凡或传奇的故事，以鲜明的鼓动性来直接号召人们奋起反抗，"写士的勇，敌的死，游击的侠"，如芦焚的《无名氏》（收入《无名氏》）；二是表现战争时期人民百姓经受的苦痛折磨，这苦痛折磨一方面是因为日军的残酷与暴行，如巴金的《还魂草》（收入《还魂草》）；另一方面则因为倚借战火大发其财的豪绅们，如芦焚的《无言者》（收入《无名氏》），这一类作品的精神实是新文学传统的继续发展；三是直接针对离乱时期那些只知中饱私囊、捞取名利的"上流人物"，如张天翼的《华威先生》（收入《速写三篇》），靳以的《众神》（收入《众神》）。

这些作品分别从不同角度描写战时生活，无论是热情的鼓动、宣传，还是深刻的同情、揭露，都是一些优美的文学篇章。例如张天翼的《华威先生》被誉为讽刺文学的绝唱，茅盾特别评论说："'华威先生'那样典型的出现，而且引起普遍的注意……。——这也是最近半年来文坛的新趋向。"②与同样表现抗战生活的"烽火小丛书"、"呐喊小丛书"中的作品相比，"文季丛书"与"文学小丛刊"中描写这类题材的作品在勃发热情的同时更多了一份深沉的思考，触及到了生活

---

① 陈思和：《新文学整体观》，台湾业强出版社 1990 年版，第 64 页。
② 茅盾：《八月的感想——抗战文艺一年的回顾》，《文艺阵地》1938 年 8 月 1 卷 9 期。

中的黑暗与不幸（不仅是来自日本侵略者的，而且有国民党的腐败、营私，以及一些市民的苟且、空虚与无聊）。针对抗战作品一个时期内只写"百分之百的'勇敢'，百分之百的'牺牲'，百分之百的'伟大'"，茅盾特别提出："批评家号召了作家们写新的光明，紧接着必须号召作家同时也写新的黑暗。这才能够使得作家们深思，而且向现实中去发掘。"①"文季丛书"与"文学小丛刊"中的上述作品正体现文学开始进一步沉潜的倾向，既把光明写给读者看，也使读者看到生活中实际存在的黑暗面。同时，这些作品更是充分地体现出巴金在策划图书时对文学自身规律与审美特性的珍视，尤其是对"五四"新文学传统的有力继承。

20 世纪 40 年代是新文学中长篇小说绚烂夺目的时代。长篇小说已经脱去了青涩，尽显成熟的风采与光华。司马长风在他的《中国新文学史》里称这一现象作"长篇小说竟写潮"，杨义的《中国现代小说史》也有相近说法，称"中国现代文学的第三个十年出现了中长篇小说竟写的热潮"。②杨义统计道，"1937 至 1949 年出现的新文学中长篇有四百部左右，其中，中篇小说一百五十部以上，长篇则超过二百部。这是新文学史上长篇小说多于中篇小说的第一个记录，而且长篇的数量是第二个十年的两倍半，兼且绝大多数是 1941 年以后的产品，于 1946 和 1947 年达到出版的高潮。"③20 世纪 40 年代不仅长篇小说多，而且其中很多都是艺术水准很高的佳作。抗战后期，一方面文艺作品中仍然讲求表现抗战的火热生活；另一方面对文学本体审

---

① 茅盾：《论加强批评工作》，《抗战文艺》1938 年 7 月 2 卷第 1 期。
② 杨义：《中国现代小说史》下卷，人民文学出版社 1993 年版，第 39 页。
③ 杨义：《中国现代小说史》下卷，人民文学出版社 1993 年版，第 39 页。

美价值的关注已经开始成为文学创作的重点。例如当时鲁彦在桂林创办的《文艺杂志》就专门指出对"艺术价值"强调的重要性。

文化生活出版社的《现代长篇小说丛刊》即体现出这样一些变化与特点，这也反映出作为编辑的巴金敏锐的眼光与洞察力。其所出版的长篇小说除了《雪》（1933 年作）、《第三代（第一、二部）》（1936 年作）、《骆驼祥子》（1936 年作）外，都是 1937 年以后的作品，而且这些作品几乎都堪称现代文学的精品杰作，"无论在思想上还是艺术方面在抗战后国统区文化界都是有一定质量的"。①

1941 年，巴金回成都过春节，这时的巴金，对自己童年的记忆发生了一种奇异的变化，他在记述十八年后回到老家时的感受时说："我望着那同样的照壁，我被一种奇异的感情抓住了，我仿佛要在这里看出过去的十八个年头，不，我仿佛要在这里寻找十八年以前的旧梦。"三年后，他完成了现实主义的佳作——《憩园》。《憩园》是巴金艺术上最讲究的长篇之一，并且更具一种浓郁的抒情色彩。《憩园》的取材与《激流三部曲》可谓相似，但小说的视点却已转向对复杂人性的发掘，是巴金内心深处最自然、最真实情感的表达，文中时时洋溢着一种低沉的感情，一种低回的温柔。

靳以的《前夕》写战时生活，却没有书写纵横捭阖的大场面，而是把视线聚焦于黄俭之一家的聚合离散、风雨变迁，写他们的挣扎与摸索。而这个与社会发生种种联系的家庭，又正是一个时代的社会缩影。小说最后描写城市沦陷了，黄俭之坚拒"出山从政"，同大女儿静宜与全家一起在河中罹难。此刻，嫁给汉奸杨凤川的四女儿静珠觉

---

① 陈思和、李辉：《记文化生活出版社》，《新文学史料》1982 年第 3 期。

醒了，而代表着希望与光明的五女儿静玲则在南方与逃婚的二姐静茵会合，她抹去悲伤的泪水说："家没有了，我们有国，我们都是国家的儿女。"

关于这篇小说，靳以说："我企图描写的并不只是琐细的家事，男女的私情，和这日趋衰落的一个大城市的家庭中一些哀感。我希望我的笔是一个放大镜，先把那些腐烂处直接地显现出来，或是间接地托衬出来。要知道这样的家与这样的人们——纵然他们有的也有好心肠——已经不能在眼前的世界上存在了。终于当着神圣的抗战的炮声响了起来，首先就把这样的家庭这样的人们打成粉碎，有路走的只是几个一向不甘随着那个家庭消沉下去的，才逃出了死亡。有的虽然是和困苦搏斗，可是还能刚毅地活下去；有的则随了大时代的号角，踏着大步向前去了。"①

《沃土》描写北方农村一家平凡农户全云庆家的不幸与苦难。这篇小说没有直接表现抗战，而是继续了"五四"以来对农民问题的深刻反思与同情的传统。田涛说："战前曾想把我在北方农村的一段生活写出。……抗战的炮火把我驱除出了温静的故都……谁还有心情去回忆故乡的一些童年印象呢？……这时候，也写了些炮火下的事物，不知为什么，一平静下来就又把童年一段农村生活引忆起来了。"② 显然，这一思想代表着一批现代作家在抗战中的一种选择，他们积极投身民族解放运动，但他们心中"五四"新文学的传统仍在，他们始终关心着的是同一的主题。

萧乾的《梦之谷》是一首寻梦失梦的恋歌与悲歌。在这部极其

---

① 靳以：《前夕》前记，文化生活出版社 1947 年版。
② 田涛：《沃土》前记，文化生活出版社 1947 年版。

哀婉动人、悲怆凄绝的爱情小说前面，萧乾写下一篇颇值得注意的序言：

> 这本书是在太平年月写成的，也是写给太平年月的。当它在杨树浦一家印刷局里排印着的时候，不只我，多少人都还酣睡在那更广遍的梦之谷里……行动在目前是高于想象的。这世界，有些人是钢铁铸成的，有些人是可方可圆的木头，但还有一批是水凝成的。那不中用的水只要配上什么化学玩意，即刻便成为伤感的泪了，晶莹而且光润。这泪，如果挂在冬青树上，也还不失一种珠形装饰，但洒在台儿庄，娘子关口，却抵不过一匹战马脖颈上的半颗汗珠……我仍有许多话要说，然而我写不出来了。战争已多少把大家的舌叶弄得迟钝了些，它还应把那情感的触觉剪干净。这再也不是选择"如何说得更动听些"或"漂亮些"的时候了。十个月来，我们由"言语"已走入了"行动"的时代。①

萧乾一共有四部作品由文化生活出版社出版，即：《栗子》（收入"文学丛刊"）、《梦之谷》、《见闻》（收入"烽火小丛书"）、《灰烬》（收入"文学小丛刊"）。《见闻》与《灰烬》中的作品都是直接书写战时生活，表现战时公众情感的散文及报告文学作品。实际上，萧乾创作上的变化也正代表了一代知识分子在抗战中的选择，而通过他的作品的出版轨迹，也显示出文化生活出版社出版风格在战时的一些变化。《梦之谷》是一部个人化色彩很浓的作品，其所针对的问题正与"五四"以

---

① 萧乾：《梦之谷·忠告（代序）》，文化生活出版社1946年版。

来争取恋爱自由、反抗金钱势力、毁灭爱情的主题一脉相承。但当全民族抗战运动兴起时，萧乾同其他知识分子一样，以一腔热情投身洪流大潮之中，正由他在序言中所说的，要以言语走入行动。而他的采访札记《灰烬》等作品的出版也恰恰见证了巴金的编辑风格在不同时期的变化。

四、戏剧出版的集大成者

如前所述，一个优秀的出版人，要勇于"创造文化思潮，扭转文化潮流"。这样的精神品质，在巴金的出版项目策划中体现得淋漓尽致。巴金主编的"文学丛刊"选录作品，以文学性、审美性为立足点，既不拘泥于社团流派，也不局限于文体样式。加之"文学丛刊"不图利润不求金钱，纯以发扬光大文学、昭著彰显人文精神为己任，且最充分利用了丛书的结构特点，这一切都成功地推动了现代文学品种的全面丰收，尤其促进了戏剧、诗歌、散文、报告文学、书信等非小说文体的发展。这一特点在当时的出版机构中，无出其右者。

戏剧，不可否认是现代文学发育成熟最晚的一种体式。这固然有多方面的原因，但至关重要者当为以下四点。

其一，作为一种完全自西方移植来的舶来品，"不像其他门类那样多多少少总有一点儿传统可以承继，翻新"[1]，戏剧要真正在中国的

---

① 杨义主笔：《中国新文学图志》（下），人民文学出版社 1996 年版，第 443 页。

土地上扎根，自然需要时间。

其二，20 世纪 20 年代洪深、田汉几位执著于戏剧创作的闯将虽也不断有作品问世，但他们的剧本多是些类乎小说或他类的篇什，属于一种舞台演出本，缺乏语言文字的精雕细琢。这样实际上是忽略了戏剧的艺术独立性，使其仅仅成为承载某些思想内容的物质外壳，远未有话剧艺术自身（语言、结构诸要素）的成熟。事实上，"话剧"一词还是直到 1928 年才由洪深命名。

其三，由于中国传统接受习惯的束缚，话剧观众并不多，并且缺乏对于话剧的欣赏观念。加之戏剧是一项综合艺术，不仅对剧本本身要求多，而且还需要相映衬的导演、演员、舞美设计等一系列条件。而这些环节因了中国自古轻优伶的风习等因素，而未得到充足发展，专业性剧团寥寥。

其四，由于前三种因素的影响，客观上导致了戏剧市场的贫瘠与衰弱。这样，出版剧本显见得是亏本的生意，因此剧本的出版很难。即使有些书局印行一些剧本，也因为印量小宣传不利而激不起什么大的反应。这一状况又反过来更妨碍了戏剧市场的繁荣。

这种局面直到 20 世纪 30 年代才有了大的改观，戏剧走向成熟的多方面因素已逐渐具备，尤其是一批出版社着力扶持戏剧文学的出版，对作为"一剧之本"剧本的发展提供了很好的外在条件，文化生活出版社及"文学丛刊"即是其中突出的代表。因为"文学丛刊"的存在首先是文化生活出版社同人对自己人生理想的实践，他们不从经济入手看待出版这一事业，从而为"文学丛刊"成功地把戏剧作品推向文学市场提供了充分的可能。同时，通过巧妙倚借丛书形式的助力，"文学丛刊"把戏剧同小说等其他文体编辑在一起出版，有效地扩大了戏剧的市场与影响力。因为一般人总喜欢买齐一套，这样就使得戏剧作品具有了更多走近读者的可能性。

"文学丛刊"共 10 集，每集都有剧作，有时一集里还不止一部：第一集里收《以身作则》、《雷雨》，第二集收《母亲的梦》，第三集收《日出》，第四集收《新学究》，第五集收《原野》，第六集收《沉渊》，第七集收《小城故事》、《北京人》，第八集收《大马戏团》，第九集收《青春》，第十集收《大团圆》。这一连续性鲜明地体现出巴金的编辑思想及"文学丛刊"的编辑特点：使戏剧这一文学样式充分发扬光大，走向真正的成熟。

事实上，"文学丛刊"的剧本由于丛刊的大力扶持及剧本自身水准提高双重作用力的推动，都获得了很好的市场效应，专业剧团业余剧团皆纷纷演出这些作品。就拿林柯的《沉渊》与袁骏的《小城故事》来说，再版的剧本后面即已附上了演出团体的名单。

《沉渊》后面附着[①]：

赵笙箫（夏风），梅采雯（夏霞），赵芝（沈凌），方思源（徐立），倪砚卿（屠光启），贾大（王即絮）。

导演：吴江帆。

演出者：上海剧艺社。

演出时间：1939 年 8 月 18 日。

《沉渊》初版的时间为 1939 年 7 月，仅月余就正式排演，其市场影响可见一斑。在重版的《小城故事》后也写着：

柳叶子（夏霞），杨绳祖（夏风、胡道），王妈（王祺），老徐（魏

---

　① 　括号内人名为演员，下同。

征），贝二老爷（莫言），贝二太太（戴耘），朗四老爷（韩非），朗四太太（慕容婉儿），钱八爷（严俊），大薛（王即絮），小薛（芷君），鼓上蚤（天然）。

导演：黄作霖。

演出者：上海剧艺社。

演出日期：1940 年 8 月 29 日。

这些充分说明了文化生活出版社出版的剧本已由案头文本成功地进入剧场，真正深入受众之中。

"文学丛刊"收入了中国现代戏剧家曹禺最优秀的四部作品，其中《雷雨》既是曹禺的成名作，也是中国现代话剧的扛鼎之作。京派的剧作家李健吾的多部剧作也由"文学丛刊"出版，再加上师陀、袁俊、林柯等人，形成一个强大阵容。他们的作品摆脱了过往戏剧仅仅表现某些社会问题传达若干思想观念的弊陋，克服了以前戏剧戏剧性不足（包括冲突性不强等戏剧艺术自身的特点不突出等因素）的弱点，都有着最充沛的生活感受，最丰富的艺术提炼。他们的作品在艺术上都是十分精粹细致的，结构精当，语言生动，像《雷雨》、《日出》、《原野》、《青春》、《大马戏团》在今天依然是沁人心脾的佳作，不断被搬上舞台以及银幕、荧屏。这些都迎来了三四十年代剧苑的丰收，焕发出夺目的光彩。

前面说过，戏剧可称是新文学中成熟最晚的一个门类，与观众的接触也较少。然而颇具戏剧性变化的是，抗战时期，戏剧与诗歌一起承担了鼓舞大众、传播战声的先锋作用，站到了前沿阵地。戏剧中出现了街头剧、活报剧等形式，以激起民众抗日救国的热潮，唤醒民众的民族意识。这一切都具有相当的时代价值。不过，这样一些作品往往因了政治宣传的缘故，不免简单粗糙，失了艺术的格调，也因而缺乏了长久的艺术生命力。

反观"文学丛刊"中的剧作家们，没有一味为了表现爱国热情而去描写抗日题材，没有一味为了鼓舞士气民心而去展现抗日风潮，而是在艺术的园地默默耕耘。这是对新文学传统的继承与发扬，一方面他们坚持对文学纯美意识的自觉追求；另一方面他们标举现实主义大旗，贴近人生，正视现实。其作品虽不一定直接宣传抗日，却通过对人性深度的开掘、对人间善恶的褒贬，笔端自然流淌一份知识分子的爱国情怀，一颗知识分子的赤子之心。况且这些作家亦并非必然不涉及抗日题材，他们只是在各自熟悉的领域选择最适合自己表述的内容和方式。所以既有展示人性冲突的《北京人》，又有映现时代身影的《大团圆》。像收入"文学丛刊"第十集中的《大团圆》，即是一部以描写战时生活为内容的作品。但它也不是简单地堆砌素材、添加思想，而是描写张家庭院八年的风风雨雨，各色人等的起起落落，借人生遭逢、悲欢离合从侧面真实细腻地展示出中国人经受的战争磨难，映衬出中国人不屈的精神与意志。

抗战全面爆发之后，烽火烈烈，硝烟滚滚，巴金与文化生活出版社的同人们依然在战争中努力保存文学的火种，作为一种凝聚人心的力量。而且他们出版的作品依然坚持艺术的品位，只要有一点可能，他们就要立刻为文化事业作贡献。就戏剧而言，文化生活出版社不仅在"文学丛刊"中辑入许多剧作，在"文学丛书"与"文学小丛刊"中也编排了不少名篇佳作。其中的戏剧作品有不少都着力描写抗战阶段各种人的生活表现，如袁俊的三幕剧《美国总统号》写一艘由纽约开抵上海的巨轮"美国总统号"上发生的故事，浓缩了中国社会的场景，这里既有许雪梅、黄淑芸等"热血满腔的青年"一心报效祖国，也有唐干臣、刘文富等"脑满肠肥的蛀虫"借机大发横财；又如李健吾的三幕剧《黄花》描写了身处香港的一位舞女 Lilien 姚的悲剧人生。她心爱的人在驾机作战中牺牲，她带着刚出生的儿子沦落香港。为把儿子养大，将来像父亲那样保卫祖国，她不得不在舞厅里屈辱地讨生活。然而，孩子因脑膜炎死去了。万般凄苦中，她决然踏上归途，她要亲自回去，去参加全民族的抗战。

这里尤其值得一提的是袁俊的戏剧。袁俊是抗战时期脱颖而出的著名剧作家，他的全部剧本《边城故事》、《美国总统号》、《小城故事》、《万世师表》、《山城故事》均由文化生活出版社出版，分别收入"文季丛书"、"文学小丛刊"及"文学丛刊"等。其作品或写芸芸众生的日常生活，笔触纤细而略带揶揄，或写动荡岁月的生活场景，文风细腻传神而又锋锐犀利。袁俊的戏剧创作实践操作性颇强，像他的《边城故事》即附有他作词，张定和谱曲的《送郎歌》、《YA YA SA》（民歌）、《牧羊歌》三首。他的全部作品都很快由各剧社搬上舞台，获得热烈的社会反响。

其时在文坛已有相当影响力的李健吾也有多部作品收入"文季丛书"与"文学小丛刊"，如戏剧《黄花》、《十三年》、《这不过是春天》，还有改译的《撒谎世家》以及他唯一的长篇小说《心病》。其中，《撒谎世家》作于 1939 年，是由美国剧作家费齐的《真话》（The truth）改译而成。《真话》原于 1934 年商务印书馆出版过唐锡如的译本。在这个剧本的后记里，李健吾提出了一个关于话剧重要的改译问题。费齐是个极具个性的作家，他于 1890 年在麦笛孙广场剧院上演的《布鲁麦勒》标志着"从这一天起，美国有了自己的戏剧"。费齐极谐戏剧之道，"他知道怎样把一个故事写成戏，然而不是故事。"① 然而，这种技巧并不是他最为人所赞誉的。他长于把美国社会成功地融入戏剧之中，那样精巧又那样真实，是一种普遍的真实。对此，他自己说："不要就着舞台上传统的镜面去看那反映出来的人生；正相反，仰起头，一直去看人生的云天。"《真话》一剧是费齐最完美的剧作。但这还并非李健吾将之改译的唯一原因，此外，还有两个十分重要的因素。其一是现代中国文学中，戏剧创作原本就少，加之孤岛上海尤其受到无理的限制，戏剧作品"尤见空疏"。但是，"话剧的运动不容停止，祖国的文化不容中断"，李健吾等文化人采用各种方法能尽一份力就尽一份力。因此他选择了改译费齐的作品。其二，由于话剧这一纯粹外来的文体，要使中国观众有效地接受，改译从某种角度来讲，不失一种最佳方式。在中国话剧史上，改译几乎在一开始就存在，洪深作《少奶奶的扇子》改译自王尔德的《温德米尔夫人的扇子》即是成功的一例。对此，李健吾说："上演一出创作戏剧，观众可以如潮而至；但是一出翻译的杰作，向来是门可罗雀的。……改译成了一种不可避免的工作。"② 事实上，抗战期间，不少作家都有改译的名作，仅在文化生活出版社出版的就有曹禺的《正在想》（改译自墨西哥作家约瑟菲纳·尼格里的《红色丝绒外套》）、师陀的《大马戏团》（改译自俄国安德莱夫的《吃耳光的人》）等等。

　　此外，文化生活出版社还特别推出了曹禺、李健吾、丁西林、袁俊、林柯等人的戏剧专集。这一工作不仅在战时丰富了人们的精神生活，也从另一个角度支持了抗战，鼓舞了人心，并且这种系统的编辑

---

① 李健吾：《撒谎世家》后记，文化生活出版社 1939 年版。
② 李健吾：《撒谎世家》后记，文化生活出版社 1939 年版。

工作为我们今天的研究提供了极大的便利，实在是一件十分有意义的事情。而巴金他们这种在战火纷飞之际，犹自坚持有体系地出版作品的精神，体现出知识分子执著奉献、尊重艺术的价值观念，令人深深地敬佩与感动。

巴金和他的同人们不仅出版了一部部优秀的剧作，更以他们的付出为我们今天的出版人提供了精神上的丰富滋养。

五、体现艺术新成就的散文出版

与戏剧相比，现代散文是成熟较早的一种文体。20世纪20年代，鲁迅、周作人等就创作了大量的优秀散文。20世纪20年代的散文有着鲜明的特色，这就是他们的散文中滋养着一种"大气"。例如鲁迅的散文透射出深刻的思想，周作人的散文中蕴积着渊博的学识……"即使如郁达夫、周作人的颓废，也是大江东去、老树苦藤式的非凡气势，即使如废名、俞平伯顾影自怜式的文字，也漫溢了中外文化的底蕴。"[①]这样一些散文可以说主要是一些"大散文"，而且就作者而言，这一时期的散文家多半是小说家或学者。后来逐渐有朱自清等开始对散文的艺术美进行探索与追求，包括炼字、造境等。鲁迅的《野草》也正是体现出这一变化，在这一方面进行探索。

而20世纪30年代散文的更大变化主要表现在两个方面：其一，出现了一大批优秀的专业散文家，他们毕生致力于散文的创作，并且

---

① 陈思和：《共名和无名》，《写在子夜》，上海人民出版社1997年版，第25页。

纯然以散文创作赢得了读者的喜爱。例如陆蠡、丽尼、缪崇群、吴伯箫等。并且在兼写散文的作家中，诗人占了不少的比重，例如何其芳、卞之琳、方敬等，以及一些兼写散文的小说家如巴金、萧红、萧军等。其二，这样一些散文作者，他们的散文更多是打开了一个私人情感话语的空间，与之相应的即是散文在造境抒情方面的更多突破。中国现代散文走向了艺术上进一步的成熟与精致。

这种散文精致化倾向的出现，实际上是与 20 世纪 30 年代文学的"无名状态"有关。"文学处于一种无名的状态，作家是以细微的个人风格和艺术的独特性奉献于文坛。"[1] 正是在这样一种文化背景下，这些散文家创作了大批抒发个性情怀、笔触细腻婉约的作品。这些作品"多是文字精巧的美文，感情天地见于方寸之间，艺术格局极小，文字上的个性却非常分明。"[2] 这些散文在精致化的同时或许失了20世纪20 年代散文那种汪洋恣肆的气势，但是，对于文学本体的美的感受却也无疑更加丰盈，李健吾评论陆蠡散文时便说过这样一段话："他不像他的浙东前辈那样恢宏，把丰盈的生命赋予散文的体裁，和 30 年代的人事潮汐打成一片吼声。读鲁迅的散文，大部分是他所谓的杂文，我们恍如回到读但丁的《神曲》的经验，中世纪 13 世纪活在他的爱憎的热情。逃亡，疲倦，战斗，永远战斗。但丁用诗做战斗的工具，属于中世纪；鲁迅用散文做工具，属于现代：'而小品文的生存，也只仗着挣扎和战斗的。'陆蠡没有那么重的恨，他的世界不像鲁迅的世界那么大，然而当他以一个渺小的心灵去爱自己的幽暗的角落的时候，他的敦厚本身摄来一种光度，在文字娓娓叙谈之中，照亮了人

---

[1] 陈思和:《共名和无名》,《写在子夜》,上海人民出版社 1997 年版, 第 25 页。
[2] 陈思和:《共名和无名》,《写在子夜》,上海人民出版社 1997 年版, 第 25 页。

性的深厚。"的确，这些散文家在书写自己视界时，使散文进入一个新时代，而在这种氛围中，现代散文"确立和提高了抒情文的地位和格调"①。

20世纪30年代散文的这一变化恰恰在巴金主编的"文学丛刊"里得到了充分的体现。"文学丛刊"可以说基本上集存了20世纪30年代中后期散文的精华，当时称得上优秀散文家的作者都有作品入选这套丛书。他们当中有已在文坛驰名的鲁迅、茅盾、鲁彦、冯至、沈从文，更多的则是何其芳、李广田、萧乾等与京派有诸多因缘的青年作家，是与巴金气质、理想风格相近的丽尼、陆蠡、缪崇群、靳以、田一文等一批年轻人，以及左翼新秀萧军、萧红、唐弢诸君，此外还有黄裳、单复、海岑、庄瑞源等抗战期间成长起来的一些文学青年。这许多作家都自觉追求艺术的纯美与写意的抒情，在具体形式上汲取传统与西方散文的精华，使得现代散文更加趋向成熟与精致。

另一方面，语言是文学的一大重要元素，语言的圆熟与否更是判断散文成功与否的关键所在。文学革命发轫，散文可谓进步最快成就最高的一种文体。然其语言始终仍未脱欧化与方言土语的双重轭缚。而"文学丛刊"诸家散文则尽力洗去西风长句的影响，又回眸传统活用传统，不论是冯至的淡雅，李健吾的深婉，何其芳的精致，吴伯箫的飘逸，方令孺的清幽，还是丽尼的绮丽，巴金的火热，陆蠡的自然，萧红的真率，萧军的浓烈，各有千秋，各擅胜场，都在不同程度上达到了一种纯美的语言的精纯。

"文季丛书"与"文学小丛刊"中的散文作品同样是以艺术性为

---

① 司马长风:《中国新文学史》中卷，香港昭明出版社1983年版，第119页。

主要特色，但其中也有这样一些作品，即作者着力即时地去表现战时的生活。如芦焚的《上海手札》记录了作者困居孤岛之际，所目所睹日军的暴行与罪恶，以及一些苟于安乐的市民灰色卑琐的生活。而萧乾的《灰烬》则是作者任《大公报》记者时的采访结晶，其中既有揭露抗战后方黑暗腐败的《三个检查员》，更有慨然壮烈的描写抗战英雄崇高灵魂、不朽生命的《刘粹刚之死》，热情地讼歌这颗"英雄的崇高的星"，《梦之谷》的作者以自己火热的文笔激荡起读者心中的千涛万浪。

事实上，在抗战时期，究竟是抒写个人自我还是纵身大众生活，一直是知识分子必须面对的问题，而知识分子对此也有着各自不同的选择。但不论怎样，对真善美的追求是始终一致的。《眷眷草》是散文家缪崇群所著的一部散文集，这部散文集是作者纪念亲人友人，眷顾、回首恩情厚谊所作。值得引人注意的是缪崇群在序文中所说的一段话："在大战代中，我却继续地写下了这些不是匕首，也不配摆设的散没的短文，说荣幸，毋宁是罪过……而最奇异的是：圣火不曾将它们烧尽，毒焰也没有把它们夺去。"[1] 这种矛盾的境遇其实是每个作家在抗战中无可回避的，尤其是那些偏重个人书写空间，珍视艺术体验的作家。他们并不曾忘却现实的处境，他们也创作一些战斗的文章，但他们一旦去发散个人体验时，自然而然宣泄出来的仍是这一份记忆。像前面提到的田涛在《沃土》的序中表达的也正是同样的思想，他说："这时候，也写了些炮火下的事物，不知为什么，一平静下来就又把童年一段农村生活引忆起来了"，显然作为艺术家，其对艺术

---

① 缪崇群：《眷眷草》序，文化生活出版社 1942 年版。

的追求是时时萦绕在他们心头的。

六、诗国的丰收

"文学丛刊"共收入 14 本诗集，兼容并蓄，流派多样，为各种诗歌形式提供了发表的园地，为各派诗人提供了吟唱的空间，使得诗坛呈现一派大千气象。

除了编入老作家王统照的《江南曲》外，"文学丛刊"中收入的诗集都是三四十年代诗坛新秀的新作，例如"汉园三诗人"中卞之琳的《鱼目集》，有同属京派的方敬的《雨景》、《行吟的歌》，曹葆华的《无题草》，受到京派浸润的西南联大青年诗人郑敏的《诗集》、穆旦的《旗》、杜运燮的《诗四十首》及陈敬容的《盈盈集》，有战时著名的两大诗人臧克家的《运河》、艾青的《北方》，以及左翼作家毕奂午的《掘金记》、胡风的《野花与箭》，此外还有邹荻帆的一部长篇叙事诗《木厂》。

《鱼目集》是卞之琳的处女作，他在题记中说："这本小书的出版也许还要算我的第一次示众。"此前他与何其芳、李广田合作的诗集《汉园集》交由商务印书馆自费出版，《鱼目集》交稿晚而出版早，故卞之琳有此说。由此亦可见出"文学丛刊"对诗歌的大力维护。又如《雨景》、《诗集》、《诗四十首》、《盈盈集》分别是方敬、郑敏、杜运燮、陈敬容的第一部诗集。这更说明了"文学丛刊"对诗歌艺术的看重与扶持。

京派诗歌多在吟咏年少的感伤、青春的迷惘，追求永恒的魅力、至性的真纯。然而烽火燃起，加之中华民族所遭受的积重苦难，知识分子经邦济世的一贯传统，怎能不使他们在战时卷入时代的洪流之中呢？坚守文学独立性、艺术性、审美性的京派诗人也在战争的巨浪中有所转向。而众多左翼诗人更是主张诗人扑进抗战大潮之中。正如艾青云："诗，由于时代所课给他的任务，它的主题是改变了，一切个人的哀叹，与自得的小欢喜，已是多余的了；诗人不再沉湎于空虚的遐想里了；对于花、月、女人等的赞美，诗人已感到羞愧了，个人主义的英雄也失去尊敬了。"① 臧克家也持如是观点，因此他批评徐志摩"只从英国贩过一种形式来，而且把里边装满了闲情爱和风花雪月。他那种轻灵的调子也只合适填恋歌，伟大的东西是装不下的。"② 他又认为戴望舒只"从法国搬来了所谓神秘派的诗的形式"，"这样的形式只好表现一种轻淡迷离的情感与意象"。③

　　时值战火年代，艾青、臧克家强调诗应反映苦难，主张书写现实，排斥寄情山水，拒绝吟咏爱情，有着客观战时需要的因素影响，但这样一来有时也不免混淆了文学与宣传的界限。而且表现美，抒写情，唤起民众对真善美的追求与向往同样有价值，何况诗本是抒情的文学，需要情感的体验与抒发。倘一味要诗人抛掉这一切，去硬写血与泪，那样写就的文字只能是生涩与虚伪的呻吟。再说纯粹以题材来决定作者的气节与爱国也未必太过。事实上，像京派或其他一些奉守艺术原则的作家，也并非不接触现实。他们同样是用自己的心灵去贴近现实，去拥抱生活，否则怎么会有感人至深的作品？他们作品的题

① 艾青：《诗与宣传》，《艾青选集·三》，四川文艺出版社 1986 年版，第 56—57 页。
② 臧克家：《论新诗》，《臧克家文集·六》，山东文艺出版社 1994 年版，第 6 页。
③ 臧克家：《论新诗》，《臧克家文集·六》，山东文艺出版社 1994 年版，第 6 页。

材虽不一定都血泪抛洒，电闪雷鸣，却同样是要唱出自己的心声。有一点需要指出的是，艾青与臧克家，一个曾留学法国，年轻时受到象征派的影响，一个则是闻一多的弟子，与新月派颇有渊源，因此他们虽坚持诗歌成为吹唱时代号音的喇叭，但又深知："口号没有力量，满纸的鲜血和炸弹是不能让人感动的，而况在诗的本身已失掉了诗的条件呢。"① 因而他们把根深植大地，吟叹对这片古老土地的热情与钟爱，在技巧上他们也比较注重锤炼，艺术上比较讲究。尤其他们收入"文学丛刊"的诗作都有着不绝如缕的诗意。艾青的《北方》以富于深情的笔触书写北国农村的风光人情，抒发对人民"灾难与不幸"、"贫穷与饥饿"的同情。臧克家的《运河》中既有咏叹千年中国历史，感情奔放，联想丰富的长篇《运河》，也有描写生活小景、构思别致精巧的小诗《秋》、《月》，显示了作者不同的创作风采。又如王统照的《江南曲》，是映现战争带来的几多苦难，但集子中无论是短章还是长诗，均写得深情沉婉，震撼心扉。像那首《还是江南好风景》写"几千里的绿芜铺成血茵"，于浓烈的色彩比照中焕发人们的澎湃情感。

新诗是现代文学最早破土的春芽，却始终未成郁郁葱葱的森林。尤其是叙事诗，连根深叶茂的大树也不多见。20世纪30年代，涌现出若干内涵淳厚的叙事诗。尤其抗战期间，竞写长篇叙事诗成为一时风潮。它们为时代留影，替现实刻痕，作品大多洋溢着时代的风云气息。不过，这些叙事诗大多只注重反映现实的情状，缺乏艺术品必需的雕琢与打磨，多为一些战时急就章，艺术素质不高。其中较为出色

---

① 臧克家：《论新诗》，《臧克家文集·六》，山东文艺出版社1994年版，第6页。

者当推《向太阳》、《火把》、《古树的花朵》、《木厂》几部，尽管它们也还略显生涩，尚欠磨砺，未臻炉火纯青之化境。其中《木厂》收入"文学丛刊"，《火把》则收入《文学小丛刊》。长篇叙事诗《木厂》分为序诗及四部八章，以倒叙手法，把两代人二十载的苦难浓缩在一夜的回忆之中，书写了一个个生命的被吞噬，被折磨。作品基调沉厚，写实真切，颇具感染力。但同时也必须承认，《木厂》虽是战时叙事诗创作中的一部优秀作品，毕竟由于作者的战争期间难得从容地琢磨，因而有些地方为表现苦难，过多铺排事实，结果减了魅力、淡了诗味。

巴金对于现代诗歌出版的一大贡献在于，他以敏锐的眼光把一批新生力量推向文坛，他们就是后来被称作"九叶诗派"的一些年轻人。这些年轻人，更多地受到西方诗歌影响，并且把这影响浑然无迹地化入作品之中，他们的诗歌始终致力于艺术的求索、纯美的探寻，把对现实生活的良多感触融入文学自身美的形式中去，在诗坛打开了另一片天空。

可以说，代表"九叶诗派"创作实绩的诗人与单行本作品，都是由"文学丛刊"集中发掘的，像郑敏的处女诗作《诗集》、杜运燮的处女诗作《诗四十首》、穆旦的《旗》都收在其中，从而为20世纪40年代的文坛带来了新鲜的空气、新鲜的风，而这些年轻人也以其淳美的艺术诗情、慑人的理性魅力为"文学丛刊"更增一份光彩。"九叶派"的作品多在意象设置诸艺术形式方面对西方现代主义进行了有效的借鉴，而且耐人寻味的是，它们与世界性的创作主题颇多吻合，闪露一种哲学意义上的渗透，他们作品中的物象多乃一种虚指，是对于人生命题的多维阐释，而不举涉具体的事与情。另一方面，尤为值得言说的是，"九叶派"这些年轻的诗人们在新诗创作方面寻求突破的意识在西方现代派艾略特、奥登、里尔克那里得到了共鸣，而他们出于鲜明的现实意识和自觉的文学责任感，面对战争的外在磨砺与艰难，面对内心自我的探寻与追问，将自己对现实的切实感受与西方现代主义的技法融合起来，用艺术的形式加以表现，从而激发出巨大的艺术创造力。他们将自己对人生的独特感悟与深刻的现实磨难联系在一起，与西方现代主义精神发生了最实在的撞击，这在当时的中国无疑是超前的，也正是在这个意义上可以说中国诗坛出现了一次新诗真正的现代化，开始真正与世界性主题发生磨合。而这一局面的客观形成，其中自有比较主编"文学丛刊"为其提供的一份背依与支持。

"文季丛书"与"文学小丛刊"中也收录了不少优秀诗作，尤其是以艾青《大堰河》、《火把》，孙毓堂《宝马》，杨刚《我站在地球中央》，何其芳《预言》最为出色。

《大堰河》共收有诗作9首，尤其以《大堰河——我的保姆》为著名。艾青以满怀的热爱与深情，写出了一个普通乡下妇女的生平遭遇。这本书原本是自费出版，后来由文化生活出版社收入"文学小丛刊"。

中国现代文学的叙事诗一直不是很发达，特别欠缺史诗性的作品，孙毓堂的《宝马》的问世则轰动了当时的诗坛，也为现代文学的史诗创作涂抹上一笔重重的浓彩。《宝马》的作者孙毓堂致力于历史的研究，尤工汉史，《宝马》即是描写汉武时期大宛汗血宝马的故事。这首史诗辞采瑰丽，意象奇玄，结构宏大，气势壮阔。司马长风赞道："一首近八百行的史诗，竟也做到字字细致，句句精巧，行行谨严，这真是鬼斧神工了。"① 这一评价足见这首现代文学史上唯一史诗的动人魂魄之处。

另一首杨刚的长诗《我站在地球中央》也颇见特色。虽然全诗有过于直露不够蕴藉之处，但胜在巧用拟人手法，并且一派激情冲天而出。作品以第一人称写代表"华族五千年的灵魂"的"我"与自私、残暴、贪虐、强横、懦弱、虚伪、仁爱、正义、理想、自由的对话，道尽了中华民族所受的不平与屈辱，所经的苦难与折磨，更尽显了中华民族的坚韧与顽强，英勇与刚烈。诗中写道："这四面遭逼的游荡灵魂到底以五千年蓄下来的猛力暴吼了，这不是仅仅几百万中国人的吼叫，这是生命，这是地球自己的命令，对于无视生命，排斥生命者所下毁灭的敕告！"

《预言》是何其芳第一部个人结集的诗作。其时，何其芳已在延安，文风已经发生了极大变化，创作了《生活是多么广阔》、《快乐的人们》等充溢革命激情的诗作，也于同年结集为《夜歌》由重庆诗文学社出版。何其芳把自己那些抒发个人情怀、诗意柔美多情的作品，交给文化生活出版社出版，或许可以使我们理解文化生活出版社所出版作品的一重特色吧。不过，《预言》中的诗作，其实同何其芳《还乡杂记》中的一些散文一样，也已开始预示出他创作风格的变化，因为这片美丽的土地上已开始燃起战争的烈烈烽火。

---

① 司马长风：《中国新文学史》中卷，香港昭明出版社1983年版，第190页。

第三章

培养国人看世界的眼光

——巴金的文学品位与出版格局

翻译文学是一种特殊的文学。20世纪文学的特征之一即是世界性，中国文学是纳入了世界性格局中有机地发展的。因此，就中国现代文学而言，翻译文学的存在有着不可忽视、不可低估的意义。当现代文学这枝新芽破土而出的时候，翻译文学同样亦是小荷露角、小鸟振翅了。就作品结集情况来看，新文学最早一部新诗集乃是1920年3月上海新诗出版社出版的《新诗集（第一编）》，收入胡适、刘半农、罗家伦、康白情、傅斯年、沈尹默等人的作品。新文学最早的小说集是郁达夫的《沉沦》，出版时间为1921年10月，由上海泰东书局出版。新文学最早的散文集则是辑入郭沫若、田汉、宗白华三人书信的《三叶集》，1920年5月由上海亚东图书馆刊行。其时，翻译文学的规模也已然初具。如1917 年 1 月中华书局出版的《巴黎之剧盗》（谢直君译述）已是白话译文了。而之前更有大型的翻译工程"林译小说丛书"由商务印书馆出版。

因此可以这么说，现代文学从它诞生的时刻起，就是同翻译文学一起成长、发展的。也可以说，从一开始，翻译文学就直接参与到了中国现代文学的进程之中。翻译文学作为新文学的一个重要构成方面，以其丰富的营养培育了一代又一代新文学的作者群、读者群，为现代文学进入世界化格局提供了有益的助力，使之作为世界文学的重要一环加盟其中。文学犹如某种特殊的化合物，当外国文学这一元素一旦转化为中文时，它与中国文学这一元素就化合在一起，你中有我，我中有你，彼此不再分离。这一现象在中国现代文学阶段表现得尤为突出、鲜明。

近现代知识分子自身社会功能的演变，使其开始放眼世界，通过有意识地鉴别和选择，出版了大批国外著作，掀起了一股译介潮流，进而推动了近代出版业的迅速发展。正如王建辉指出的那样，一批近代知识分子已经开始从传统社会的边缘，逐渐走向近代社会的中心，他们拥有的知识不再作为晋身之阶梯，而日益成为谋生之手段，其服务社会的方式也随之发生变化，从追求"修身治国平天下"，走向兴办实业，包括从事出版。他们编辑出版的"译书帮助中国人打破了原有的封闭心态，培养了一种世界眼光，推动了中国社会的近代化过程"[1]。巴金也不例外，他不仅翻译了大量的外国文

---

[1] 王建辉：《出版与现代文明》，河南大学出版社 2006 年版，第 40 页。

学作品①，更通过自己的编辑活动对中国翻译文学的成长做出了特殊的贡献。而在介绍外国作品方面，巴金同样有着自己特殊的思想与观念，所出版的作品形成了一种系统性的规模。

巴金主编的"文化生活丛刊"与"译文丛书"在中国出版史上有着十分重要的意义。这不仅在于它们是相当有规模的大型翻译丛书，出版了大量优秀的翻译作品，成功地支持了中国现代文学史、现代翻译史的发展与进步，还在于通过它们的问世，能够使我们了解到一代中国知识分子在文化建构上的倾心努力，以及在抗战时期中国知识分子如何在烽火硝烟中维系文化精血、传播世界文明的苦苦奋斗与上下求索。对此，萧乾曾评价说："'文生'出过朱洗的科普读物多种，翻译方面出过弱小民族的作品集。此外'文生'还出了丁西林、李健吾、曹禺、袁俊等人的专集。像'五四'以来许多先辈一样，巴金本人也是既创作又从事外国文学介绍的，在他主持下的'文生'，也是二者并重的。它翻译出版了果戈理、冈察洛夫、托尔斯泰、屠格涅夫、契诃夫等俄罗斯以及其他国家的名著。以'文生'那样小规模的出版社，这么有系统有重点地介绍外国文学，是很不容易的。"②

---

① 巴金通英文、法文、德文、俄文、日文和世界语。18 岁那年，就根据英译本翻译了俄罗斯作家迦尔洵的小说《信号》，从此开始了伴随他文学创作的翻译工作。他主要翻译有克鲁泡特金的《我的传记》，赫尔岑的《家庭的戏剧》和《往事与回想》，屠格涅夫的《木木》、《处女地》、《父与子》、《普宁与巴布林》和散文诗，高尔基的《草原故事》和文学回忆录，以及《薇娜》、《为了知识与自由的缘故》、《骷髅的跳舞》、《丹东之死》、《秋天里的春天》、《过客之花》、《门槛》、《叛逆者之歌》、《夜未央》、《迟开的蔷薇》、《快乐王子》、《笑》、《六人》、《红花》、《癞蛤蟆与玫瑰花》等。

② 萧乾：《挚友、益友和畏友》，《文汇月刊》1982 年第 1 期。

一、杰出翻译家的宏大视野

"文化生活丛刊"与"译文丛书"的出版都有其一定的偶然性，但其背后却也有着深刻的必然性。文化生活出版社建社之初，本来是打算专出外国的文艺书。然而考虑到文化生活出版社刚刚成立，还是要通过一定的规模来引起读者的注意，因此转而借鉴美国"万人丛书"、日本"岩波文库"的编辑方式，计划出版一套综合性丛书，其中"有文学，有社会科学，有自然科学，有翻译的，也有创作的"①，并把这套新生的丛书取名为"文化生活丛刊"。巴金接手之后，则主要以出版文学翻译作品为主。

1934 年 9 月间，鲁迅、茅盾、黎烈文在上海联手创办了一份杂志，名叫《译文》，由生活书店出版，每月一期，专门刊登翻译的文学作品。那时鲁迅对俄国作家果戈理情有独钟，不仅翻译了他的《鼻子》、《死魂灵》，而且在所编的《译文》上发表了孟十还翻译的《五月之夜》、《马车》等小说，并进而试图与孟合作，以他们二人之力，编一套中译的六卷本《果戈理选集》出来。鲁迅对这件事十分投入，充满信心，把它当作自己的一个梦想，全力促其实现。

但是《译文》的篇幅有限，作为一份杂志，也不可能每期让读者面对果戈理，大量的译稿如何处理？鲁迅经过一度犹豫，决定另办"译文丛书"，以弥补《译文》的不足；不仅是果戈理，其他名家名著的译文，都可归在它的名下，陆续出版单行本。鲁迅请《译文》的编

---

① 吴朗西：《文化生活出版社的创建》，《新文学史料》1982 年第 3 期。

辑、助手黄源，去与生活书店经理徐伯昕商谈，徐伯昕听说"译文丛书"是鲁迅主编，一口答应，愿意承接出版；不料他的承诺却因老板考虑到郑振铎正在编的《世界文库》每月精装一巨册，类似于杂志，可以吸引读者预定，而《译文丛刊》便不能够而遭否定。生活书店"既不愿出"译文丛书"，黄源就又与吴朗西、巴金主持的文化生活出版社接洽出版这套丛书，并得到了鲁迅的同意。"①

得知鲁迅需要帮助，巴金、吴朗西当即伸出援手，将《译文丛书》包括现成的译稿、整体的构思、拟议中的选题和翻译者的人选统一接收，并立即安排出版。他们商定《死魂灵》为丛书的第一部，从鲁迅写完最后一个字交出译稿那天开始，不过半个月，吴朗西即手持五册布面装订的《死魂灵》第一卷的单行本，亲自送到鲁迅的书房里。巴金负责处理的鲁迅所编的《死魂灵百图》，也已在制版待印。接着，鲁迅所发动的茅盾、胡风、黎烈文、耿济之、姚克以及孟十还等人的译稿，也相继问世，至鲁迅病故时止，大约一年之间，"译文丛书"已出版十余种，预告即将出版的还有六种。工作进行得如此顺利，显然，靠的是巴金和文化生活出版社同人们的守信、负责、全力以赴，以及双方互相的尊重和信任。对于巴金他们的工作，鲁迅在写给萧军的一封信中说："我以为这出版社并不坏。"②在鲁迅晚年的书信中，好像还没有第二家出版社得到过他这般赞扬，虽然他用的词句很平常，只是"并不坏"。要知道，鲁迅对当时的出版界印象并不好，他曾犀利地批评说，"现在的一切书店，比以前更不如，他们除想立刻发财

---

① 茅盾：《茅盾自传》，江苏文艺出版社 1996 年版，第 294 页。

② 鲁迅：《致萧军》（1935 年 9 月 10 日），《鲁迅全集》第 13 卷，人民文学出版社 1991 年版，第 208 页。

外，什么也不想"。①

两套翻译类丛书中，"文化生活丛刊"涉及面更广一些，正如吴朗西所说的有著有译，但总体上"文化生活丛刊"可以说是一套翻译丛书，其中只有三本著作，即巴金的《俄国社会运动史话》、陈范予的《新宇宙观》、曾昭抡的《缅边日记》（此外还收有一本漫画集，即吴朗西编的《柏林生活素描》）。在所出版的翻译作品类型方面，《文化生活丛刊》也较多样，既有社会科学诸范畴的作品，也有自然科学的读物；文学类作品中包括了各种体裁的创作以及关于作家的研究，同时还有一些与无政府主义有关的作品。不过虽然说"文化生活丛刊"的涉及面更宽一些，但在总体体例上，它与"译文丛书"一样都是翻译丛书，并且大部分译作仍是文艺方面的。加之这两套丛书出版的时间跨度基本相同，因此把它们合在一起来看能更清晰、更鲜明地呈现出巴金在外国文学译介方面的编辑理念。

作为总编辑的巴金，和文化生活出版社的编辑们出版了许多优秀的译作，虽然他们并非有意地设立一套什么规则律法，但却在实际的工作中形成了自身的一些特点，而我们恰可从中发现三四十年代翻译文学的一种轨迹。

第一，一支翻译家的队伍。

文化生活出版社的译者队伍十分壮大，共有译者47人。他们当中有一部分起初就是文化生活出版社直接的创办者或其朋友，有的则是在文化生活出版社日渐发展的事业中逐渐与之建立密切联系的翻译家。无论与文化生活出版社相遇是早是晚，他们都以自己的作品共同

---

① 鲁迅：《致孟十还》（1934年12月6日），《鲁迅全集》第12卷，人民文学出版社1991年版，第582页。

构筑了文化生活出版社的翻译文库，架起了一座沟通中西文化交流的桥梁。

文化生活出版社的同人作家中不乏翻译人才，吴朗西在回忆录中说：当时创办书店是希望"出自己想印的书，有益于人民的书为佳，且周围朋友中懂外文，从事写作的人倒不少，稿源当不成问题，不妨先试印两本书探路。"①"我屈指一算，我们接近的朋友能翻译英文的有巴金、丽尼、黄源、许天虹（笔名白石）、陆圣泉（笔名陆蠡）、张易（笔名伯峰）、吴克刚和我等等，能够译法文的有马宗融、罗世弥（笔名罗淑）、毕修勺（笔名郑绍文）、陆圣泉、吴克刚、陈瑜清（笔名诸侯）、朗伟等等，能够翻译日文的有伍禅、张易、林琦（笔名林雪清）、黄源和我等等。我还可以翻译德文。"②

另一方面，文化生活出版社的译者队伍中还包括了大量与文化生活出版社在对文化的共同钟情中走到一起来的翻译家。他们当中既有资深的老一代译者如鲁迅、周作人等，更多的则是译苑新秀，其中许多译者的第一部译作就是由文化生活出版社出版的，如汝龙译的《阿托莫洛夫一家》(高尔基著)、满涛的《樱桃园》(契诃夫著)、高植的《复活》（托尔斯泰著）、叶君健的《亚格曼农王》（爱斯古里斯著）、方敬的《家庭幸福》（托尔斯泰著）等等。

文化生活出版社的译者队伍不仅人数众多，有老将，有新秀，而且这些译者掌握的语种也很多样，有俄语、英语、法语、日语、德

---

① 吴朗西：《文化生活出版社的创建》，《新文学史料》1982 年第 3 期。
② 吴朗西：《文化生活出版社的创建》，《新文学史料》1982 年第 3 期。笔者另注：吴朗西所提及的这些人中，巴金、陆蠡、吴克刚、毕修勺、伍禅、吴朗西等都直接参与了文化生活出版社的编辑工作，并且都有作品在文化生活出版社出版。

1938 年，巴金在桂林

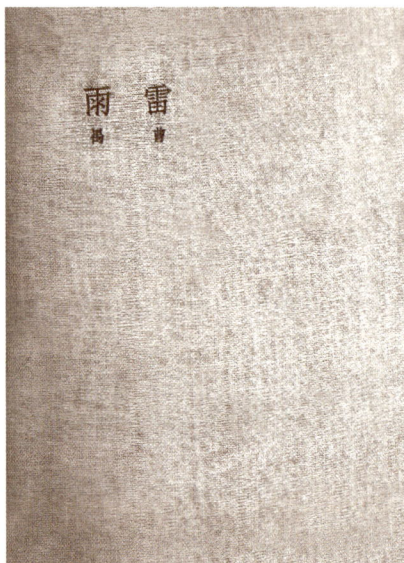

曹禺部分著作书影

"文学小丛刊"部分著作书影

"译文丛书"部分出版物书影

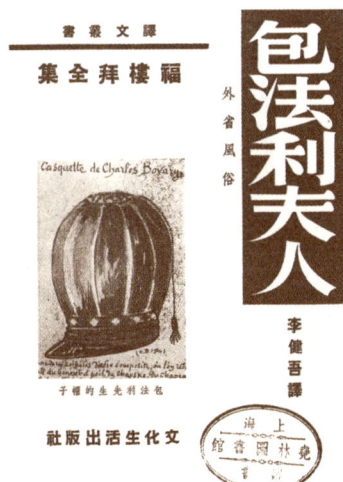

"译文丛书"部分出版物书影

巴金（左）、靳以1933年合影
于圆明园

巴金好友靳以（左）与赵家璧
（摄于1935年）

（左起）萧乾、曹禺、沈从文、靳以（摄于20世纪30年代中期）

巴金（右二）与郑振铎、李健吾、曹禺、靳以等合影

1935年天津公园。前排为从左至右：何其芳、李尧林、曹禺；后排从左至右为：毕奂午、萧乾和靳以。他们都是文化生活出版社的作者

1940年，巴金（右二）、萧珊（左二）、沈从文（左三）、张兆和（左一）等朋友在昆明

语、西班牙语以及世界语。这样也就在客观上使得文化生活出版社译介作品时有了开拓视野的可能性。还有一点十分引人注意，就是通过文化生活出版社的出版工作，在实践中直接培养了一批专业的翻译工作者，如汝龙、高植、毕修勺、盛澄华、满涛、孙用等。他们既是翻译家，又都是学术方面的专家，如盛澄华后来成为研究法国文学的专家，编纂过《法国文学史》。这样一批专业翻译家的出现，与我们前面所提到的文化生活出版社的作者中有一批专门从事散文或其他体裁创作的艺术现象有着某种必然的暗合，它标志了中国文学的创作与研究朝向艺术独立性发展的一种可能性。这对于今天的出版界、翻译界无疑有着重要的启示作用。

除了这样一批专门从事翻译事业的职业翻译家外，文化生活出版社的译者队伍中还有很多是自身也进行创作的作家，如李健吾、曹禺、方敬、卞之琳等，这样就使得文化生活出版社的译作在文学性方面更多了一份特有的魅力。即以对戏剧的翻译来看，曹禺、李健吾、林柯、袁俊、焦菊隐、丽尼、叶君健、巴金、曹靖华、满涛、文颖，大多都是作家，并且曹禺、李健吾、林柯、袁俊、焦菊隐等人本身就是戏剧家，这样一支翻译队伍，对所译作品的文学之妙，更能够予以精妙的展示。正如钱理群在《大小舞台之间——曹禺剧作新论》中说："由于曹禺在戏剧方面的深湛的修养，以及他的艺术家的充沛的感情与独特的才分，就使得他的译本更接近于原作，更能传出原作的色彩明丽、诗意浓郁的特点。"[1]

由此可见，巴金对于译者的选择有着极其独到的眼光。在谈到

---

[1]　钱理群：《大小舞台之间——曹禺剧作新论》，浙江文艺出版社 1994 年版，第 247 页。

巴金和翻译者的关系时，丽尼看得比较清楚。他在《致李济生信》中谈到："第一，真好的译稿必须老巴才可以拉来，老巴自己译些尤为要紧，有真正好的译稿，不十分好的也就带着好了。'文生'的译稿并不本本都理想。但因好的较多，所以给读者的印象不同。别的书店何尝没有出过古典名著，只因多数平庸，所以不能建立信誉。'文生'如果当初也是随便拉译稿，决无今天的地位。第二，除了老巴，谁能随便改动别人的稿子，谁敢？即使译错了，也不敢随便改动的。译者首先就不（服），而译稿即属名家所译，也难保无缺点，要改动也必须是老巴，或用老巴的名义，用另外人的名义是不行的。"这是有经验、有眼光的行家对老友说的老实话。[①]

第二，系统性规模性的翻译工程。

20 世纪三四十年代，外国文学的翻译出现了一种新的变化，这就是对外国文学进行系统性规模性的介绍、翻译。这主要表现在两个方面，一是翻译家进行作家全集或绝大部分作品的翻译工作，例如朱生豪对莎士比亚全集的翻译就是在此时完成的；另一则是以丛书、丛刊的形式出版翻译作品，例如朱光潜曾经说："年来我们对于翻译事业东打一拳，西踢一脚，不但力量不集中，而且选择得很乱，重其所轻，轻其所重，不能使读者对于外国文学得到一个很正确的认识。《世界文库》是现代翻译事业中第一个有计划、有系统的，所以我们应该希望并且赞助它的成功。"[②] 显然，这都标志了现代中国翻译事业的日

---

① 摘自丽尼致李济生信。参见李济生：《巴金与文化生活出版社》，上海文艺出版社 2003 年版，第 7—9 页。

② 转引自杨义主笔：《中国新文学图志》（下），人民文学出版社 1996 年版，第 452 页。《世界文库》于 1935 年 5 月出版，起初是"以丛书如期刊的形式"出版，后来于 1936 年 7 月改为单行本出版。

渐成熟。文化生活出版社的翻译工作也同样如此，呈现出系统性、规模性的特点。

　　我们在这里提到系统性、规模性，其实包含有三重含义。其一是说文化生活出版社对许多外国作家的介绍时，有意识地以出他们作品的文集、选集的形式进行连续性的介绍。如收入"译文丛书"中的《屠格涅夫选集》、《契诃夫戏剧集》等。这样一种活动就使得翻译工作不是零敲碎打，而成为一种专业性技术性的长期工程。这份眼光在当时尤为难得。其二是说文化生活出版社出版的这些外国作家的作品，出现了或许是巧合但也许更多是必然的一种趋向，即一些译者固定地专注于某一作家作品的译介。如巴金、陆蠡、丽尼对屠格涅夫作品的介绍，李健吾译福楼拜著作，丽尼、汝龙译契诃夫，盛澄华、卞之琳译纪德，高植译托尔斯泰，汝龙译高尔基，毕修勺译左拉等等，使译者能够对翻译对象有系统的研究和理解，从而形成独特的翻译风格。其三则是说文化生活出版社在介绍外国作家时，不仅翻译了他们的作品，而且把有关他们生平或作品研究的著作也一起介绍进来。这不仅体现出文化生活出版社不图金钱（显而易见，这些理论研究方面的书会更加不易赚到钱）的情怀，也是他们对于系统性介绍外国文学的一种努力。

　　在现代翻译文学史上，李健吾占有着重要的一席之地，尤其在对福楼拜的介绍上作出了自己的贡献。福楼拜的名字很早就为中国读者所了解，李劼人、李青崖等也翻译过他的作品。然而真正使福楼拜在中国产生更为广泛的巨大影响，却是由于"译文丛书"中《福楼拜选集》的出版。文化生活出版社共出版有福楼拜的三部重要作品，即：《包法利夫人》、《情感教育》、《三故事》，涵盖了福楼拜创作的各个阶段。

这些作品均由李健吾译出。需要特别指出的是，在每部译作后面，都附有李健吾所写的长篇译者序以及多幅插图。这一方面固然显示了李健吾作为优秀译者所具备的专业素质外，更与巴金等编辑同人不图赢利、一心出版优秀图书的编辑理念密切相关。因为，长篇译者序对出版者来说，显而易见是属于不讨好的"赔本买卖"。正因为巴金要为读者提供好书，提供真正的精神食粮，才使读者除了阅读故事之外，能够对这位现实主义艺术大师有更为全面、系统的认识。并且像《情感教育》这部伟大的作品，是第一次被介绍给中国读者的，在对福楼拜、对法国文学的介绍史上具有一重填补空白的意义。

第三，关于转译。

文化生活出版社超过一半以上的译作是介绍俄苏文学的，更为引人注目的是其中又有超过一半以上是由英语、法语、德语、日语以及世界语等来译介俄苏文学的。

那么，为什么会出现这种情形呢？

首先，这表明了译者钟爱、亲近俄苏文学的倾向与选择。当然有些作者精通英文而不擅俄文，但他们也喜爱俄苏文学，故选择以己之长来译介心中的佳作。

其次，由于俄罗斯当时的报刊检查制度尤为严苛，有些作品的俄文原本反而不全面，因此英译或法译本就显得重要起来。例如：托尔斯泰的《复活》即遭查禁删减，而毛德据手稿全文译的英译本反倒更全更真一些。又如库普林《亚玛》的命运亦如此。《亚玛》的俄文原本被横加削砍，B.G.葛尔纳的英译本由于得到了作者本人重新修订的手稿本，这与删过的俄文原文版相比更是真正面目的《亚玛》。

巴金曾在所著的《俄国社会运动史话》中引了克鲁泡特金对于《何

为》（今通译《怎么办》）的评价："他对于当时……算得是一个天启"，并且说："实在果如克氏所说，此书……成为任何著作所不能及。"关于这部译作，巴金在后记中提到，作者翻译时用的是一个法文的节译本，"原本我们一时找不到，这译本又没有支离破碎之处并且从结构方面看来没有那个近乎大团圆的结局，反而是更完美一点。"这段话说明了为什么有时翻译者会选择一些节译本并且采取转译的原因。当然更为重要的是，翻译者们希望能够更快地把这部优秀著作介绍给广大读者，就把容易找到的法文本作为参考的底本。诚如巴金在《何为》后记中再次强调的，这部写于狱中的小说，"对于 19 世纪 60、70 年代的俄国男女青年都有过极大的影响，对于他们，它简直是'一个启示'。它一出版，马上长成了俄国青年的纲领大福音，它的确支配着，指示着当时青年男女的行动。"①

最后，则是由于文化生活出版社成立于 1935 年，两年后中国即进入了全民族抗战时期。其时，烽火硝烟，漂流离乱，加之通讯的不便，外文版书更加难以寻觅。为了译出作品介绍给读者，许多作者在只能找到较为普及的英译本的情况下就采用了英译本。如文颖最初译朵思托也夫斯基（即陀斯妥耶夫斯基）的《穷人》时，即由英译本转译。而解放后她又根据俄文重译了这部作品，1955 年由人民文学出版社出版。又如，《桃园》与《山灵》。前者由英文转译，后者由日文转译。《桃园》所收作品的原文不易找到，茅盾便采用了英译本。《山灵》中的台湾地区作家当时是以日语创作，而朝鲜作家的作品虽有原文，但胡风由于不懂朝鲜语便也采用了日译本。茅盾和胡风都要把弱

---

① 巴金：《何为》后记，文化生活出版社 1936 年版。

小民族与受压迫民族的生活呈现给读者，释放出他们呐喊的声音。因此他们采用了转译本实现自己的理想。

朱雯在译雷马克的《凯旋门》时，使用的是借自钱钟书、傅东华的 *Walter Sorell and Denver Lindley* 的英译本。之前，他还曾见到周刊上连载的英文本，后来他找到了单行本的全本，也即他所采用的译本。在后记中，朱雯说："在出版方面，我应该特别感谢李先生（即巴金——作者注），假如没有他对于原著的卓越的鉴赏，以及对于译者的反复的鼓励，我还不至于在物价腾足的今日能使这样一个拙劣的译本，得到出版的机会。"[1] 这再一次向我们揭示出这样一批知识分子在战时是如何兢兢业业于文化的建设。

第四，关于文言与白话、节译与全译。

文化生活出版社出版的外国文学作品，有的以前已经有过译本。然而时代在发展，新的读者需要新的译文。例如罗逖的《冰岛渔夫》1915 年即已有林纾、王庆通的译本，收入商务印书馆"说部丛书"，译名《鱼海泪波》。林译采用的是半文言译文，且有节略。而黎烈文的译文则是更纯熟的现代汉语，更适合 20 世纪 40 年代的读者。同时，书中附有作者小引，介绍作者的生平与创作，这些工作对于翻译走向系统化都起到了促进作用。其他如《包法利夫人》等也如此。

文化生活出版社出版外国作品时，还有一些译本与以前的相比更完整更全面，如朱雯译《凯旋门》。此前朱葆光曾有译本，1946 年由上海中外出版社出版。1947 年又有林友兰的译本由香港芭蕉出版社发行。但这两个译本都是节译，朱雯的译本是这部优秀作品的第一个

---

[1]　朱雯:《凯旋门》译后记，文化生活出版社 1948 年版。

全译本。

这里十分有必要提到巴金关于复译的理念，而这一理念与鲁迅有着相当的一致性。"在30年代初翻译斯托姆的《蜂湖》时，郭沫若的译本（名叫《茵梦湖》）早在十年前即已出版了；还有后来的屠格涅夫的《父与子》，1943年他才动手翻译它，而陈源的译本已在市上销售了十二年之久。巴金不仅拿它做过参考，甚至还'借用了他的六七条脚注'；又如《处女地》，巴金尚未开始翻译，书店里已有了郭沫若的译本（名为《新时代》）在销售，他坦言郭译本'给了我一点帮助'。"①

刘麟对此分析说，"鲁迅主张'复译'的用意，在于迫使粗制滥造的译本无法立足而销声匿迹，提高总体的翻译水平；巴金则认为翻译中也包含着创作的成分，每一种著作，如有几个译本，各个译本中所包含的，除了原作者之外，还应有译者本人。他要求译者们发挥各自的才干，提高译文的质量。"并据此认为"译文丛书"之所以进行得如此顺利，还有一个重要的原因，即鲁迅和巴金二人在翻译理论和实践方面，有许多见解和行动是不谋而合，确有一定的道理。

第五，对待翻译工作的职业精神。

文化生活出版社的译者们都对翻译事业有着满腔的热情与钟爱，有着认真的敬业精神。如陈荒煤在回忆丽尼时说："（他）翻译《贵族之家》的时候，常常为了一句人物的对话，反复推敲，像演员背诵台辞似地去品味这句话是否能准确地表达人物的心情和性格。"②

---

① 刘麟：《文生社旧事——鲁迅、巴金与〈译文丛书〉》，《出版史料》2006年第4期。
② 陈荒煤：《一颗企望黎明的心——回忆丽尼》，《文学回忆录》，四川人民出版社1983年版，第217页。

但他们同时又深知翻译在某种意义上讲甚至比创作更艰难。因为它既有语言的问题，不同文化背景的问题，还存在是求真还是达意的问题，等等。但不论怎样，他们都是始终执著于这一事业的。因此叶君健译《亚格曼农王》时借用了四个英译本；高植译《复活》，既参照了俄文原本，又采用了英译本。

现代翻译中，对古希腊悲剧的介绍不算很多。《亚格曼农王》（Agamemnon）只有两个译本。其一是叶君健的，由文化生活出版社出版。另一则是收入《希腊三大悲剧》中的《阿加麦农》（石璞译），由商务印书馆出版。《亚格曼农王》的原作用古希腊文写成，而叶君健精通英语，他采用的是英译本。不过虽是转译，叶君健采用了四个英文译本，反复比较，以达到最忠实的翻译。其态度之认真，足可赞叹。

叶君健采用的四种英译本分别是：（1）E.D.A.Morshead 的；（2）J.S.Blackie 的；（3）G.Marray 的；（4）Louis Mackniece。原作没有韵，而这四种英译本前三种有韵，第四种未用韵。叶君健在斟酌后选择了用韵。他认为："此剧原为古希腊人的一种民间歌剧，在节会时演给民众看的。把它译成中文，多少带点民间意味。口语与用韵会好一些。因为中国民剧不脱韵律。我的说法，并非是硬要把希腊的悲剧拉成中国歌剧，这一点我不见得能做得成功。不过是略以为有韵好些罢了。"[①] 由此可以看出，在进行翻译时，叶君健不仅注意要把原作的内容真切、准确地表达出来，在语言转换的过程中还注意在文学的总体背景上去把握，使得中国读者在接受时得以有个最自然最亲切的接触

---

① 叶君健:《亚格曼农王》后记，文化生活出版社 1946 年版。

与感受。

又如巴金在自己的译作中经常称自己是"试译"（如在《门槛》等译作中他都这么说）。笔者以为这应该包括两层意思：第一是巴金对自己译文的谦虚，第二则是呼唤更多的人来参与翻译工作的建设，一起投入翻译这一伟大的事业之中。又如对于转译时应持的态度，很多译者都有所表述。方敬便曾说："翻译本来就是一桩难事，何况又是转译。……不过我还是尽量想法保留一点原作的东西。"①

文化生活出版社译者的认真不仅表现在他们对译作的态度上，更在于他们在翻译一篇篇优美文章的过程中所显现出的一份动人肺腑的人文情怀，一份坚信自守的岗位意识。高植在所译《幼年·少年·青年》的后记中说："工作的对象与准备，工作时的环境与情绪，及其他附件，每不能美满而调谐，尤其是在目前战争期间，现在买书借书都非常难……"② 这番话道出了知识分子彼时的生活处境。然而，现实条件虽然如此恶劣，他们和出版社一起为传衍文明的努力却始终不曾停滞。

第六，文化生活出版社所出版译本的特点。

同之前或同时期其他一些出版社相比较，文化生活出版社不仅译者队伍是老一代翻译家与青年翻译家的极好组合，所出版的作品也是古典作品与现代精品的完美共存。

文化生活出版社出版的作品中，有相当一部分是现代作品，而且有不少译作与原著的发表时间相距极短。如朱雯译的《凯旋门》，原作发表时间为1942年，译作发表时间为1948年。又如霍尔发斯的《第

---

① 方敬：《伊凡·伊里奇之死》，文化生活出版社1944年版。
② 高植：《幼年·少年·青年》后记，文化生活出版社1943年版。

三帝国的兵士》作于 1936 年，黎烈文译文出版于 1943 年。显然，这对促进中国文学纳入世界文学的格局从译介学的角度作出了努力。

虽然文化生活出版社成立于 20 世纪 30 年代中期，其中已有大量外国作家被介绍到中国，但文化生活出版社中还推出了一些十分重要却一直未被介绍的作家，如冈察洛夫、拉玛丁，把他们的作品介绍给读者。

另外，对于有些已被介绍的重要作家尚未介绍的重要作品，文化生活出版社也作了不少努力。如鲁迅译《死魂灵》（果戈理原著），李健吾译《情感教育》（福楼拜原著）等。

二、对俄苏文学的钟情

"译文丛书"共出版译作 57 部，其中俄苏作品达 32 部，超过一半以上。"文化生活丛刊"共出版译作 43 部，其中俄苏作品也有 21 部，几占一半的比重。① 其对俄苏文学的重视是不争的事实。

早在 1937 年，苏联学者日尔蒙斯基在《俄罗斯文学中的歌德》中便指出："文学作品的翻译，……反映了特定历史阶段的艺术趣味，反映了特定的文学流派的存在。就像对文学楷模的比较松散、比较自由的仿作一样，任何翻译都跟建立在译者本人风格基础上的创造性思考、跟译者本人的再创造有关，至少它提出了、强化了、揭示了原作中为译者所感悟、所接受的一面。这样的创作性译作已经有机地溶入

---

① 这里所指的均为 1935—1949 年出版的"译文丛书"与"文化生活丛刊"。巴金离开文化生活出版社后，"译文丛书"还出版过《战争与和平》、《劳动》、《萌芽》等译著。

了译者所属的文学之中，溶入了该文学不断发展的进程之中，并且在其中占据了与它在其本国文学中所占地位不尽一致的地位。"① 的确，在选择翻译对象时，实际上已经确定了一种倾向，而这种倾向又是与译入国的文学潮流相一致的。这种一致可以从两方面来分析：一方面，译者的文学态度（以及译入国的文学思潮）会制约和影响对翻译对象的选择。如曹靖华在《鲁迅先生与翻译》中说，"鲁迅先生所以注重到被压迫民族的作品，尤其是俄国的作品的，就因为这些作品是为人生的，是叫喊和反抗的"。另一方面，翻译文学一旦出现，它就将以一种独立的文本姿态介入译入国的文学构成，其意义已不仅在于它是源语国的一部文学作品。而这时，翻译文学本身又进一步地促进了译入国文学潮流的建设。比如中国现代文学中现实主义主潮的高涨恰与对俄苏及弱小民族文学的评介密切相关。也正是在这双向的互动中，文学总体得到了充分的发展。

　　"译文丛书"与"文化生活丛刊"这一风格特点的形成是与鲁迅先生的影响分不开的。虽然鲁迅堪称"第一个用中文系统介绍西方浪漫主义的人"，大力推崇文学的审美性，但他也有过这样的自白："与其看薄伽丘、雨果的书，还不如看契诃夫、高尔基的书。"② 其所主张的也正是文学的启蒙性与现实战斗精神。可以说，俄国知识分子身上那股根植大地、充塞天穹的浩然正气，深深感动、吸引着以鲁迅为代表的中国的知识分子，而他们细腻真实的文学表现更是为中国知识分子所钟情所喜爱。

---

① 转引自陈淳、孙景尧、谢天振：《比较文学》，高等教育出版社 1997 年版，第153—154 页。

② 陈思和：《从鲁迅到巴金：陈思和人文学术演讲录》，中西书局 2013 年版，第 92 页。

不唯鲁迅，几乎所有知识分子都对俄国文学有着一份化不开的感情。像京派的李健吾专长法国文学，但他也翻译了契诃夫的独幕剧集；又如方敬，他的抒情格调近于英法文学，却从英译本转译了托尔斯泰的《家庭幸福》与《伊凡·伊里奇之死》。

（一）果戈理的《死魂灵》及其他

"译文丛书"出版的第一本书是俄国伟大的现实主义作家果戈理的《死魂灵》。《死魂灵》的出版似乎是一个象征，它昭示出"译文丛书"一种鲜明的编辑态度，即：凸现现实主义精神，介绍优秀、进步的俄罗斯文学。《文化生活丛刊》也同样如此，其所出版的第三本书即鲁迅译的《俄罗斯童话》。《死魂灵》的出版不仅为"译文丛书"确立了风格，它本身对于中国的果戈理研究以及俄罗斯文学研究也极具意义与价值。

"五四"以来，新文学领域对于果戈理的作品以及俄国文学的介绍起步很早，但是果戈理这位俄国"自然派"的代表作家最杰出的长篇小说《死魂灵》却一直未被翻译过来。《死魂灵》传神细腻地塑造了泼留希金等一批旧俄地主的生动形象，活脱出他们的贪婪、顽固、愚诈，是一部"震撼了整个俄罗斯"的作品（赫尔岑语）。这样一部优秀作品一直未有中译本，不能不说是一个遗憾。这也可能正是鲁迅抱病翻译《死魂灵》的初衷。《死魂灵》出版后，影响很大。不仅是为读者提供了一部好作品，并且直接推动了果戈理研究的进一步发展。1937 年孟十还的《果戈理怎样写作的》出版，这是一部研究果戈理的论著。孟十还写道："近两年来，果戈理在中国的读者界，也已占得重要的地位。《死魂灵》的译本短时期内销至第五版就是很好的证明。那么，译者在这本小书上费的一点努力，该也不是没有意义的吧"。①

更能体现巴金编辑家眼光的是，"译文丛书"还出版了由孟十还翻译的短篇小说集《密尔格拉得》及耿济之翻译的戏剧集《巡按使及其他》。《密尔格拉得》共收入作品 4 篇，其中《旧式的地主》描写地主闲极无聊的生活场景，空洞乏味的精神世界。《伊万·伊万诺维奇同伊万·尼基佛洛维奇怎么争吵的》以夸张而又绝对真实的描写，讽刺了两个所谓的绅士因一点莫名的小事打了二十年的官司，直至都霉烂于阴湿的雨季。这个集子鲜明地体现了果戈理独特的艺术风格。《巡按使及其他》中收入果戈理著名的五幕讽刺喜剧《巡按使》，同时还收入了他的二幕剧《婚事》，独幕剧《赌徒》、《官员的早晨》、《打官司》、《仆事》、《断片》，书末并附有《巡按使》第一次公演后果戈理致某位文学家的书信断片。这部剧集是现代文学史上对果戈理剧作介绍最全面的一部译作，体现出果戈理戏剧创作的多重风格。

（二）普希金的三部作品

文化生活出版社对普希金的介绍较早，1937 年 5 月"译文丛书"即出版了他的作品：《普式庚短篇小说集》。

普希金在此之前就已得到了不少的介绍，1903 年他的《上尉的女儿》即已有了文言译本，取名《俄国情史》。尤其 1937 年是他的逝

---

① 孟十还：《果戈理怎样写作的》译后记，文化生活出版社 1937 年版。

世百年纪念，"介绍他的文字，在俄国不必说，在中国也很多"。[①] 是年，生活书店出版了周立波译的《杜布罗夫斯基》，商务印书馆出版了由韦悫编辑的《普式庚逝世百年纪念集》，上海文学会出版了瞿洛夫选编的《普式庚创作集》，文化生活出版社出版了孟十还译的《普式庚短篇小说集》。

孟十还译的《普式庚短篇小说集》，"凡是足以作为普希金代表作的都收入了"，其中《站长》是俄国文学中写小人物的名篇之一。后来，此书又在桂林出版了改定版，将其中篇幅较长的《杜布罗夫斯基》单独列出，仍名为《普式庚短篇小说集》，二者都收入普希金选集。这样一种分类更为科学，加之后来出版的普希金的长篇小说《上尉的女儿》，全方位地介绍了普希金的小说创作，使读者对普希金的小说创作得以有完整的了解。

普希金的长篇小说《上尉的女儿》是由孙用从世界语转译的，原名《甲必丹女儿》，曾在 1944 年 2 月由福建东南出版社出版过。但由于发行等方面的原因影响面不大。为了进一步使普希金为更多的读者所了解，也更丰富普希金选集的内容，由孙用再作了一些修订后，"译文丛书"收入了这部作品，并改名为《上尉的女儿》。关于这一经过，孙用记述道："最近许天虹先生转告要重印，收入《普式庚选集》，并提议改为《上尉的女儿》。这我当然同意，而且高兴。第一，这名著能有多的读者，第二，甲必丹也与书中其他的上尉一视同仁，不必留下一种不必要的区别了。"[②]

---

① 孟十还：《普式庚短篇小说集》后记，文化生活出版社 1937 年版。
② 孙用：《上尉的女儿》后记，文化生活出版社 1947 年版。

（三）屠格涅夫与他的六部长篇小说

从 1941 年到 1944 年，巴金以桂林为常驻地，往来于贵阳、重庆、成都，除了写作之外，很多的精力用于从事文化生活出版社的编辑工作和社会活动。1942 年开始，"译文丛书"出书数目倍增，这与巴金的努力工作是分不开的。屠格涅夫六大长篇小说《罗亭》、《贵族之家》、《前夜》、《父与子》、《烟》、《处女地》的连续推出，是文化生活出版社在重庆时期一件引人注目的工作。① 巴金自己也一口气翻译出屠格涅夫的两大长篇《父与子》、《处女地》。

早在 1936 年，巴金与陆蠡、丽尼在杭州时，就相约三人分译屠格涅夫的六部长篇小说，每人译两部。陆蠡和丽尼早就交出了译稿，巴金由于生活忙乱，事情繁多，一直未能践约。客居桂林期间，巴金终于在 1943 年将《父与子》、《处女地》译出，了却了多年的心愿。译稿集中地展示出屠格涅夫的卓越才华与伟大精神，也体现了巴金、陆蠡、丽尼的可贵友谊以及中国知识分子在艰难环境中传递薪火的不懈追求。

富有"清丽的文笔，深透的观察，同情的描写"的《罗亭》，写一个"19 世纪 40 年代俄国知识阶级的典型"，最后又写他在暴动中牺牲，留给人们一个明天的希望。"艺术的完整、人物描写的精致、与横贯的哀愁"使之成为最完美的杰作的《贵族之家》，描写诚实、坦白的拉夫烈茨基不满于罗亭式的闲荡，投身实际，但也找不着道路而走向破灭，书中所塑造的丽莎则是"温柔、善良的俄国少女的最优

---

① 　其中前四本，已分别于 1936 年、1937 年、1939 年、1940 年由文化生活出版社出版过。

美的典型"。《前夜》"内容上是要超过《贵族之家》，而技巧的优美也仅次于它。在爱伦娜身上作者表现了俄国青年妇女的凄哀的美，她不仅善良，并且有勇气而有决断。……英沙罗夫不像罗亭，也不像拉夫烈茨基，他是个实行的人"，而且是把解放祖国之责任担在肩上。《父与子》轰动了世界与俄国，"且是19世纪最伟大的小说之一。……第一次使用了'虚无主义'这个词，而且创造了一个典型的青年巴扎洛夫。……它的价值在于描写了人心的深处。这在各时代各民族中间常常表现出来的。"《烟》是"一部笼罩灰色烟雾似的绝望的作品，……是最具世界性的一部……表现了以后二十年中支配俄官僚社会的浅薄与愚蠢"。《处女地》是屠格涅夫最后一部长篇小说，也是最长、最健全的。屠格涅夫"仿佛走着长远的路程，现在逼近目的地了"，这本书以惊人的直觉捉住了时代的特色，抒发着最后的希望和他对革命的同情。

《贵族之家》出版后，文化生活出版社还曾经特别出版过精装本。"道林纸印，蓝色封皮，烫金字，封面上还有屠格涅夫的烫金签名，相当精美。"据姜德明回忆，巴金曾说："这种精装本只印了两种，还有一本是屠格涅夫的《罗亭》，陆蠡译的。"当问及当年何以只印了两种精装本？巴金说："印了两种，抗战开始了。也就没法再印了。"①

此外，加上1944年5月渝版的《猎人日记》（耿济之译）、1945年4月出版的《春潮》（马宗融译）、1949年2月沪版的《文学回忆录》（蒋路译），同时，"文化生活丛刊"中出版有《散文诗》（巴金译）、《不幸的少女》（赵蔚青译）、《静静的洞流》（赵蔚青译）。这样，文化生

---

① 姜德明:《沪上草》,《王府井小集》,作家出版社1988年版,第128—129页。

活出版社共出版了 13 部屠格涅夫的作品，屠格涅夫成为被译作品最多的一位作家。后来文化生活出版社 20 世纪 50 年代又出版了丰子恺译的《猎人笔记》。

那么，巴金等为什么如此钟情屠氏的作品？

笔者以为，一方面这与克鲁泡特金对屠格涅夫的极高赞誉有关。1931 年，重庆书店出版了由丽尼翻译的克鲁泡特金的《俄国文学史》（英译本名为 *Russian Literature Ideas And Realities*，中文直译为《俄国文学的理想与现实》）。克鲁泡特金称："因为屠格涅夫的艺术底构造，因为他的小说底完盛与美丽，他恐怕要算在他这一世纪最伟大的小说家了。"在这本书中，他还这样具体评论屠格涅夫小说的爱情描写："恋爱乃是他的一切小说中的主要动力；而其充分发展的时候，也即是他的主人公表现得更加充分的时候，这位伟大诗人知道，一个人类的典型不是仅以那人日常所任的工作可以形容得出他的特色来。"作为丽尼的朋友，巴金很有可能读到过丽尼的译文；并且他在《何为·后记》中还特别提到："奇尔沙诺夫据马沙列克说是哲学家，但在这译本里却是医生，而且克鲁泡特金在《俄国文学的理想与现实》中也说他是青年医生。"[①] 从巴金这里提到的书名看，他也极有可能是直接阅读了英译本。但不论巴金是通过何种语言接触到克鲁泡特金对屠格涅夫的评价，克鲁泡特金的这一评价都对他产生了不小的影响，自然会使他对屠格涅夫产生一种天然的亲近。事实上，在有关爱情的描写上，"巴金显然受到屠格涅夫的启发"[②]。而另一方面，屠格涅夫作为一个精神界不断求索战士的知识分子形象也一定触动了巴金的心灵。尤其在抗

---

①　巴金：《何为》后记，文化生活出版社 1936 年版。

②　陈思和、李辉：《巴金研究论稿》第 177 页，复旦大学出版社 2009 年版。

战时期，屠格涅夫的作品令人读来别有一番感触涌上心头。

这一出版现象说明在从事编辑出版时，巴金固然不因个人好恶来取舍作品，但作为文学家的他毕竟是有自己独特的文学观念与理论追求，这也客观上形成了文化生活出版社在翻译作品出版方面的特殊之处。实际上，在进行出版这种精神活动时，出版人虽固守中立，不把自我显现其中，但往往其爱好还是会导致形成出版物的鲜明特色与独特风格，中外出版界莫能例外。

（四）托尔斯泰的小说与戏剧

"译文丛书"20世纪40年代出版的托尔斯泰全集共有三部作品：《复活》、《幼年·少年·青年》、《安娜·卡列尼娜》，均由青年译者高植译出。此外，高植还译有《战争与和平》，在50年代亦由"译文丛书"推出。

在《幼年·少年·青年》中，高植写道："工作的对象与准备，工作时的环境与情绪，及其他附件，每不能美满而调谐，尤其是在日前战争期间。现在买书借书都非常困难……承邵力子先生惠借原书，朱光潜先生借英译本。"[1]战争对文化事业带来的诸多不便，由此可见一斑。而编者与译者为培育文化果实共同的不懈努力，更是令人感叹不已。高植译文均是根据俄语原文译出，同时对英译本有所参考。其最突出的特点是忠实于原著。

除此之外，"文化生活丛刊"中出版了托尔斯泰的四部作品，除了《权力与自由》是政论文外，都是文学作品。

---

① 高植：《复活》后记，文化生活出版社1943年版。

　　《家庭幸福》（1943 年版）与《伊凡·伊里奇之死》（1944 年版）这两部托尔斯泰的长篇小说，译者是京派诗人、散文家方敬。对这两部作品，方敬有着别一重的感觉。方敬把这两部作品同托尔斯泰的个人生活与他的两部巨著《安娜·卡列尼娜》、《复活》联系在一起进行分析。《家庭幸福》作于 1859 年，其时托尔斯泰仅三十二岁，还未结婚；《伊凡·伊里奇之死》则作于 1884 年至 1886 年间，其时托尔斯泰的思想已发生了巨大变化。方敬认为，《家庭幸福》几可看成《安娜·卡列尼娜》的先声，而《伊凡·伊里奇之死》则是《复活》的预告。这种评述的感觉颇为准确。《家庭幸福》里那种细致精微的女性心理的解析，那种浮雕般的形象造型，那种诗性的格调与韵味，展示出一种"清而深"的生命的青春与美；《伊凡·伊里奇之死》则直逼人性深处，去挖掘去透视人性的灵魂，以一种"沉而深"的华严气势状写出凝练坚实的生命的痛苦与力。尤其《伊凡·伊里奇》，它活画出了没有理想没有梦，沉没于机械生活中的人物，道出了他们临死时才恍悟人生已经虚度的悲剧。这不仅是写出了彼时俄国社会的灰色，对于整个世界都是同样的震撼。如罗曼·罗兰便指出这是"激动法国民众最剧烈的俄国作品之一"。

　　另外，还特别值得一提的是，译者方敬在译后记中说："在现在后方西书不容易得到的时候，我很感谢那个藏书不丰却碰巧有一套《托尔斯泰全集》的大学图书馆。我更感谢那两位想方设法帮我把书借出来的朋友：一位认识的，一位陌生的。在翻译与出版中不断得巴金先生的热心与帮助，我心里对他也充满了感激。"[①] 知识分子在此时

---

　　①　方敬：《伊凡·伊里奇之死·译后记》，文化生活出版社 1944 年版。

坚守自己岗位的情志显现无遗，而巴金对于作者的无私帮助在这种文人间的相濡以沫中跃然纸上。

（五）契诃夫的戏剧创作

契诃夫是"译文丛书"最为着力介绍的剧作家，他一生最著名的五部作品《伊凡诺夫》（丽尼译）、《海鸥》（丽尼译）、《三姐妹》（曹靖华译）、《万尼亚舅舅》（丽尼译）、《樱桃园》（满涛译）都得到介绍。其中，《樱桃园》、《万尼亚舅舅》分别于 1940 年、1944 年在上海和重庆出版过。《三姐妹》也早在 1925 年即收入文学研究会丛书，由商务印书馆出版。这次，文化生活出版社把契诃夫的这五部作品以《契诃夫戏剧集》的形式同时推出，产生了极好的社会效果，"当时深受戏剧界与广大读者的欢迎"。[①]"译文丛书"后来于 1948 年还编入一本由李健吾翻译的《契诃夫独幕剧集》，共计 6 部作品。

在出版的契诃夫戏剧集中，尤其值得一提的是由李健吾翻译的《契诃夫独幕剧集》。契诃夫的其他五部戏剧作品，此前此后都有其他一些译本问世，唯独契诃夫的独幕剧由于篇幅等原因，而未能得到相应的重视。但是实际上，契诃夫的独幕剧凝结了契诃夫的才华，是契诃夫戏剧创作的一个重要组成部分，同时也是我们了解契诃夫的一个不可或缺的组成部分。这部《契诃夫独幕剧集》共收 9 篇作品，可分成两类：一类是悲剧型，如《大路上》、《天鹅之歌》、《塔杰维娜·雷宾娜》；另一类则是"渥德维勒"型，这是一种由乡间小剧发展而来

---

① 田一文：《我忆巴金》第 43 页，四川文艺出版社 1989 年版。

的歌喜剧型。尤其是这一种"接近坦诚"的戏剧类型，以其真纯与素朴让观众在大笑中看到自己的缺点与"愚昧"。这种创作一般不为人所重视，但这实际上恰恰是"最高贵的工作，不见得人人能写"①。由李健吾来译契诃夫的独幕剧，是再恰当不过的事。这不仅由于李健吾是一位优秀的翻译家，而且他本人就是一位优秀的剧作家，并且也长于独幕剧创作，他的不少剧作中显露出契诃夫式的风情。在谈及契诃夫对于李健吾及整个京派戏剧家的影响时，研究者有这样一段评价："如果莫里哀更多地以人物的性格缺陷构建喜剧情境的话，那么，契诃夫喜剧的色彩对他们更有意义。"②的确，李健吾翻译的契诃夫独幕剧，成功地传递出了那一份自然的意趣。

需要指出的一点是，对戏剧的大力介绍是文化生活出版社编辑工作的一大特色。原创类的"文学丛刊"如此，翻译类的"译文丛书"、综合性丛刊"文化生活丛刊"也如此。通过出版果戈理、托尔斯泰、契诃夫、高尔基、萧伯纳、莎士比亚等各个时期、各个国家、各种风格著名剧作家的作品，巴金以编辑出版外国优秀翻译剧作这一形式，极有力地推动了话剧这一舶来艺术在现代中国的大发展。

（六）高尔基的小说与戏剧

在俄国文学史上有一个独特的现象，即许多的小说家同时又是优秀的剧作家，这一特色在文化生活出版社的翻译类作品中得以充分的体现。

---

① 李健吾：《契诃夫独幕剧集》译后记，文化生活出版社 1949 年版。
② 许道明：《京派文学的世界》，复旦大学出版社 1994 年版，第 321—322 页。

　　与果戈理、契诃夫等一样，高尔基也是这样一个很具代表性的作家，他在俄国戏剧史上有着重要的意义，在俄国现实主义戏剧发展史上有着不可替代的作用。"到契诃夫，俄国自然主义的戏剧才真正完成……从契诃夫到高尔基，俄国戏剧的发展有着一个暴风雨前后的现象。契诃夫给布满了平静而有压力的云霾：一个预备暴发成为怒吼的平静；而高尔基，便是暴风雨本身的降临。"[①] 高尔基的历史剧《布加乔夫》与《道斯提加哀夫》有一股强劲的力，和他著名的现实剧《夜店》有着一脉相承的精神。他以艺术的形式成功地再现了社会中存在的残缺与不平，质询为什么人性的光辉会丧失？人民为什么如此苦痛？而且他的这个剧本，不同于以前的剧本只提出问题的现象，而是进一步提出这现象形成的主因。正如焦菊隐所指出的："从《夜店》到《布加乔夫》，他一直在指引着一个路线，那就是：为自由而挣扎。为了这个，人们必须流更多的血。"[②] 对于当时的中国而言，高尔基的戏剧不仅带来审美的感动，更带来精神的导引与鼓舞。

　　不仅高尔基的戏剧如此，他的小说也体现出这一风致。除了"译文丛书"中的《阿布洛莫夫一家》外，还有收入"文化生活丛刊"的《草原故事》、《俄罗斯童话》与《天蓝的生活》。

　　《俄罗斯童话》是鲁迅翻译的。这部作品虽名童话，却实在不像是童话。因为它以漫画笔法，触目惊心地画出了俄国人的眉目神情，以及病态畸形，（如知识分子的颓废，专政统治的残酷），"可恨做的太出色，太恶辣了"。而且正如阿Q不仅是中国的，也是世界的一样，《俄罗斯童话》中短短16篇，道出的不仅是俄国人的精神态度，它也

---

① 焦菊隐：《未完成的三部曲》译后记，文化生活出版社 1949 年版。
② 焦菊隐：《未完成的三部曲》译后记，文化生活出版社 1949 年版。

是世界的一个侧面。令中国读者读过之后，正如鲁迅所说："也往往会觉得他好像讲着周围的人物，或者简直自己的顶门上给扎了一大针。"然而也正是这样令人苦痛的惊醒才是治病的良药，才是前行的人们的灯塔。

《天蓝的生活》篇幅并不长，却鞭辟入里地揭出了悲沉现实中的灰色与暗淡，予以锋利的逼视。所以文化生活出版社在介绍这本书时，指出"这不是一本小书，这是'高尔基的书'"。的确，它可说是高尔基由浪漫主义向现实主义转变时期的作品，其中蕴涵有浓浓的浪漫主义情调，更流露出强烈的现实主义精神，而其中的批判精神正是高尔基一贯风格的显现。作品的主题是其他许多伟大作家以及读者们关心的知识分子的精神出路的问题。丽尼的译文很美，1936 年由"文化生活丛刊"出版；并于 1944 年收入上海杂志公司编辑的《高尔基选集》。

此外，对于冈察洛夫、陀思妥耶夫斯基、涅克拉索夫、车尔尼雪夫斯基、库普林、铁诺霍夫等作家作品的介绍也都十分出色。事实上，文化生活出版社中的译者们看重俄国文学正体现了中国现代知识分子的一种共同心态。例如，早在 1920 年 11 月，周作人就指出中国"与俄国却多相同的地方"，俄国文学的背景有许多与中国相似"。[1] 鲁迅也说"不是自己想创作，注重的倒是绍介，在翻译，……因为所求的作品是叫喊和反抗，势必至于倾向了东欧，因此所看的俄国、波兰以及巴尔干诸小国作家的东西就特别多。"[2] 的确，俄国作家笔下的世

---

① 周作人：《文学上的俄国与中国》，《新青年》8 卷 5 号。

② 鲁迅：《我怎么做起小说来》，《鲁迅全集》第 4 卷，人民文学出版社 1991 年版，第 511 页。

界里发生的一切，在中国的土地上都有其回响，俄国的文学震撼了几乎所有知识分子的心。

三、对法国作家的偏爱

文化生活出版社对域外文学的介绍，最多的是俄苏文学，其次就是法国文学了。那么文化生活出版社又为什么那么喜欢法国作家的作品呢？这显然与出版社的总编辑巴金有着密切的关系。

法国研究者白礼哀说得很清楚："他（即巴金——作者注）同时代的作家一致对于小说表示好感。俄国小说和中国小说，具有相同的灵魂，欢喜同一的主题，爱把感情和悲哀延长；他们具有一贯不变的痛苦的灵魂，现实不能满足，因而想出一个乌托邦来安慰自己。……对法国的小说家感到兴趣，特别是莫泊桑和左拉；理由，我们可以猜得出来，差不多是相同的。"[①] 从这里可以看出巴金钟爱法国作品的一种解释，正是法国作品中的现实主义精神（包括自然主义）深深地影响到了巴金的思想。

陈思和、李辉在分析巴金与西方作家的关系时曾指出，"对他影响最大的是法国作家……从卢梭猛烈批判社会黑暗势力，伏尔泰为宗教迫害案平凡昭雪，一直到雨果痛斥小拿破仑，左拉、法朗士控诉'德莱福斯案件'，这像一条红线一样贯穿着整个法国民族史与文学史，它无疑激动了巴金并教育了巴金。他多次重复了左拉的名句'我

---

① 白礼哀：《巴金：一位现代小说家》，转引自《巴金研究资料·下》，江苏人民出版社 1982 年版，第 60 页。

控诉',并且还引用过法朗士、罗曼·罗兰等人在营救萨、凡活动中的抗议。这些作家光辉的人格,给了急于寻求人生道路的巴金莫大的鼓舞。"① 也许正是基于此,巴金在出版外国文学时对法国文学便更多了一份重视。

(一)纪德的作品

丽尼翻译的《田园交响乐》是文化生活出版社出版的纪德作品中的第一部,也是催生文化生活出版社的一本书,值得写入史册。纪德是 20 世纪 30 年代极其为人瞩目的作家,他不仅是法国文坛的大师,更是世界级的艺术家。中国对纪德的介绍始自穆木天,他翻译了纪德的《窄门》。此后,只有一些零星译文刊登在杂志上,未见单行本出版,而且对纪德的介绍也出现一些多多少少的片面之处。真正系统性全方位地把纪德作为一位优秀文学家来介绍的工作,是由文化生活出版社完成的。

文化生活出版社在"文化生活丛刊"和"译文丛书"里出版了纪德的五部作品,他是文化生活出版社出版的翻译作品最多的作家之一。除了"译文丛书"收入的《地粮》(盛澄华译)与《伪币制造者》(盛澄华译)外,《文化生活丛刊》中还介绍了纪德的三部作品,包括:《田园交响乐》(丽尼译)、《日尼薇》(盛澄华译)、《浪子回家集》(卞之琳译)。可以说,几乎纪德的所有重要作品皆涵盖其中,小说、散文诗、随笔都有所涉及。而且,三位译者一是散文家,一是学者,一

① 陈思和、李辉:《巴金研究论稿》,人民文学出版社 2009 年版,第 188—189 页。

是诗人，他们的译文分别体现出纪德作品自然、诗性与默启、理性的不同韵味。应当指出，对纪德作品进行全面介绍，使读者体味到这位"文笔之美，除 Paul Valery 外无人出其右"的作家的风采，是《译文丛书》与《文化生活丛刊》的一大贡献。

（二）从《费嘉乐的结婚》到《玛婷》

《费嘉乐的结婚》被布雷地耶热情地称赞为"法国戏剧的一个新纪元"。因为它的结构、内容、人物以及那讽刺的热辣都是崭新的。《费嘉乐的结婚》写出后，不断接受各种审查，最终经过 7 次检查，历时 6 年奋斗，这部名作才正式登上法国舞台（尽管在此之前，它已在其他国家及一些开明法国贵族的庄园里获得了大成功）。所以，《费嘉乐的结婚》的意义不仅在于它自身的艺术价值，更在于它标志了法国戏剧从古典主义向近代戏剧的过渡。

有趣的是，"文化生活丛刊"里收了另一部作品：拜尔纳的《玛婷》。《玛婷》的作者拜尔纳则是一战后法兰西新戏剧的创建者与发展者，并与勒脑尔茨，H.R. 莱蒙得同为这一戏剧运动的代表作家。拜尔纳的戏剧是现代的，但他的现代精神不以荒诞为标识，而是在日常的生活中来凸现现代精神，坚持"戏剧首先该是不能表现的东西之表现艺术"。他的这部作品《玛婷》代表了法国现代新剧的肇始。而收入"译文丛书"中由焦菊隐译的《文艺戏剧生活》的作者丹钦柯，则与斯坦尼拉夫斯基一起开创了俄罗斯戏剧创作的新时代；收入"文季丛书"中李健吾的《撒谎世家》，是改自美国作家费齐的作品，费齐也正是拉开了美国现代戏剧帷幕的人物。从对现代西方戏剧各种变迁的这些介绍中，可以看出巴金对于戏剧的重视以及他对现代中国戏剧发展的一份贡献。《玛婷》一剧极为受到国内戏剧家们的推崇。曹禺便是其中一位。1936 年到 1941 年，曹禺在国立戏剧专科学校任教，便在教学的《名剧选读》课上，详细分析了这一名剧。

《玛婷》的故事并不复杂，五幕剧，出场人物仅有五个，而且都是我们周围常见的人。然而故事却写得曲尽其妙，把一个普通的农家少女爱情悲剧通过四季的轮转展示出来。剧本的语言极美，富有韵律，音节朗朗。《玛婷》之前有袁昌英的译本出版，此次的译者林柯（即陈西禾——作者注）也是一位戏剧家，他的《沉渊》、《春》均由文化生活出版社出版。他所译的《玛婷》，传神入微地显示出了原剧本自身那种纯真的美。

（三）福楼拜的小说创作

福楼拜，这位法国现实主义大师的理论观点很早就被介绍进中国，其作品也间断地得到翻译。然而真正使福楼拜在中国产生巨大影响的，却是由于"译文丛书"中《福楼拜选集》的出版。文化生活出版社共出版有福楼拜的三部作品，即：《包法利夫人》、《情感教育》、《三故事》，均由李健吾译出。

中国对《包法利夫人》的介绍很早，始自李劼人，书名为《马丹波娃利》，1925 年由中华书局出版。后来又出过李青崖的译本，书名为《波华荔夫人传》，1927 年由商务印书馆出版。这两个译本由于时间较早，在白话文的圆熟、文化背景的黏合诸方面尚有所欠缺。所以也正因此，李劼人自己后来也出了校改本。李健吾的译本相形之下就更接近现代汉语的表现方法，在风俗人情等的介绍上也更见其详。

如果说李健吾对《包法利夫人》的翻译主要胜在更加精细一点上，那么他对《情感教育》的介绍就又多了一重填补空白的意义。李健吾的译本是《情感教育》这部优秀作品的第一个中译本。

《情感教育》是福楼拜的又一杰作，福楼拜创作这部作品的初衷是因为他的朋友圣佩甫认为《包法利夫人》中"没有一个人物代表善良"，认为外省也有好人（《情感教育》中的阿鲁尔夫人即是这样的人物），为什么不把他们写给大家看。福楼拜接受了朋友的建议，创作了这部作品。不过尽管这部作品的产生有如此一段插曲，这部作品却丝毫没有营造的痕迹。正如李健吾引用古尔孟的评论说："古尔孟赞美他'在艺术上，只有小孩与不识字的人们对于主旨感到兴趣。什么是法国语言最美的小说，这部《奥狄赛》（Odyssee），《情感教育》的主旨?'没有主旨，他一语道破福氏的趋势，现代小说的趋势。"① 李健吾是一位坚持艺术性标准的批评家，他对福楼拜所作的评价正是从这一角度出发的。李健吾的评价也正体现了巴金推出外国文学作品的一种特质，即通过译者对所译作品的深入理解，来多方面、多层次地呈现外国文学的丰富内涵。

（四）左拉的作品

文化生活出版社最早出版的左拉作品是《娜娜》，译者焦菊隐。小说描写一个在风尘中求生存的女子的命运变迁，无论是细节处理，

---

① 李健吾:《情感教育·译者序》，文化生活出版社 1948 年版。

还是人物刻画，都极具生活的真实性，是左拉自然主义理论清晰显现的一部作品。

20世纪50年代，文化生活出版社又出版了左拉的《劳动》、《萌芽》等作品，前者是左拉晚年创作的《四福音书》中的第二部，后者则是左拉"现实主义达到最高成就的一部杰作"，这些作品均由毕修勺翻译。毕修勺是一位无政府主义者，他选择翻译左拉的作品，是与自己无政府主义的政治理想有一定关系的。左拉是一个傅立叶主义者，其社会理想与无政府主义大致相近，他的《劳动》、《萌芽》等作品中都有对无政府主义的描写与赞美。"当然，毕修勺钟情左拉还有更加实在的原因，……左拉一生的厄运与奋斗，却像盏真正的指路灯，为这个热情的东方青年指示出将来的人生道路。"① 事实上，左拉的精神一直支持着毕修勺，他也始终是以左拉的精神来书写自己正直的一生。除过毕修勺与左拉的人格精神有着相通之处外，他翻译左拉的作品还因为那一份独特的艺术色彩。

在翻译时，毕修勺本着极为严肃的精神与态度。为了准确地把握左拉的创作精神与艺术风格，"凡是左拉笔下的巴黎场景，都留下了他的足迹。鬼使神差，他竟然还寻到了当年曾为左拉斟过酒的女招待，作了相当详尽的调查……左拉的语言十分粗俗有力，喜用法国下层社会的俚语，为了弄清这些词语的含义，他也费了大量的精力和时间。"② 正因如此，毕译左拉形成了一种于粗粝中见自然风骨的语言风

---

① 陈思和：《只知耕耘，不问收获——毕修勺教授印象》，《马蹄声声碎》。学林出版社1992年版，第210页。

② 陈思和：《只知耕耘，不问收获——毕修勺教授印象》，《马蹄声声碎》。学林出版社1992年版，第212页。

格，十分切近原作的特点。

（五）拉玛丁与《葛莱齐拉》

拉玛丁是法国家喻户晓的诗人。"小孩子都能背诵他的诗"。他的作品清新婉约，自然剔透，普遍被人传诵。《葛莱齐拉》是他一部自传体的小说，也是现代中国唯一翻译的这位法国诗人的作品。拉玛丁是诗人，他的作品宁静、隽永、轻美、飘逸、素朴、简约，这一切在他的《葛莱齐拉》中也得到了充分的体现。

译者陆蠡是一位优秀的散文家，由他译这部作品极为恰当。他的译文深情地再现了拉玛丁的初恋情怀与忏悔心理。虽然陆蠡在后记中说："译此书纯是一时高兴。若说是也算掘掘法国文学遗产中一颗并不辉煌璀璨的明珠，则我并无此奢望"，但《葛莱齐拉》着实是一部至真至美至为动人的作品，对拉玛丁的介绍更是一重贡献。

（六）《伊尔的美神》与《冰岛渔夫》

"译文丛书"中所收译作主要以现实主义作品为主，不仅俄罗斯作品主要体现这一风格，法国、英国等国的作品也多如此。这与当时中国的社会现状有着密不可分的关系。但是如同编辑"文学丛刊"一样，巴金始终是把文学性放在第一位的，因此介绍各种流派的优秀作品给读者，是"译文丛书"不变的追求。《伊尔的美神》与《冰岛渔夫》等闪烁着浪漫主义瑰丽火花的作品，意即在此。

《伊尔的美神》是法国文学家梅里美的作品集。收入其中的同名小说更是一部充满神秘气韵的作品，它讲述了一段神奇甚至诡异的故事。整篇小说的气氛扑朔迷离、玄虚朦胧，流转着一种难以捕捉的韵致。但也就是在这份情韵中，读者感到一阵强烈的震撼。黎烈文在翻译时，选用的是梅里美自己编选的一部《杂文集》，但黎烈文又没有完全采用。《伊尔的美神》与《杂文集》所收篇目不同在于，《伊尔的美神》"抽出了中国读者比较不那么急需的剧本《不满的人们》，换上另一独幕短剧《献车记》"①。这样的安排，因为"这个集子更代表梅里美的艺术，也更合中国读者的兴趣。读者有机会读到更多更好，如不能，仅读此也会很有了解。"黎烈文的这一选择告诉我们，现代翻译家在翻译外国作品时，始终是与中国的现实关联的，这也展现出外国文学与中国文学的相容关系以及对读者接受方面的细致考量。此外，书中还附有卢那察尔斯基写的《一个停滞时期的天才——梅里美》与《梅里美评传》，介绍这位作家的生平与才华。

《冰岛渔夫》是罗逖的作品。罗逖是一个经历生平十分特殊的人。他的一生都与大海和鱼有关，他从童年开始就与大海结下了不解之缘。他从小在海港成长，长大后曾做过海军军官，而他的成名之作《冰岛渔夫》又是一部写海的生活的作品。《冰岛渔夫》描写那青年男女之间纯真、热烈的爱情，那遭受命运摆弄的妇人的离合悲欢，这一切都洋溢着一种浓郁的海的情调。《冰岛渔夫》的语言细腻、清婉、轻快，恰似音乐之流动，图画之静雅，尽显法语之曼妙。而黎烈文的译文也极尽清丽，颇传原文风致。

---

① 黎烈文：《伊尔的美神》后记，文化生活出版社 1948 年版。

（七）《爱与死的搏斗》

罗曼·罗兰的《爱与死的搏斗》是一出伟大壮阔的诗剧，它的剧情与收在《译文丛书》中的萧伯纳的剧本《魔鬼的门徒》很相近，但这个剧本背依法国大革命的背景，又更多了一份沉厚与悲烈。

这出充满激情、牺牲、崇高、神圣的戏剧由上海剧艺社演出，不仅一再加演，而且观众纷纷在报刊上抒发自己受到的震撼与感动，如有的观众在《申报》上撰文说，"孤岛就是炼狱，我们需要像《爱与死的搏斗》那样的火焰"；另一位在《新闻报》上分析了生存与生活的区别，推论说："一个人无论是生是死，应该'有意义'。倒转过来说应该'有意义'，不论生与死。"这些戏剧的巨大成功不仅为当时孤岛的公众提供了精神方面的慰藉，也从另外一个角度再次见证出文化生活出版社出版的剧作是具有相当舞台实践性与文本的艺术价值的。

演出获得巨大成功的同时，剧本也不断再版，并且后来 1943 年版的剧本又加入了十五年后由罗曼·罗兰新写的第九场，让喀尔鲁作为代言人进行大段的独白（满涛译），另外，书末还附了《罗曼·罗兰小传》（林柯译）。

四、对其他国别文学的介绍

（一）曹禺译《柔密欧与幽丽叶》

莎士比亚堪称全世界最伟大的作家之一，他的作品字字珠玑，句句光华，篇篇精绝。"译文丛书"中收入了他早期的代表作《柔密欧与幽丽叶》。莎士比亚的作品在中国不断得到翻译介绍，每部作品都有几个译本。

《柔密欧与幽丽叶》也不例外。"译文丛书"中所收的《柔密欧与幽丽叶》的独特之处则在于译文出自曹禺的手笔。由一位戏剧家来感悟来翻译莎士比亚的作品，是有着不同于别的翻译家的独特感受的，在语言的表达上也更多一份淳美的特色。而且曹禺的译文更加有散文化口语化的味道。由作家来翻译外国文学，是现代文学阶段外国文学翻译的一大特色，而这一特色在文化生活出版社表现得尤为鲜明。

（二）狄更斯的小说

狄更斯的小说《圣诞欢歌》写一个吝啬的老商人史克罗奇在圣诞前夜让他的雇工们一直工作到最后一分钟。夜里他见到了合伙人马列的鬼魂，马列拖着锁链劝他应学会同情、慈善，不要死后追悔，于是他归依了圣诞精神，懂得了去爱别人。在这本书中，狄更斯表达了他一生追求的人道主义精神。因此，他在《小引》中说："我在这本讲鬼的小书里，竭力想召来一个'思想之鬼'，……愿这个鬼快乐地出现于他们的屋子里，没有人愿意去驱除它。"《大卫·高柏菲尔》是一部半自传体的小说，是狄更斯最优秀的作品之一。它通过一个孤儿的不幸遭遇描绘了一幅广阔而五光十色的社会画面，塑造了不同阶层的典型人物，特别是劳动者的形象，表现了作者对弱小者的深切同情。并且作者还通过大卫·高柏菲尔的最后成功鼓舞人们保持对生活的信心，体现出其一贯的人道主义观点。这也恰恰体现了巴金注重人文关怀的编辑理念。

《双城记》是一部反映作者思想发展的伟大作品，在概括时代精神方面，它具有更大的深度和广度。作品生动地描绘了大革命前后的生活场景，也继续体现了对宽恕精神、自我牺牲的强调。《双城记》中展示了大革命的宏大场景，而其中最为人感动的则是那个为了别人幸福而甘愿奉献自己生命的年轻人卡尔顿。巴金在《随想录》中谈到了这位他始终忘不了的人物，说："他以身作则，教我懂得一个人怎样使自己的生命开花。"卡尔顿的形象代表了狄更斯创作的一大特点，即人道主义的情感。而文化生活出版社出版的其他不少作品中也都有卡尔顿的朋友。如罗曼·罗兰的《爱与死的搏斗》，萧伯纳的《魔鬼的门徒》等。

（三）王尔德的《快乐王子集》

王尔德在文学史上因为标举"为艺术而术"而知名，他的《道林格雷的画像》及其序就鲜明地呈现出这一风格特征。不过，巴金没有选他的这部作品，而是译出了他的一部童话与散文集《快乐王子集》。

这部作品的文体美丽清新，结构匀称妥帖，笔调极富音乐性，并且那"无与伦比的想象力给每篇故事都装饰了珠玉"。正如谢拉尔德说："在英文中找不到能够跟它们相比的童话。写作非常美妙，有着一种稀有的丰富的想象发展；它们谈起来（或讲起）叫小孩与成人都喜欢，同时它们中间贯穿着一种微妙的哲学，一种对社会的控诉。"①

---

① 巴金：《快乐王子集》后记，文化生活出版社1947年版。

《快乐王子集》不仅有优美的文笔，不仅为青少年提供丰富的想象力，而且都有着深沉的意味。通过它们，不仅使读者感到一种文体的美，而且真正学会如何去感受美，还能够使读者真正懂得去爱人类，懂得真正地去生活。因此，巴金在后记里说："我同意亨特生的话：'空想的童话中间贯穿着敏感的美丽的社会的哀怜，恰如几幅锦绣镶嵌的织物用一根深红的线牢牢地缀成一帖'。"①这或许也正是巴金翻译此作最初的心愿。可以说，奉献、牺牲精神的呈现，是巴金选择翻译作品出版时一个十分重要的标准，他希望在作品中充分表达出关心人类命运的博大悲悯的情怀。

（四）勃朗特的《简·爱》

"译文丛书"中所收的女作家的作品只有勃朗特的《简·爱》这一部，由此倒也可以从这个角度显出这部作品的价值。勃朗特不仅是英国著名的女作家，也是世界文学史上少有的优秀女作家之一。她的《简·爱》中所表现的倔强、独立精神如同一道长虹横贯而出，其中的平等、自主意识更是给人震撼。勃朗特及其《简·爱》后来为一些女权主义者所推重，自是与此颇有关联。无独有偶，文化生活出版社"文化生活丛刊"中收入英国另一位知名女作家伍尔芙的作品《一间自己的屋子》，也是现代文学史上已知最早的一部介绍女权主义观点的作品。文化生活出版社介绍外国作品、思潮的步伐，显然是努力与外国作品、思潮的发展保持一致的。

---

① 巴金：《快乐王子集》后记，文化生活出版社 1947 年版。

《简·爱》由李霁野翻译，此前他曾有《简·爱小传》由生活书店出版。收入《译文丛书》时，李霁野又作了修改，这一次修改后的译文更加优美，解放后，上海文艺出版社出版的译本就仍采用了这个《简·爱》的译本。实际上，文化生活出版社的不少译本在解放后都曾按原有纸型排印，如：鲁迅译《死魂灵》、文颖译《穷人》等。

（五）威尔斯的《莫洛博士岛》

"译文丛书"中不仅有童话，而且有科幻小说，威尔斯的《莫洛博士岛》即是。这一方面很好地表明了《译文丛书》的丰富性、包容性。

《莫洛博士岛》描写莫洛博士在一所荒岛上进行试验，创造出一种怪物的故事。这不仅是一本情节曲折、奇幻的作品，其意义正如黄裳在后记中所说："不用否认，非科学的读者读来也许会感到奇异。无论整个故事有几分可信之处，怪物——即或是半人性的怪物的制造在活体解剖的手术中还是有其可能性的。"[1] 与《快乐王子集》相仿佛，《莫洛博士岛》虽是幻想小说，但威尔斯特别强调它同凡尔纳的幻想小说不一样，它不是写出一种科学的可能性，而是以科幻的形式揭示现实的矛盾，更多是要给人一种警醒。

《莫洛博士岛》曾在《科学趣味》杂志上连载，译本取自伦敦Alfred A.Knopf 书店出版的威尔斯 7 本著名小说之一，并且是初版本。译者之一的李尧林即冈察洛夫《悬崖》的译者，另一个译者黄裳著有散文集《锦帆集续》，收入《文学丛刊》。

---

[1] 黄裳：《莫洛博士岛》后记，文化生活出版社 1948 年版。

（六）萧伯纳的《魔鬼的门徒》

佛兰克·赫理斯曾说:"除了《武器与人》之外,《魔鬼的门徒》也许是他(即萧伯纳——作者注)最受欢迎的早期剧本。"①《魔鬼的门徒》取材美国革命,故事描写一个年轻人为了自己所爱的女子,牺牲了自己去救她的丈夫。剧本写得紧凑精练,只不过"他过分热中思想方面的活动,这个偏向常常损害他的戏剧著作。这点可由《魔鬼的门徒》得到证明。"②

与前面的《双城记》、《爱与死的搏斗》一样,这部作品散发出浓郁的人道主义思想。译者姚克与鲁迅先生交往甚多,曾协助斯诺翻译鲁迅的作品,译有《阿 Q 正传》等篇。

除了英国作家外,巴金也十分关注美、德、日本等国文学以及弱小民族文学的介绍与出版。这部分的作品多是现代作品,实际上文化生活出版社很早就介绍了这些作家的作品,例如美国作家中,"译文丛书"中选取的是杰克·伦敦。杰克·伦敦的作品《杰克·伦敦短篇小说集》于 1937 年即已出版,是《译文丛书》出版的第八本书,对杰克·伦敦的小说风貌作了较为全面的勾勒。

德国作家中,文化生活出版社初版了 R. 洛克尔的散文集《六人》、贝拉·巴拉兹的戏剧《安魂曲》以及斯托姆的短篇小说集《迟开的蔷薇》等作品。其中尤为值得一提的是《迟开的蔷薇》。这本小书篇幅不长,仅 92 个页码,但所包括的三个短篇《迟开的蔷薇》、《马尔特与她的钟》、《蜂湖》(即《茵梦湖》)却代表了德国著名抒情小说家斯托姆的

---

① 佛兰克·赫理斯:《萧伯纳传》,外国文学出版社 1983 年版,第 188 页。
② 佛兰克·赫理斯:《萧伯纳传》,外国文学出版社 1983 年版,第 188 页。

创作风格。

　　"译文丛书"中选取的是雷马克的作品。雷马克的作品一共选了两部，《凯旋门》与《流亡曲———名浮荷》，所写的内容都是讲流亡海外的德国人的经历遭遇。《凯旋门》写于美国，与作者的成名作《西线无战事》相比，这部作品故事的安排、文字的技巧都更为纯熟、玄妙、自然。而且作者在百科方面的能力，更是出神入化，渊博精深。

五、对弱小民族文学的传播

　　巴金重视弱小民族翻译文学的出版，可能与他当年对茅盾作品的喜爱有关。巴金曾回忆说："1921 年商务印书馆的《小说月报》改版，开始发表新文艺作品，茅盾同志做了第一任编辑，那时我在成都，我特别喜欢读他翻译和介绍的'被压迫民族'的短篇小说。1928 年他用'茅盾'的笔名在《小说月报》发表三部曲《蚀》的时候，我在法国，我很欣赏这位新的小说家，回国以后我才知道'茅盾'就是那位《小说月报》的前任编辑。"[①]

　　"译文丛书"出版的第二本书，即是茅盾的《桃园》。《桃园》之前，茅盾还编过一个弱小民族短篇小说选，即由开明书店出版的《雪人》。《桃园》的封面上印有"弱小民族短篇集"的字样，是一部介绍弱小民族文学创作发展的译作。目录中包括了"土耳其、荷兰、匈牙利、克罗地、罗马尼亚、新希腊、波兰、斯罗伐尼、秘鲁、阿尔及尔"14

---

　　① 巴金：《悼念茅盾同志》，《随想录》，载《巴金全集》第 16 卷，人民文学出版社1991 年版，第 290 页。

位作家的 15 篇作品。这本《桃园》的翻译，即是现代知识分子对弱小民族文学介绍的极好例证。

茅盾在《桃园》中编选的这些小说，大都有着鲜明的写实风格，而更多地则还在于一种反抗专制的精神。像《娜耶》一篇，描写一个小村落反抗苛政的暴动，活脱出一个刚烈的纯真少女形象娜耶。在介绍这篇小说时，茅盾特别指出：写的是一个小村落，但意义却是"全般的"。《桃园》一篇则是在写实风格中又融入一份象征意味，嘲讽官僚在安逸生活中的放任无当。

可以看出，在选择作家作品时，茅盾是作了一番考虑的，他在每篇译文后面的短评也是有着鲜明倾向性的。如茅盾在卷末收入一篇吕海司的《凯尔凯勃》，描写摩尔人别具风情的生活，尤其写哈菲特酋长与凯尔凯勃之间的纠葛，也写到了凯尔凯勃一种天性的反抗。但对于这篇小说，茅盾仍说："写酋长的生活有声有色，但找不到一点儿辛酸的殖民地人民生活。"他在翻译作品时，显然是带上了自己的感情色彩，并且是在用自己的理论主张去整合翻译作品，使之与中国的新文学产生一种共振的效应。但茅盾同时又是一个具备审美眼光的作家，因此《桃园》中还收入了一些艺术性方面富于特色的作品。比如那篇被他称作最美的《春》，就只是一个老公主的絮絮独白，而在这独白间生发的却是一份真挚的感情冲动："为什么我心里难过，那时我也不知道。而今，也许我懂得了。而今我又懂得为什么达米安在井泉边亮光里出现，我就觉得春的万紫千红与芳香好像分外灿烂醉心。"

与《桃园》相类似，胡风翻译的《山灵》也体现出如此特点。《山灵》是一部短篇小说集，介绍朝鲜以及当时台湾地区的新文学创作情况。在序言中，胡风说："看张赫宙、杨逵的介绍，朝鲜底新文学运动比中国底要早十年，不但产生出了许多新旧的作家，而且还形成了几种不同的流派，台湾地区的文学运动虽然较弱而且后起，但在日报文艺栏和期刊上用中国白话文和日文写作的作家也不在少数。"显然，胡风介绍朝鲜以及台湾地区的文学，是以新文学发展的立场出发的，是从新文学的世界性进程的眼光来看的。而同时，在选择翻译文学的对象时，胡风也是把注意力投向了现实主义思潮。而且在《山灵》中，我们可以发现，其所关心的农民问题与知识分子问题恰也是中国新文学的两大主题。

张赫宙的《山灵》以朴素的现实主义笔法写出农民生活的贫苦与不幸，遭受的剥削和压迫，若换去朝鲜的人名与地名，与中国或其他社会被压迫者的生活并无二异。而台湾地区作家吕赫若的那一篇《牛车》更是令人惊心动魄，小说描写为了生存，丈夫让妻子去出卖自己，而"在她，较之谣言，度命的钱更为重要"，这与张天翼的《团圆》、罗淑《生人妻》等篇章有着血脉上一种暗合的联系。收入集中的张赫宙的另一篇小说《上坟去的男子》则把笔墨伸向青年知识分子的心灵，写一群青年在反抗运动中的人生经历和情感表现。这样一些作品都真实地表现出了普通人的真实生活，也展现了他们的挣扎与奋斗。而正如胡风在序言中所说："我走进了作品里的人物中间，被压在他们忍受着的那个庞大的魔掌下面，同他们一起痛苦、挣扎。"与此同时，胡风又从他们身上感受到一种力量，一种精神，"看到了像《初阵》（李北鸣作——作者注）、《送报夫》（杨逵作——作者注）等篇里的主人公有觉醒和不屈的前进，我所尝到的感激的心情实在是不容易体现出来。"[1]

---

[1] 胡风：《介绍两位台湾作家——杨逵和吕赫若》，《胡风晚年作品选》，漓江出版社1987年版，第154页。

不难看出，胡风已把自己所翻译的作品融入了中国现代新文学的血脉之中了，并且他是以一个读者的身份在真诚地感知与体会。这显然也正是巴金把这些作品翻译过来介绍给广大读者的初衷。

抗战期间，由于特殊的环境以及战时便携性的要求，巴金还特别推出了《翻译小文库》，自1940年9月到1948年6月，共出了10本。[①]这些作品均是短篇小说或诗的合集，又或小剧本，仅左拉的《磨坊之役》可算中篇。这10本译作，其中俄苏作品占了3部，法国作品占了3部，这一比例也与巴金主编"译文丛书"、"文化生活丛刊"的编辑主旨相暗合。"翻译小文库"是文化生活出版社所出书籍中开本最小的一种，采用的是六十四开的袖珍本。开本虽小，设计装帧却丝毫不草率，显然，文化生活出版社的事业虽然由于战争的原因受到重创，但巴金等人为理想献身、为文明播火的信念绝没有动摇。他们在战争的废墟上建设，在战火的缝隙中奋斗，我们也由此见出即使在战时极艰苦的条件下，文化生活出版社人的认真精神却是始终不变的。

作为一个有理想的出版人，巴金等一批文化人为读者着想，通过创造文化思潮，以一部部的优秀作品开启民智，开拓民众视野，进而推动文化的进步。正因为如此，出版活动的意义，便在他们的人生轨迹中得以显现；而他们作为知识分子所坚守的守先待后、薪尽火传的文化使命则在他们所创造的出版物中得到长久的传承与留存。

---

① 即：E.亚米契斯［意大利］的《过客之花》（巴金译）；普式庚［俄国］等的《叛逆者之歌》（巴金译）；M.曼特林［苏联］的《白石》（许天虹译）；凡宰地［意大利］的《我的生活故事》（巴金译）；玛尔格里特［法国］等的《白甲骑兵》（罗淑译）；米尔博［法国］的《仓房里的男子》（马宗融译）；M.乌纳慕诺［西班牙］的《寂寞》（庄重译）；凡·布宁［俄国］等的《伊达》（李林译）；E.左拉的［法国］《磨坊之役》（毕修勺译）；D.奈米洛夫［保加利亚］等的《笑》（巴金译）。

第四章

为文化的积累作贡献

——巴金的人文情怀与出版理念

　　真正有理想的优秀出版人，往往是仁慈而和善的，他们总是自觉地将出版物当作弘扬真善美、鞭笞假恶丑、拯救人间苦难的思想武器。"在他主持的出版社中与他共事的十几年里，正当国难临头极为艰苦的年代，出版社累遭厄难，受尽迫害，损失多多，他总是生活在东奔西走，不安定的状态中；虽然面临种种困境，却从未见他垂头丧气过。他总是执著地默默无言，任劳任怨，竭尽全力以赴。这种敬业、爱书、惜书的挚诚热忱，实在令人感动佩服。为了能把一本宣传抗日的昂扬斗志的刊物，一本展示高尚品格、表现美好愿望、鼓舞人们向上的好书奉献给社会，他是不辞辛劳的。"①

　　和所有有理想的出版人一样，巴金的人文情怀，充分体现在他对人文精神的自觉呵护上。他提携文学新人，关怀人生百态，对世间万物保有一颗宽容怜悯之心。他通过自己的工作实践，对读者和作家忘我地竭诚服务，实实在在地践行着自己的人生目标与编辑理念——把心交给读者。

一、编辑的成绩在于"发现新的作家，推荐新的创作"

　　巴金说："我一直被认为是作家，但我也搞过较长时期的编辑工作，自以为两方面的甘苦都懂得一点。"② 在论及编辑与作者的关系方面，他有许多精彩的论述。巴金说：编辑"不能团结有为的作家，他们的工作就不会有成绩"。③

　　在巴金看来，"编者和作者站在平等的地位；编辑同作家应当成为密切合作的朋友。"④"真正爱护作家的是好的编辑，同样，好的编

---

　　① 纪申：《书缘初忆——怀巴金》，载董宁文编：《我的书缘》，岳麓书社 2006 年版，第 125 页。

　　② 巴金：《致〈十月〉》，《随想录》，载《巴金全集》第 16 卷，人民文学出版社 1983 年版，第 329 页。

　　③ 巴金：《致〈十月〉》，《随想录》，载《巴金全集》第 16 卷，人民文学出版社 1991 年版，第 330 页。

　　④ 巴金：《上海文艺出版社三十年》，《随想录》，载《巴金全集》第 16 卷，人民文学出版社 1991 年版，第 414 页。

辑也受到作家的爱护。"① 正是基于一种岗位意识，基于一种奉献的精神，巴金从来是把编辑当作一种职业，一个岗位，从来都是把作者、读者置于无比崇高的位置，"作家和读者都是我的衣食父母……得罪了作家我拿不到稿子……读者不买我编的书，我就无法编下去。"② 正因为如此，巴金说："尽管我所服务的那个出版社并不能提供优厚的条件，可是我仍然得到各方面的支持，不少有成就的作家送来他们的手稿，新出现的青年作家也让我编选他们的作品。我从未感到缺稿的恐慌。"③ 1950 年，焦菊隐从曹靖华处听说巴金离开了文化生活出版社后，写给巴金这样一封信，"弟的稿子虽然不好，但当初是选择又选择出版家的，最后决定将一切出版的东西，都陆续集中在文生，主要的或唯一的原因，就是因为吾兄在文生主持。吾兄不但修养高出其他朋友，对作品的估价很苛，绝不滥出商品式的著作，而且也永远具有作家的性情在办书店，因而对于作家永远是照顾周至的。……原则上弟的书，不论是译的或写的，愿意永远跟着吾兄走，你到哪一个出版社，或你自己另办出版社，弟自动愿意将书稿送过去。"④ 这样的编创关系，不正是一个真正的出版人毕生的追求么？

不仅编辑理念如此，巴金在出版实践中也认真地践行了这一点。巴金不仅十分注意为读者出好书，而且也十分关心作者的情况。例

---

① 巴金：《致〈十月〉》，《随想录》，载《巴金全集》第 16 卷，人民文学出版社 1983 年版，第 330 页。

② 巴金：《上海文艺出版社三十年》，《随想录》，载《巴金全集》第 16 卷，人民文学出版社 1991 年版，第 414 页。

③ 巴金：《上海文艺出版社三十年》，《随想录》，载《巴金全集》第 16 卷，人民文学出版社 1991 年版，第 414 页。

④ 陈建功主编：《中国现代文学馆馆藏珍品大系·信函卷·第一辑》，文化艺术出版社 2009 年版，第 123 页。

如，如果作家生活处于困境时，出版社有时甚至"按月预付若干稿费，以助作者维持生活，钱虽不多，也不无小补"①。尤其在抗战时期，物价狂涨，生活资料匮乏，文化生活出版社通过各种方法来保护作者，维持他们的生活，为许多作家渡过困境提供了有力的帮助。曹禺在谈到那段生活时说："那时穷呗，有时就跑到出版社去吃饭，'打牙祭'嘛。"②

又如，1947年，四川省政府因沙汀《困兽记》宣传新思想，对其下通缉令，使沙汀隐居睢水，长期蛰伏，重病吐血，加之局势日非，物价暴涨，沙汀一家生活之窘迫可想而知。他的经济来源主要靠版税。据沙汀回忆："其实是寅吃卯粮，因为过去出版社出书，一般印数都少，版税早支付了，所以结果只有文化生活出版社的预支版税来得最快，数目也相当可观。"当时出版业并不景气，出书困难，文化生活出版社之所以预支版税最快，巴金的周旋和帮助起到了很大作用。1947年8月14日，巴金致信沙汀："版税这期有四十多万，已嘱书店通知重庆分店转汇。"1948年4月29日，巴金致信沙汀："你两书出版，今年总可以收入一笔版税。要是你有什么问题，不妨来封信，我找文协试试看。"在巴金的倾力帮助下，由文化生活出版社从上海或重庆汇去的数笔版税，给沙汀一家的帮助不小。这种物质帮助和精神鼓舞，沙汀及其夫人铭记在心。黄玉颀在致巴金信中说："最近承你关心，未经要求便一再设法帮忙，心里的激动真是难以形容！"③

---

① 李济生：《我所知道的文生社》，《出版史料》（第3辑），学林出版社1984年版。
② 转引自纪申：《记巴金及其他——感想·印象·回忆》，宁夏人民出版社1994年版，第131页。
③ 转引自刘军：《风雨故旧：巴金与沙汀的友谊》，《文学报》2014年9月19日。

又比如，在提供给读者价格低廉的平装书的同时（这些书虽是平装，但其版式、开本的设计均能看到出版者的一份努力），文化生活出版社还特别装订少量的精装书赠给作者，以作纪念。像姚克赠给鲁迅先生的《魔鬼的门徒》便是精装本。可以说，巴金等文化生活出版社同人是一心一意地奉献自己，为读者、作者尽心尽力。

时任《大公报》文艺副刊编辑的萧乾，看到明为哀悼、实为攻击鲁迅的短评《悼鲁迅先生》，一怒之下表示辞职不干。巴金全力支持他，说："辞职了决不会让你饿饭，可以给文化生活出版社翻译屠格涅夫！"青年作家黄裳失业时，巴金鼓励他翻译外国文学作品，还把原版书借给他，使黄裳走上了文学道路。"对这样一位在前面引路的前辈的帮助，我一直怀着感激的心情。"① 黄裳的这段话也正是对巴金尽心扶持作者，通过编辑活动来践约自己信仰的一个最好的注脚。

巴金用不着在口头反复强调，他以自己最真切的行动作出了最好的宣言。他在做真正的文学事业，不仅呕心沥血地帮助作家，在出版界的朋友遇到困难时也是适时地伸出援助之手。"那时书商之间的竞争很激烈，然而巴金却反其生意经而行之。当他看到赵家璧从良友被排挤出来，为了生存只好另起炉灶时，他马上伸出慷慨仗义之手。作为支援，把自己掌握的书稿转让给还没站住脚的'晨光'"；其扶植新人、提倡文学多样性的特点"都是从一个非商业性观点出发的，就是只求繁荣创作，不考虑赔赚"②。

---

① 黄裳：《思索》，载《黄裳自述》，大象出版社 2002 年版，第 17 页。

② 萧乾：《挚友、益友和畏友》，《文汇月刊》1982 年第 1 期。附带说一句，巴金自己的《第四病室》的版权后来也给了赵家璧。也因此《第四病室》便有了良友版与晨光版两种版本。老舍的《四世同堂》也有良友版与晨光版两种版本。

在具体的编辑实践工作中，巴金十分注意呵护文学青年，发现他们的作品。巴金曾断言："编辑的成绩不在于发表名人的作品，而在于发现新的作家，推荐新的创作。"①

从《文学季刊》、《水星》到《文季月刊》、《文丛》，再到文化生活出版社的各套丛书，无不如此。女作家罗淑"能够在文坛上一鸣惊人，突然引起大家的注意，还是由于她的创作《生人妻》和别的几个短篇。"② 而她这篇处女作也是成名作的《生人妻》，就是巴金交给靳以在《文季月刊》第 1 卷第 4 期上发表的。受到鲁迅先生关注的青年作家葛琴的一个短篇《一天》也是发表在《文季月刊》的 9 月号上。

在巴金大力支持下创刊于上海的《文丛》，不仅发表了不少有影响的作品，如曹禺的《原野》、巴金的《火》、萧乾的《谷》、张天翼的《陆宝田》以及何其芳、丽尼的散文等。同时仍一如既往地重视新人新作。如 1932 年在山西参加左联的姚青苗，他的第一篇小说《涛》，就是通过芦焚（师陀）介绍给靳以，发表在 1937 年的《文丛》8 月号上，署名王柯。

20 世纪 30 年代就一些影响深远的丛书而言，大多是编辑已成名作家的集子。如"良友文学丛书"便特别申明"约请第一流作家执笔"，对于刚露头角的青年作者的作品，则另辟丛书予以出版。"创作文库"则在每本书后的介绍中说："本文库以宏大规模，陆续选刊现代名家创作之专集、选集、合集"。《开明文学新刊》也直言："本丛刊集国内名作家的文学新著而成。"鲁迅先生曾于 1935 年 4 月 19 日致赵家

---

① 巴金：《致〈十月〉》，《随想录》，载《巴金全集》第 16 卷，人民文学出版社 1991 年版，第 332 页。

② 黎烈文：《关于罗淑》，《文丛》1938 年 6 月第 2 卷第 2 期。

璧的信中，推荐何谷天（即周文）的小说集，而最后仍是由"文学丛刊"出版了周文的作品《分》、《多产集》，后来又出版了他的《烟苗季》。从这里，我们能够更清楚地看到"文学丛刊"注重培养青年作家的突出特点。当时不仅青年作者的作品发表较为困难，即便是做编辑，出版社也喜欢任用有名望的人物。当年生活书店不愿让黄源编辑《译文》，也是因为觉得黄源过于年轻，缺乏号召力所致。之所以如此，多是过分从经济上打算盘的结果，也造成了鲁迅后来对生活书店一直有不好的印象。①

　　而巴金主编"文学丛刊"则始终把青年作者的作品放在一个重要的位置。这与鲁迅的编辑观是一脉相承的。当年，青年作者周文创作了《山坡上》，这个短篇引发了登载《山坡上》的《文学》杂志主编傅东华和周文的"盘肠大战"事件。傅东华认为人的肠子流出后还与人搏斗，是不真实的，便擅自砍去了一千多字，周文则坚持这种描写来源于自己的生活实感。鲁迅对此事也颇为关心，当他通过医生了解到肠子外露，生命仍可维持后，便立即通过萧红约周文见面并勉励说，创作的道路是艰苦的，"一直向前走就是"。

　　在巴金的主持下，"文学丛刊"出手不凡，挖掘了一批新人新作，仅出版新作家的处女作就达三十六部，包括：何谷天（周文）的《分》，卞之琳的《鱼目集》，艾芜的《南行记》，丽尼的《黄昏之献》，曹禺的《雷雨》，芦焚的《谷》，何其芳的《画梦录》，陆蠡的《海星》，毕奂午的《掘金记》，柏山的《崖边》，奚如的《小巫集》，白文的《山径》，罗淑的《生人妻》，刘白羽的《草原上》，端木蕻良的《憎

---

① 参见茅盾：《茅盾自传》，江苏文艺出版社1996年版，第295页。

1949 年，巴金在上海

（左起）沈从文、巴金、张兆和、靳以、李健吾 1949 年夏摄于北京沈从文家

第一次文代会期间，巴金（左）与周扬合影

第一次文代会期间，巴金（右）与胡风（中）、马思聪合影

巴金（右）、靳以在《收获》创刊的日子里

20世纪50年代中期，《收获》编委（左起）罗荪、靳以、巴金、周而复相聚于北京北海

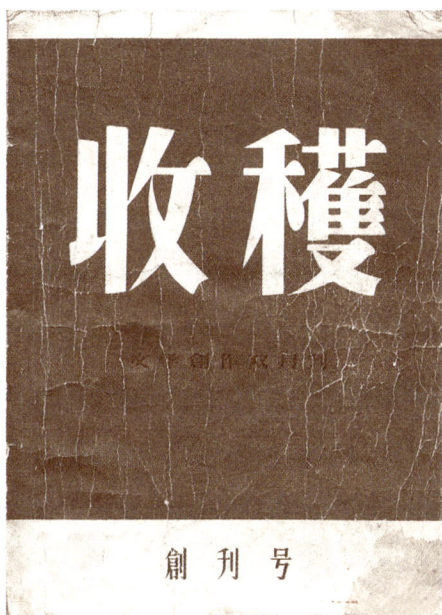

《收获》创刊号   《收获》复刊号

晚年巴金摄于鲁迅墓前

巴金先生：

接读二番信，今奉上；其中的动之处通不少，以正似准再给我看一看。

裏封面必怕要挑过。中间一幅小图，要型锋板，三個大字要刻起来；（如为作之样子那信）邨围要擦大，和裏面的图画的大小相称。如果裏封面和序文，都是方印，不型格戾版的，那么，我想最好是等图印好了再弄裏封面，图必连时候才知道裏面的图到底有多少大。

专此布達　并清

撰安。

　　　　鲁迅上

　　　　二月九。

鲁迅致巴金信手迹

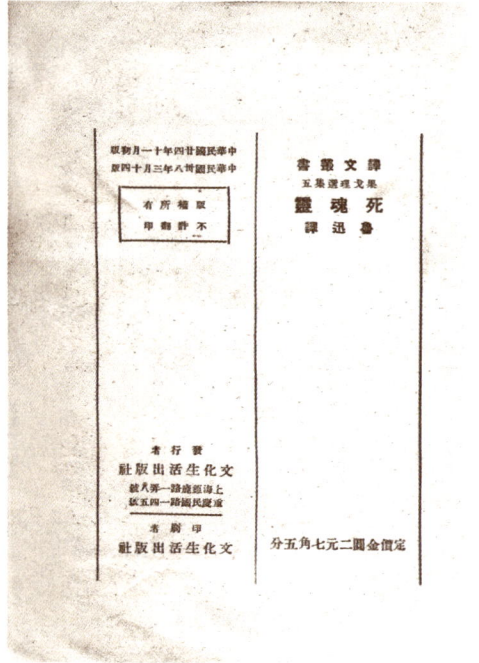

鲁迅翻译的《死魂灵》是"译文丛书"的第一本书

恨》，屈曲夫的《三月厂》，庄瑞源的《贝壳》，林柯的《沉渊》，宋樾的《鱼汛》，田涛的《荒》，高咏的《随粮代征》，金魁的《遭遇》，袁俊的《小城故事》，吴伯箫的《羽书》，白平阶的《驿运》，方令儒的《信》，叔文的《湖畔》，刘北汜的《山谷》，杜运燮的《大姊》，卢静的《夜莺曲》，吴岩的《株守》，单复的《金色的翅膀》，郑敏的《诗集·一九四二～一九四七》，海岑的《秋叶集》，汪曾祺的《邂逅集》，几乎占到"文学丛刊"作品总量的四分之一。这为这些年轻人提供了纵马扬鞭的良机，也为现代文学输入了新鲜的血液。可以说，"文学丛刊"通过出版作品而形成了自己的作家群，它虽然不是什么文学团体，但实际上参与了三四十年代作家群（尤其是青年作家）的培养与建构。

我们说"文学丛刊"是一代青年作家成长的摇篮，是因为它不仅使得一个又一个才华横溢的文学青年大放异彩，闪烁耀目成为一颗又一颗明星，对于另一些有热情有天分却由于各种原因如流星般消逝的青年人，巴金更是倾注了无数心血。罗淑后来不幸早逝，其创作均由巴金代为整理，为这位女作家留存一份人生的纪念。收入"文学小丛刊"的《地上的一角》与《鱼儿坳》都是如此。《地上的一角》主要反映四川一些普通人的悲惨命运，不仅形象地再现了社会的矛盾与冲突，而且将散发着浓郁的乡土气息的描写营造成耐人寻味的意境。为了回忆和哀悼，为了"罗淑的作品活下去，她的影响长留，则她的生命就没有灭亡，而且也永不会灭亡"，巴金不但编出了《生人妻》，还怀着悲痛的心情把遗稿修整编辑，分别以《地上的一角》、《鱼儿坳》为题，收入"文学小丛刊"，并写下了情感真挚的后记。巴金指出："《地上的一角》还是初稿，似乎需要着作者的最后的整理，可是她连这样的余裕也没有，就不得不离开这个世界了。……我代她做了一点整理的工作。"① 短篇小说集《鱼儿坳》中的《鱼儿坳》和《贼》"显然都是未完成的作品，前者好像还是一个长篇中的一段"，但已显示出作者的才华。巴金将其加以整理、编辑，充分肯定了罗淑作品的价值。

除了罗淑，还有在浦东塘口战役中牺牲的宋樾，在贫寒与磨难中不幸早逝的郑定文，等等。出于对这些默默笔耕的青年人的一份纪念，巴金替他们整理文稿、编辑加工、结集出版。"文学丛刊"等丛书中集存下来的不只是这一批年轻人的作品，更是他们不屈不挠的精神。巴金为什么要这样做呢？在为毕奂午编选集子《雨夕》时，他在后记中写道："我不忍心让作者的心血这样腐烂下去……"② 在为艾芜编选集子《逃荒》时，他写下了这样的话："在这时候我们需要自己人写的东西，不仅因为那是用我们自己的语言写成的，而且那里面闪露着我们的灵魂、贯串着我们的爱憎……"③ 巴金集存下来的不只是这一些年轻人的作品，更是他们不屈不挠的精神。李济生说，"这些书籍的出版，不但发掘、培养了一大批文学作者、读者，繁荣了文学创作，而且发展了'五四'新文化，在很大程度上是为新文学做了可贵的积累工作。"④

在作家群的培养方面，巴金在"文学小丛刊"与"文季丛书"中也推出了不少文学新人，其中也有许多出版的是他们的第一本集子，

---

① 巴金：《地上的一角》后记，文化生活出版社 1939 年版。
② 巴金：《雨夕·后记》，文化生活出版社 1939 年版。
③ 巴金：《逃荒·后记》，文化生活出版社 1939 年版。
④ 韦泱：《时刻感应巴金的心灵——听李济生漫谈巴老》，载《纸墨寿于金石》，文汇出版社 2012 年版，第 8—9 页。

如流金的《一年集》、苏金伞的《窗外》、袁俊的《边城故事》；有些是作家的第二本集子，如刘白羽的《蓝河上》，孙毓棠的《宝马》，罗淑的《地上的一角》与《鱼儿坳》等。

作为总编辑，巴金减少了自己的写作与翻译工作，做的更多的是帮助、促使别人多写、多译，包括帮助作家整理他们的作品。作家萧乾曾深情地回忆道：

> 巴老叮嘱我多写自己熟悉的题材，还不辞辛劳花费许多时间，替我编作品集。其他如曹禺、艾芜、李健吾等，巴金都给他们编过集子。如果巴老不是这样，那么他就有更多时间投入自己的创作，他的全集就不是十四卷，而是四十一卷啊！①

在"文学丛刊"中，有相当一部分集子是巴金辑集的。《巴金研究资料》中列出："文学丛刊"里有五种由巴金编集的书目，实际上远不止这个数字②。除这五种外，在这套丛书中，前面提到的卢剑波的《心字》，也是巴金编的。还有，萧乾的报告文学集《南德的暮秋》，是巴金剪辑作者在报上发表的作品而成。对此，萧乾在《挚友、益友和畏友巴金》中回忆说："我写了什么都先交给巴金。有的东西，如我还在国外时出版的《见闻》和《南德的暮秋》，还是他从报纸上剪

---

① 韦泱：《时刻感应巴金的心灵——听李济生漫谈巴老》，载《纸墨寿于金石》，文汇出版社 2012 年版，第 9 页。

② 即罗淑的《生人妻》，作者逝世后，巴金代为编集，并作后记；田涛的《荒》，巴金搜集作者发表在报刊上的作品编成，并作后记；屈曲夫的《三月天》，巴金搜集作者在报刊上发表的作品编成，并作后记；郑定文的《大姊》，作者逝世后，巴金据其友人提供的作品编成，并作后记；缪崇群的《碑下随笔》，作者逝世后，巴金搜集其作品编成，并作后记。

下来编成的。如果不是巴金不辞辛苦，我在国外写的东西早已大都散失了。"沈从文、萧乾的《废邮存底》，也是由巴金剪辑而成的。它们是沈从文、萧乾编辑杂志和报纸副刊时写给作者、读者的短简。萧乾在《我当过文学保姆》中说：在编《大公报》文艺副刊时，常对来稿中共同性问题，写成《答辞》刊出。"1936 年，巴金把我的《答辞》中的一部分，与沈从文的《废邮存底》合编成一个集子，由文化生活出版社出版"了。何其芳的《还乡杂记》是由《还乡日记》和《还乡记》增订而成，并由巴金定名。因文化生活出版社已出版了沙汀的《还乡记》，同一出版社出两本同名的书，会对读者有所不便。为此，巴金还写了后记。①

巴金所做的这一切，早已超越了一个普通编辑的职责，他以自己的忘我工作记录了这一批文学青年的人生经历，刻下了他们的生命印迹。这不仅使文学史更为丰富与真实，同时也使文学这项神圣的事业带有一份更为浓厚的人文色彩。

二、发现《雷雨》

北京北海前门东侧三座门大街 14 号。这是一座普通的北方小院子，却诞生了在中国现代戏剧史上有着重要意义的一部巨作——《雷雨》。这座小院子南北屋各三间，中间是一间大的办公室。靳以和卞之琳都住在这里，各人一个小房间。巴金从上海北来，也在这里住下。

---

① 参见倪墨炎：《巴金编文学丛刊》，载《倪墨炎书话》，北京出版社 1998 年版，第209 页。

当时，郑振铎、萧乾、何其芳、李广田、李健吾、曹葆华、蹇先艾、曹禺等都常在这里驻足。巴金、萧乾、卞之琳等人的回忆文字中，都满怀深情地谈到这一地方。故事从这里开始了。靳以把一部稿子《雷雨》交给巴金。那时的作者曹禺还是清华大学一个二十五岁名不见经传的学生。

陈思和在《人格的发展——巴金传》中谈道:《雷雨》写成以后，曹禺的好友靳以读后觉得非常好，就拿给郑振铎看，而郑振铎则觉得剧本头绪太乱，于是就搁了下来。事后，靳以仍觉得这是一部难得的艺术佳作，便又将文稿推荐给巴金。巴金一口气读完了数百页的原稿，他被深深地震动了。巴金以一位天才编辑家的眼光敏锐地捕捉到了《雷雨》那无与伦比的价值，大力赞叹并予以举荐。他曾这样描述过自己当时的心情:"不错，我流过泪，但是落泪之后我感到一阵舒畅，而且我还感到一种渴望，一种力量在身内产生了，我想做一件事情，一件帮助人的事情，我想找个机会不自私地献出我的精力。《雷雨》是这样地感动过我。"①

对于这段往事，曹禺在《简谈〈雷雨〉》一文中说过这样一段话:"那时靳以和郑振铎在编辑《文学季刊》，他们担任主编，巴金是个编委，还有冰心和别人。靳以也许觉得我和他太接近了，为了避嫌，把我的剧本暂时放在抽屉里。过了一段时间，他偶尔对巴金谈起，巴金从抽屉里翻出这个剧本，看完之后，主张马上发表。靳以当然同意。……我记得《雷雨》的稿子是巴金亲自校对的。我知道靳以也做

---

① 巴金:《怀念曹禺》，《载再思录》，上海远东出版社 1995 年版，第 79 页。1940 年巴金为曹禺剧作《蜕变》写后记时，又再次表述了自己当年激动的感情。

了极好的编辑工作。"① 几乎在同时，萧乾在北京写回忆文章，也提起了这件往事："五四以来，我国文学界有一个良好传统，就是老的带小的……刊物编者就像寻宝者那样以发现新人为乐。曹禺的处女作《雷雨》就是《文学季刊》编委之一的巴金从积稿中发现并建议立即发表出来的。"②

1934 年 7 月 1 卷第 3 期《文学季刊》破例一期全文刊载了《雷雨》，引起广大读者的注意。一颗文坛巨星就此冉冉升起。"如果不是巴金作出立即发表的决定，曹禺在戏剧创作的道路上，可能要晚起步一段时日。"③ "《文学季刊》最值得文学史大书一笔的，是由于巴金的慧眼推荐，一卷三期推出了曹禺的著名剧本《雷雨》，从而揭开了中国话剧走向成熟的新的一幕。"④

巴金凭借自己纯粹的艺术的心灵敏锐地感知到《雷雨》的价值：《雷雨》的成功不在于它表现了什么，而主要在于它作为艺术显示出的属于文学自身独立美感的一种气质，一种抒情味与戏剧性的高度结合，它的出现标志着中国现代话剧已走向成熟。因此，当他主编"文学丛刊"时，第一集里便收了《雷雨》（1935 年 8 月出版）。《雷雨》

---

① 曹禺：《简谈〈雷雨〉》，《收获》1979 年第 2 期。

② 萧乾：《鱼饵·论坛·阵地——记〈大公报·文艺〉1935—1939》，《新文学史料》1979 年第 2 期。事后，萧乾写信请巴金看，巴金回忆了这件事："关于《雷雨》，你提我的名字也可以，但不要美化，写出事实就行了。事实是：我同靳以谈起怎样把《文学季刊》办得更好，怎样组织新的稿件（当时《文季》的主编是郑和章，另外还有个编委会）。他说家宝写了一个剧本，放了两三年了，家宝是他的好朋友，他不好意思推荐他的稿子。我要他把稿子拿来看看。我一口气在三座门大街十四号的南屋里读完了《雷雨》，决定发表。"参见巴金 1979 年 2 月 2 日致萧乾信，《巴金文集》第 24 卷第 384 页。

③ 萧乾：《挚友、益友和畏友》，《文汇月刊》1982 年第 1 期。

④ 杨义：《〈文学季刊〉的宽容与〈水星〉的雅致》，杨义主笔《中国新文学图志》（下），人民出版社 1998 年版，第 440 页。

单行本的出版为进一步使更多的受众接受《雷雨》提供了可能，而这一行为本身也体现出"文学丛刊"充分尊重作品艺术性的宗旨，不图营利推进中国戏剧发展的理想。

曹禺的第二部作品《日出》于 1936 年 6 月至 1936 年 9 月在《文季月刊》的 1 卷 1 期至 1 卷 4 期上连载，同样引起轰动；同年 11 月即被巴金收入"文学丛刊"第三辑中，曹禺也因此剧捧得 1936 年《大公报》文艺奖的戏剧奖。紧接着，曹禺又创作了《原野》，《原野》自 1937 年 4 月至 8 月在 1 卷 2 期至 5 期的《文丛》上连载，这次单行本的出版速度更快，同月即收入"文学丛刊"第五辑的单行本与读者见面。巴金曾回忆说："抗战爆发了。家宝在南京教书，我在上海搞文化生活出版社，这以后，我们失去了联系。但是我仍然有机会把他的一本本新作编入'文学丛刊'介绍给读者。"①《日出》的成功巩固了曹禺的地位，而《原野》更以其巨大魅力坚实了曹禺在戏剧界的首席地位，可谓桂冠独占，无人能与之媲美。可以说，"文学丛刊"使曹禺的作品有了更多与读者接触的机会，而曹禺剧作的精粹也使得巴金推出剧本的出版构想有了具体的依托与优秀的实证。

虽然在意蕴气质方面，这三部剧作有一脉相承的地方，但就整体内容而言，这三部剧作并无什么关联，其"三部曲"气势的形成主要就是因为三部单行本出版的时间相当接近，从而在文坛产生了强烈的连续性的效应，《雷雨》、《日出》、《原野》三足鼎立，构建了曹禺戏剧创作的高峰。另一方面，三部单行本的相继出版还有一重意义，即正是为了配合单行本的出版，曹禺写出了"带有浓重的自我辩解色彩"

---

① 巴金：《再思录（增补本）》，广西师范大学出版社 2004 年版，第 81 页。

的《雷雨·序》与《日出·跋》。在这两篇重要的文章中，他第一次表达了自己的戏剧观念，回应他人对自己剧作的种种误读。诚如有些研究者指出的"曹禺是一个艺术家而非思想家"①，在这里曹禺是特别从艺术的角度来表述，系统地阐述自己的戏剧思想，尽力维护着艺术的纯粹。这对我们了解曹禺乃至现代话剧无疑具有重要的价值。

曹禺三部剧作的成功出版，还有一层重要意义，这便是他以自己的创作开创了现代话剧的新纪元，以具体的实践回应了焦菊隐等所呼唤的"剧场艺术"，使中国现代话剧真正走向成熟。焦菊隐 1927 年 11 月在《晨报》副刊发表文章《"职业化"的剧团》，提出应开创"适合现代化的人们的要求"的现代话剧的新局面，指出要达到这一目标，便需要培养观众的爱好，而这则"需要不时地拿极精彩的戏剧演给他们看"②，明确地提出了对现代话剧剧本的企盼。1929 年 11 月，欧阳予倩在《戏剧》杂志发表文章《戏剧运动之今后》，再次强调了抓剧本、发展戏剧文学创作对实现戏剧现代化所具有的重大作用，迫切地呼唤属于中国自己的戏剧艺术。他们的论述急切地点明，中国戏剧要发展，就必须要有优秀的创作，这是一种艺术的必然。时隔五年，曹禺创作出了《雷雨》，成为"终于出现的职业剧团中国旅行剧团的'起家戏'"，③与不久后接连创作的《日出》与《原野》一起，有力地促进了中国话剧现代化、职业化的进程，使话剧成为一种"剧场艺术"。

抗战期间，身为一个爱国的热血男儿，曹禺满怀一腔爱国热情，于 1939 年秋创作了《蜕变》。《蜕变》在当时获得了强烈的社会反响，

---

① 钱理群：《大小舞台之间——曹禺戏剧新论》，浙江文艺出版社 1994 年版，第 3 页。
② 钱理群：《大小舞台之间——曹禺戏剧新论》，浙江文艺出版社 1994 年版，第 5 页。
③ 钱理群：《大小舞台之间——曹禺戏剧新论》，浙江文艺出版社 1994 年版，第 45 页。

不过，这部剧作却是一部"时代化"的作品，而非一部"曹禺化"的创作。

《蜕变》是曹禺剧作中最有争议的一部作品，正如茅盾所说："此一剧中，曹禺的处理题材的手法，形象思索的过程，特别是提问题的方式，和他从前的三个剧本是大不相同的。"[①]曹禺自己后来也在《我的生活和创作道路》等文章中谈到《蜕变》一剧艺术的欠缺与不足。不过，巴金又一次慧眼识金，给予《蜕变》以高度的评价，给曹禺又一次强有力的支持。

巴金决定将曹禺的这本新作列为文化生活出版社的《曹禺戏剧集》中的一种，并亲自为《蜕变》单行本撰写后记。这在巴金编辑的《曹禺戏剧集》中也是唯一的一次。在后记中，巴金高度评价了《蜕变》的艺术魅力和社会价值。他说："这剧本抓住了我的灵魂。我被感动，我惭愧，我感激，我看到大的希望，我得着大勇气……。现在我很高兴地把《蜕变》介绍给读者，让希望之光闪烁在每个人的面前。"在后记中，巴金还将《蜕变》与《雷雨》、《日出》、《原野》并列，指出"六年来作者的确走了不少路程。这四个剧本就是四方纪程碑。"

值得注意的一个事实是，曹禺最初的三个剧本都是先由文化生活出版社出版的单行本，而抗战中的《蜕变》则是在 1940 年 4 月 16 日—6 月 3 日在重庆《国民公报》连载，7 月由商务印书馆出版了单行本。文化生活出版社版《蜕变》是巴金 1941 年编辑《曹禺戏剧集》时，才将其编入的。而《北京人》则是一创作出来，即收入"文学丛刊"第七辑中，由文化生活出版社出版了单行本。这一切似乎都在提示我

---

① 茅盾：《读〈北京人〉》，《大公报》1941 年 12 月 6 日。

们去关注《北京人》与曹禺前三部剧作的潜在联系，以及它们共同显现出的"曹禺化"特征。对此，茅盾曾说："在《北京人》中，作者又回到从来一贯的作风"，并认为这种回归"是可喜的"①。这种回归正体现了"曹禺化"的魅力所在，标示了曹禺对于现代戏剧的价值所在。而这或许也正从另一个方面向我们展示了文化生活出版社所出版作品的一大特色：对艺术标准的孜孜追求。

伴随着《北京人》的成功，曹禺戏剧创作紧接着又掀起一个高潮，这就是他根据巴金《家》改编而成的同名四幕话剧的问世。

1940年11月，巴金与曹禺在重庆会面。在江安曹禺那冬日温暖的小屋里，两位大师约定，由曹禺来改编巴金的《家》。关于这次会面，曹禺回忆说："巴金到我家来了，把吴天改编的《家》带来了。我看过，觉得它太'忠实'于原著了。我和巴金是多年的老朋友了，我心想应该由我来改编，不能说是他请我来改编，我也意识到这是朋友间油然而生的责任，我说我试试看，巴金是支持我的。他的小说《家》我早就读完，但我不懂得觉慧，巴金跟我谈了他写《家》的情形。谈了觉慧、觉新、觉民这些兄弟，还告诉我该怎么改。巴金这次来江安，我们谈得太投机了。每天都谈得很晚很晚，虽然是冬天，小屋里有清油灯的微光，但是每次想起来，总觉得那小屋里很暖很暖，也很光亮。"②

巴金深深了解这位挚友，"他有他的'家'，他有他个人的情感，他完全可以写一部他的《家》"③，对他借小说之壳，来抒写自己的感情

---

① 茅盾：《读〈北京人〉》，《大公报》1941年12月6日。

② 曹禺：《曹禺自传》，江苏文艺出版社1996年版，第155—156页。

③ 巴金：《再思录（增补本）》，广西师范大学出版社2004年版，第80页。

困惑表示理解。巴金在生前最后一篇散文《怀念曹禺》中写道："整整一个夏天，他写出了他所有的爱和痛苦。那些充满激情的优美的台词，是从他心底深处流淌出来的，那里面有他的爱，有他的恨，有他的眼泪，有他的灵魂的呼号。他为自己的真实感情奋斗。我在桂林读完他的手稿，不能不赞叹他的才华，他是一位真正的艺术家！我当时就想写封信给他，希望他把心灵中的宝贝都掏出来。"①

曹禺的改编本选取了他自己感受最深的东西，即对封建婚姻的反抗。曹禺根据话剧这一特定剧种的创作规律，在选材上扬长避短，写了自己感受最深的东西。由此出发，他的改编不仅是一般的增删，有些场景简直是大大地发挥了。最典型的是第一幕"洞房"。婚礼在原小说中总共只有一百多个字，但在剧本中却发挥为整整一幕两场大戏。

在写作《家》的过程中，曹禺还在为文化生活出版社翻译一部莎士比亚的名剧《柔密欧与幽丽叶》。钱理群曾撰文指出，这两部剧作之间有着某些精神上的相通之处。在曹禺看来，《柔密欧与幽丽叶》"这个悲剧充满了乐观主义的情绪，并不使人悲伤，只是像四月的天，忽晴忽雨"。② 这种喜剧因子戏剧观的形成，对《家》的剧本创作无疑有一定的影响，正如曹禺所说，"我写剧本总不愿意写得那么现实，写痛苦不幸就只写痛苦不幸，总得写出对美好希望的憧憬和追求。改编《家》时也是这样一种心情。"③ 而这种悲剧中孕育喜剧性成分的戏剧表现，对中国现代话剧审美意识范畴的加强有着更重要的

---

① 巴金：《再思录（增补本）》，广西师范大学出版社 2004 年版，第 80—81 页。

② 曹禺：《〈柔密欧与幽丽叶〉前言》，文化生活出版社 1942 年版。

③ 曹禺：《曹禺自传》，江苏文艺出版社 1985 年版，第 157 页。

意义。

文化生活出版社不仅出版了曹禺的五部多幕剧，而且《文学小丛刊》里还收入了他的一部讽刺汪伪政权的独幕剧《正在想》，使他的创作类型更加呈现出多样化的姿态。更为重要的是，1941年文化生活出版社推出了《曹禺戏剧集》，这也是文化生活出版社出版的多套现代戏剧家作品集中的第一套。

《曹禺戏剧集》1941年1月首次推出时，尽收了曹禺此前创作的四部剧作，即《雷雨》、《日出》、《原野》、《蜕变》；以后再版时，又增添了《北京人》、《家》、《曹禺独幕剧集》，并且在护封上还印有《桥》的预告，但《桥》这部戏曹禺仅写了二幕三场，刊登于李健吾主编的《文艺复兴》上，而未有单行本问世。《桥》虽未写完，却也是一部颇能体现曹禺风格的作品。多年之后，巴金还对老友这部未完成的作品念念不忘，希望曹禺能重新把它写完。巴金说："我最近写信给曹禺，信内有这样的话：'我要劝你多写，多写你自己多年来想写的东西。……把你心中的宝贝全写出来。'……他在抗战胜利前不久写过一个戏《桥》，只写了两幕，后来他去美国'讲学'就搁下了，回来后也没有续写。第二幕闭幕前炼钢炉发生事故，工程师受伤，他写得紧张，生动，我读了一遍，至今还不能忘记，我希望他，我劝他把《桥》写完。"①

《曹禺戏剧集》的出版不仅在战时丰富了人们的精神生活，使读者能够更好地阅读到曹禺的精彩创作，也从另一个角度证明了一代知识分子维系文明的火种，以艺术的方式支持抗战鼓舞人心。这种有体

---

① 巴金：《毒草病》，《随想录》，载《巴金全集》第16卷，人民文学出版社1991年版，第29页。

系的编辑工作为我们今天系统性地研究曹禺的创作道路与创作风格提供了有益的助力，也构建了现代文学史上的一座艺术的丰碑。当我们面对那些作品惊叹于曹禺那卓越的戏剧才能时，同时也不由得深深钦佩文化生活出版社同人在战火纷飞之际，犹自坚持有体系地出版作品的奉献精神。此外，文化生活出版社还出版了曹禺的一部电影剧本《艳阳天》，收在"文学丛刊"中。这是抗战胜利后曹禺由美国回到上海，加盟文华影业公司自编自导的一部影片，影片塑造了一位极具正义感的阴兆时律师的形象。把电影作品编辑出版，在现代文学史上也是不多见的，亦足见文化生活出版社对建构多种类文学作品的一份努力。

巴金把曹禺最重要的作品成功推向市场，不断一版再版，在读者中产生巨大影响，功不可没。"从某种意义上毫不夸张地说，是巴金'发现'了曹禺，甚至可以说是巴金促成了中国现代话剧的实质性进展。巴金的这种做法，对当时的文化界而言，无疑有着前瞻性、开拓性和导向性的意义。"① 而曹禺的精彩创作也以其丰富性使"文学丛刊"等丛书更加灿烂夺目、光彩辉煌，有力地支持了文化生活出版社的出版事业。这份亲密与默契堪称现代出版史与文学史上的一段佳话。

通过出版的纽带，两位大师的友谊保持了六十余年，随着两人年老体弱，一个说话有气无力，一个听力障碍更加严重，一个用力大声说，一个还是听不明白，结果常常是各说各的。不过虽然这样，他们"仍然了解彼此的心"。②

---

① 秦艳华：《现代出版与二十世纪三十年代文学》，山东人民出版社 2008 年版，第 244 页。

② 巴金：《怀念曹禺》，《再思录》，上海远东出版社 1995 年版，第 82 页。

三、是芦苇还是号角

作为一位优秀散文家的何其芳的成长，与巴金和文化生活出版社有着十分密切的关系。他的处女作《画梦录》是由文化生活出版社出版的，并且他最早的也是艺术性最高的三部散文集都收在"文学丛刊"中。此外，文化生活出版社的其他丛书如《文季丛书》中也收有他的作品。从何其芳的作品出版，可以真切地看到巴金在编辑方面对审美的不懈追求。

《画梦录》不仅是何其芳的成名作、代表作，也是中国现代散文中一部不可多得的艺术精品，最佳地体现出 20 世纪 30 年代散文创作个人化、精致化的新特征。正如《大公报》文艺奖评选委员会所作的评价："《画梦录》是一种独立的艺术制作，有它超达深渊的情趣。"

的确，在何其芳开始散文创作时，他把散文视作一种纯粹独立的艺术创造，是去自觉地追求一种散文的独立格调。对此，他有这样一段表述："我们幼时喜欢收藏许多小小的玩具，一个古铜钱，一粒贝壳，一串从旧宫灯上掉下来的珠子，等到我们长大了，则更愿意在自己的庭园里栽植一些珍异的芬芳的花卉。……书籍，我亲密的朋友，它第一次走进我的玩具中间是以故事的形式。"[①] 很显然，这时的何其芳是把文学创作视为一件很个人化的事情，而没有任何的功利目的。他的这一旨趣在他收入"文学丛刊"的第二部集子《刻意集》中继续得以体现。《刻意集》里的何其芳，依然跋涉于艺术的海洋之中，沉

---

① 何其芳：《梦中道路》，载《刻意集》，文化生活出版社 1938 年版，第 71—72 页。

浸在浪漫唯美的情怀里。正如他自己所描述的："我是芦苇，不知那时是一阵何等奇异的风吹着我，竟发出了声音。风过去了我便沉默，我不愿我成为一管笛子或是一只喇叭。"[①] 他这一时期的创作显示了中国现代散文的一种走向，其意重在抒情写意，注重私人情感话语空间的吟唱咏叹。这种散文精致化、个人化倾向的出现，既是整个京派创作风格的一种代表，又是在 20 世纪 30 年代文学的"无名状态"氛围的浸润下生发出来的。

《画梦录》与《刻意集》都是何其芳刻意画出的扇上的烟云与记忆里的梦幻，是对个体生命永恒情怀的倾诉，是对青春爱恋哀伤迷惘的表白，它们具有强烈的个性色彩，显现出文学独立的审美情调。这在《还乡杂记》依然有所延续。不过《还乡杂记》已是何其芳最后一部纯文学创作集子。之所以如此说，是由于何其芳后来多转向杂文与学术论文的写作，而且自《还乡杂记》开始，他的散文创作风格已经逐渐改变，不再有画梦的时刻，何况《还乡杂记》中有某些篇什本身就已是专为传播战声而作。何其芳的这种转变实际上在他于 1938 年 5 月 27 日的所作的《刻意集·序》中已经有所体现。《刻意集》中的文字与《刻意集·序》恰成为一种"对立"，表现出文学观念的一种变化。在序中，他认为以前的作品只是"一种无可奈何的存在"，"一条几乎走入绝径的'梦中道路'"；他大声地发出呐喊，"虽然我并不狂妄到自以为能够吹起一种发出巨大声响的喇叭，也要使自己的歌唱变成鞭子还击在这不合理的社会的背上"，表达了从一支芦苇成长为一支号角的愿望。

---

① 何其芳：《燕泥集·后话》，载《刻意集》，文化生活出版社 1938 年版，第 74 页。

《还乡杂记》可以视作具体呈现何其芳风格转变与过渡的一部作品。他在《我与散文〈还乡杂记〉代序》中的一段话，显明地昭示出他早期的文学观念："我的工作是在为抒情的散文找出一个新的方向。我企图以很少的文字制造出一种情调。"① 但也就是在这同一篇文章中，他又陈述了自己当下的情境，"当我陆续写着，陆续读着它们的时候，我很惊讶。出乎我自己的意料，我的情感粗起来了。它们和《画梦录》中的那些雕饰幻想的东西是多么不同呵"，深入剖析了自己创作心理的变化。风雷滚滚的大时代里，烟云化作抗战的烽火，把作家们纷纷卷入漫漫硝烟，使他们自惭于过往的寄意个人天地、山水情怀。

在大时代的大转折面前，知识分子急于走出个人的天地，投身抗战的洪流。何其芳正是这些知识分子中的一个。他的视野日渐开阔，"总算接触到了地上的事情"。他希望能用自己的笔去记录现实，报告给大众，与国家、时代的命运休戚与共。因此，《还乡杂记》中有不少篇什描写地主盘剥、疟疾肆行、迷信猖獗的生活图景，如《乡下》；展示战争对百姓生活的侵扰、外国势力的侵略，如《县城风光》。而与此同时，何其芳的散文如他自己后来所说的"并没有什么进步，而且有时候还有些退步的样子"。这样创作态势的变化，主要源于何其芳一些知识分子对文学（尤其是战时文学）功用的一种认知。他们感动于火热的抗战激情，"从梦里惊醒起来"，去实践抗战的历史使命，用作品去鼓舞民众，广播战声。这固然有其特定的历史意义。不过，"知识分子并非不应参加现实的斗争活动，但知识分子及时参加了现

---

① 何其芳：《我与散文〈还乡杂记〉代序》，《还乡杂记》，文化生活出版社 1949 年版。

实的斗争活动，也并不放弃自己的价值信仰"①。事实上，怀抱历史使命并不意味着就应放弃对文学之美的追求，更何况一个知识分子的价值应该在满腔的爱国之情报国之志中体现出来，更应在他个人对于整个人类文明的贡献中展示出来，在他的作品对大众审美情感的熏陶中透露出来，在他所传承的人类文化的精神血脉中传扬出来。正如研究者所说："战士与诗人的统一不在于诗人用诗来战斗，而在于写有美学价值的诗，又在人格上是一个推动社会进步的战士。"②的确，尽管抗战激流使大批作家情绪高昂，不由自主地用文字来宣扬来倾吐，但事实上社会责任与艺术良心不应混在一处，二者的和谐统一才是知识分子价值的最佳体现。而且，对作家来说，创造具有纯美意味的艺术作品即使在战争期间也同样有意义，因为"小夜曲、白日梦的对象应是超越时空的人类本身"。③

前面说过，《还乡杂记》是一部具有过渡性质的集子。的确，《还乡杂记》中的不少篇章带有奔突的时代风云，沾染鲜明的时代气息，成为时代的喇叭与号角。但是虽然何其芳把自己以前的创作称为"不过是一个寂寞的孩子为他自己制造的一些玩具"，他毕竟对过往那份纯美的情调有所留恋。《还乡杂记》中一些文章依然保留了他以前的美文风格，这些作品的文字等也更为圆润洗练纯熟。《老人》即是其中最为光彩夺目的一篇。文章描写山寨故堡的风物人情，叙述夕阳残照的寂寞岁月，显豁出一份纯净浓郁的人生风致。不过，这几篇作品

---

① 王彬彬：《良知的限度——作为一种文化现象的何其芳文学道路批判》，《在功利与唯美之间》，学林出版社 1996 年版，第 219 页。

② 陈思和：《中国新文学整体观》，台湾业强出版社 1990 年版，第 67 页。

③ 陈思和：《中国新文学整体观》，台湾业强出版社 1990 年版，第 67 页。

也已带有或浓或淡的宣传说教色彩。对此，巴金曾感慨道："他留下的脚印我看得十分清楚。"①

与何其芳有所类似的是，李广田、方敬一些京派作家也留下了相仿佛的足痕印迹。李广田的创作，从书写自然物什、故土风情、乡野俗尚的清新淳厚的《银狐集》、《雀蓑集》，到"生命无时不在烈火里燃烧，就像生活在太阳近边一样"，吞吐着政治热情的《日边随笔》恰画出这种轨迹。而方敬，在时代巨浪的面前，告别自己那杂糅苦痛与轻愁、如烟似水轻柔熨帖的《雨景》，放声唱出《行吟的歌》，唱出粗犷的旋律，雄浑的曲调。又比如另一位诗人曹葆华，他的诗集《无题草》曾收入《文学丛刊》第五集。《无题草》吟唱青春与爱情，吮吸自然的精华，歌咏冷梦的孤寂。这样一位柔情的诗人在抗战爆发后，奔赴延安，一直致力于马列文论的翻译与研究，完全终止了文学创作。

其实，不唯何其芳，许多京派作家创作历程的变化也同此轨迹。例如，吴伯箫在 1933 年到 1936 年间创作了一批意蕴深厚的散文，这些篇章主要发表在《水星》及《大公报·文艺副刊》上，后来他将这些作品结集，收入《羽书》，由文化生活出版社出版，这些作品"形成了他的富有音乐美的散文风格和奠定了他在散文发展史上的地位"②。而到了抗战时期，吴伯箫奔赴冀东南战场，"为了把广大抗敌军民的动人事迹及时向全国人民汇报，他不能像《羽书》集中那样在文学上精雕细刻，所以收在《潞安风物》中的《潞安风物》、《沁州行》

---

① 巴金：《衷心感谢他——怀念何其芳同志》，《燃火集》，载《巴金全集》第 15 卷，人民文学出版社 1990 年版，第 553 页。

② 康平：《吴伯箫小传》，《中国当代文学研究资料·吴伯箫专集》，广西人民出版社 1987 年版，第 5 页。

两组通讯报道和《夜发灵宝路》、《响堂铺》、《路罗镇》、《神头岭》等散文稍嫌粗糙。"① 这些知识分子与何其芳的经历颇相似，其创作道路的变动也很接近。应该说，何其芳、李广田、方敬、曹葆华、吴伯箫在战时的选择与文学情致的变化体现了战时中国知识分子对文学本体认识的一种可能。

在研究何其芳的创作历程时，我们发现，何其芳进入文坛以来连续三部作品均由文化生活出版社"文学丛刊"出版。这三部作品显然是何其芳艺术成就最高的三个集子。而此后，何其芳的创作除诗集《预言》（收录 1931 年至 1937 年所作短诗 34 首，乃由《刻意集》中删去的诗篇构成）由文化生活出版社"文学小丛刊"出版外，其他作品均不再由文化生活出版社出版。尤其是 1945 年，何其芳共出版了三个集子，即文化生活出版社的《预言》、群益出版社的《星火集》、重庆诗文学社的《夜歌》，其中文学性最强、技巧最好的当推《预言》。由文化生活出版社出版《预言》，似乎可以说是一种表征，它显示出文化生活出版社的一个特点：对文学本体性、审美性的极大重视。前面我们谈到曹禺作品时也提到了这个问题。再如，吴伯箫充满艺术情致的《羽书》是由文化生活出版社出版的，而他的《潞安风物》则收入周而复主编的《北方文丛》第二集，1947 年由香港海洋书屋出版。为什么文化生活出版社只出版了《预言》，而没出另外两种带有时代政治气味的作品，是文化生活出版社坚持如此呢，还是何其芳的内外有别？今天我们尚没有充分的资料来揭示这一切，但通过这些现象我们可以看到，"文学丛刊"在巴金的主持下，即使在抗战时期也始终

---

① 康平：《吴伯箫小传》，《中国当代文学研究资料·吴伯箫专集》，广西人民出版社1987 年版，第 5 页。

奉守文学的自由精神，所出版的作品不论题材如何、体式如何，对文学趣味与独立品格的倾心爱慕是不变的追求。这一切都充分显现出文化生活出版社推崇艺术性、守持文学美的一些特点，而这样一些特点也正是巴金以及他主持的文化生活出版社对现代文学的独特贡献。

当然，巴金编丛书首先是从作品的艺术性着眼，始终保持了极高的艺术品位。这也恰恰从一个角度说明了文化生活出版社的出版物在文学史上的价值所在。另一方面，巴金编辑的出版物也清晰地传达出抗战期间中国文坛声音的变化。正是通过"文学丛刊"中这些作品的出版，使我们了解到作家具体的创作状况，并且从中发现文学潮流的运演变迁，以及其中或显现或隐蔽的一种文学史的变化轨迹。

四、荷香与星光

如果说，曹禺、何其芳等的崛起标志了巴金在 20 世纪 30 年代对文学新人的发现，那么九叶派的发现则是巴金对 20 世纪 40 年代文坛的又一贡献。

在战争、政治、经济的多重压迫下，20 世纪 40 年代的文学更处于一种艰难的境地。一方面，抗战要求文学直接为战争服务；另一方面政治高压又束缚了作家的言论自由，再伴之以经济的压力，文学创作界以至出版界都充满了粗糙与浮躁之气。此时，巴金却以敏锐的眼光在西南联大的校园里注意到一批风格别具的文学青年，他们便是青年小说家汪曾祺和陈敬容、杜运燮、穆旦、郑敏等一些年轻的诗人，而这些年轻诗人便是后来被称作"九叶派"的年轻人。陈敬容、杜运燮、穆旦、郑敏都有一部或多部作品收在"文学丛刊"之中，它们代表了九叶派在 20 世纪 40 年代的创作实绩。可以说，在发现文坛新秀方面，巴金又作出了一次新的贡献。

今天，研究西南联大的学者越来越多，他们也都看到了"九叶派"在中国现代诗发展中的重要作用与地位，而在当时，更为引人关注的却是与抗战密切相关、直接反映现实生活的诗作，西南联大师生的作品主要是发表在校园刊物如《文聚》上。他们的诗作与更广大读者的联系则是通过文化生活出版社完成的，像杜运燮的《诗四十首》、郑敏的《诗集》、穆旦的《旗》、陈敬容的《盈盈集》都是由《文学丛刊》于 1944—1945 年集中推出的。巴金之所以选择出版了他们的作品，是因为感受到这些年轻诗人作品中诗的品格与艺术的本真，这些年轻的诗人没有因为战争的压迫而一味去呐喊示威，而是以自己的精神血肉去包裹担当现实的勇气，用诗歌去呈献人生的意义，他们这种用艺术的淳美去拥抱生活、拥抱生命的精神正是与巴金的编辑思想相统一的。巴金将这些年轻人的诗作编辑出版，使他们在新诗上进行创新、突破的努力有了为更多读者认同的可能。可以说，巴金以自己独到的眼光为抗战时期的文学输送了新的血液，使得"九叶派"这一现代主义诗歌流派的崛起为更多的人所了解，为现代文学史留下了光辉的一页，而"九叶派"诗作的出版也恰恰从另一个角度再次为巴金编辑理念中对艺术性的推崇作出了很好的说明。

在当时西南联大的校园里，这一群年轻人倾听叶公超、闻一多、朱自清、冯至等讲授外国文学，其时还有英籍教授燕卜荪所上的《当代英诗课》，这一切都为这一群年轻人多方面汲取西方文学的养分与影响创造了可能，使他们将自己的艺术感受通过诗作传递出来。对此，王佐良回忆说："跟着燕卜荪读艾略特的《普鲁弗洛克》，读奥登的《西班牙》和写于中国战场的十四行，又读狄仑·托马斯的'神祇式'诗，他们的眼睛打开了——原来可以有这样的新题材和新写法！"[①] 他们兴奋，他们如饥似渴地吞咽着艾略特、奥登、威尔逊还有叶芝、艾里奥脱，感受着他们的性情、气质思想与灵魂。例如，王佐良当时便在《文学杂志》撰文分析穆旦的作品说："最好的英国诗人就在穆旦的手指尖上"，"他最好的本质却全然是非中国的"，明确地指出了穆旦在形式方面对西方现代派的诸多借鉴，这也正是整个"九叶派"艺术上的显著特色。事实上，"九叶派"在现代诗歌的形式领域作出了可贵的尝试与探索。

虽然以后"九叶派"多为人称道的是他们的诗歌技巧，以及他们对现代诗理论与创作的贡献，其实他们同样鲜明地感受到了现实的强烈苦痛，他们有着对中国现实历史的深刻辩证的独立性思考。他们承受着现实的磨难，颂扬生命的伟力，呼唤民族的自强。只是，与一些诗人有所不同的是，他们的这种思考已经带有明显的现代主义的痕迹。他们憧憬明天的彩霞时却又带有一份哲理的思考与怀疑。他们看到了"那改变明天的已为今天所改变"[②] 的人生变幻，看到了那给我们希望与光明的未来，也会"给我们失望"，甚至"给我们死"。[③]"这一切充满怀疑主义精神（如穆旦所说，它是直接来自鲁迅的）的思考是超前的"，[④] 是一种哲学层面上的思辨。并且他们的思考那一份带有深

---

① 王佐良：《谈穆旦的诗》，载《中楼集》，辽宁教育出版社 1995 年版，第 183 页。
② 穆旦：《裂纹》，载《旗》，文化生活出版社 1948 年版。
③ 穆旦：《出发》，载《旗》，文化生活出版社 1948 年版。
④ 钱理群：《一九四八年：诗人的分化》，《文艺理论研究》1996 年第 4 期。

刻痛切的怀疑精神，是鲁迅建立在对社会现实逼透洞察力基础上的怀疑精神的余绪。又如杜运燮的《诗四十首》，即收录了他的一首长诗《阿Q》，直接运用诗的语言诗的形式去演绎鲁迅先生笔下那个具有超越时空意义的著名典型，进行着深入的思考。诗中特别标出说这是一首"light verse（轻松诗）"，但读过之后那份感触却无疑是沉厚滞重的。这也说明在 20 世纪 40 年代的中国，思考现实问题是所有关心中国命运的知识分子的实在选择。

在培育新人方面，巴金还保留了许多这样一些年轻作家的作品，他们由于各种原因，还只是"小荷才露尖尖角"，却像那划过天穹的流星一样，虽也闪烁光亮却在倏忽之间流逝了。这些青年有的因为贫病交困不幸早逝，有的在抗战中为国捐躯，有的则是因故辍笔，但无论是哪一种情形，他们都有一颗挚爱文学的心。他们有着写作的潜质与创造的激情，编织着文学的梦，实践着艺术的追求。虽然他们接触文学的时间并不长，却已显示出不俗实力。出于对文学的责任，由于对这些文学青年辛勤努力的珍惜，巴金穷心尽力，精心编辑，把他们的作品收入"文学丛刊"，使之存留下来，作为对他们生命痕迹、文学历程的一点纪念。

提起张兆和的名字，大家绝不会陌生，她是伴随沈从文走过风雨人生的伴侣。然而说到她曾经写过小说的事，却鲜为人知了。《文学丛刊》第七集里收入一本短篇小说集《湖畔》，仅九十七页的篇幅，却写得轻灵别致，纤柔动人。《湖畔》署名叔文，也就是张兆和。《湖畔》共录有四篇小说：《费家的二小》、《小还的悲哀》、《湖畔》、《招弟和她的马》。

《费家的二小》全篇充溢着一派田园风韵、牧歌情怀。二小是一个天真朴素的乡下姑娘，她是家中的灵魂。二小的天真烂漫，直逼沈从文《边城》里的翠翠，又更多一份倔强。李健吾曾经说过："《边城》是一首诗，是二佬唱给翠翠的情歌"①，《费家的二小》则像一幅水墨浅泼的画，画出乡间大地那份近乎空白的朴质生活，画出一个少女的美与梦。《湖畔》曾刊于大型期刊《文季月刊》上，是篇带着一份朦胧的奇幻美与神秘感的作品。整个故事简约单纯而又扑朔迷离，读过之后，你好像明白了些什么，又似乎什么也没有抓住。你仿佛感觉到了点什么，却又好像什么也没有把握到。然而小说最动人之处也正在于文字之中那一抹纯真的微妙，那一点迷离的怅惘，那一份莫明的情致。

张兆和的创作以后未曾继续下去，但却已风格自成。或许是由于沈从文及其朋友圈与家人（她的妹妹张充和也有不俗的才情）的影响，张兆和与多数京派小说家一样，在自然的纯粹与童心的真趣中倘佯，捕促生命的本色与美的忧伤。她的四篇小说背景，取材各异，有的写乡间，有的写城市，却共同传递出年少之时一种朦胧的悲与喜，青春之际一种莫名的哀与愁。其间那一份对年少情愁的特殊体验，那一份对青春爱恨的适意感知，独具旖旎温婉的风致与意蕴。

郑定文（原名蔡达君）是一个在困苦环境中依然保有真挚的心与纯洁的眼睛的文学青年。艰苦的处境，时间的缺乏，物质的简陋，都阻挡不了他对文学的执著与眷恋，他矢志不渝地进行着文学的写作。他的短篇小说集《大姊》收入"文学丛刊"第九集，笔墨多集中表现贫寒的小职员的生活与处境以及下层平民的离合与悲欢。正如尚君所

---

① 李健吾：《边城》，载《咀华集》，文化生活出版社 1936 年版。

言："他不是驾临于他的人物之上来观察，而是站在他们中间和他们一同悲哀，一同快乐。他和他们太接近了，……所不同的他比他们更了解自己。"① 郑定文的一生贫苦而短暂，他的遗稿经其友人整理出来后，交到巴金手里。对这样一位"有写作的才能，也有艺术的良心"的青年，巴金寄寓了深切的同情，不仅编辑整理出版了郑定文的作品，并特地代作了后记。客观地说，郑定文的小说还未达到精纯，但它们有着令人震动的真实性，有着传神真切的生活气，正如巴金所给予的评价："我喜欢那些平凡的故事，那些琐碎的情节，那种朴实的文笔，那种自然的描写，他在叙述自己的故事（小说中的定文大概就是他自己），诉说他自己和周围的人，尤其是他四周的人的痛苦，看他们过着怎样的生活。"②

"文学丛刊"中还收入了一位名不见经传的文学青年高咏（笔名白芸窗）的长篇小说《随粮代征》。这部四百七十二页作品的规模仅次于周文的《烟苗季》，是"文学丛刊"中的一个大部头作品。《随粮代征》是高咏的处女作（他也仅有这一部作品存留在现代文学史），却非但没有初试写作者的生涩，而且尤为难得的是有一种结构上的大气，布局严谨，加之行文流畅，叙述自然，是一篇够分量的长篇小说。

"文学丛刊"第九辑中收入一篇风格别致的中篇《夜莺曲》，作者卢静经历不详，在现代文学史上也未见有其他作品出版。《夜莺曲》"所写的只是一个祖籍中国的美国人在滇西战场上一年中的遭遇，所记的

---

① 尚钧：《记达君》，载《大姊·附录》，文化生活出版社 1948 年版。
② 巴金：《大姊》后记，文化生活出版社 1936 年版。

十之七八是事实。故虽名为小说，毋宁说它是历史更恰当些"。① 以文学形式记录、表现战时滇西生活的作品并不多，尤其《夜莺曲》还是一部文字清丽、笔调优美的小说，就更值得予以关注。

抗战时期的孤岛上海，几个暨南大学的学生 1938 年夏天"因为寂寞，因为我们骨鲠在喉，我们每人掏出五块钱，办一个"②。就这样，几个年轻人创办了《文艺》杂志。这在当时噤若寒蝉、偃旗息鼓的上海文化界不啻是一个大胆的创举。他们的杂志是挺直了脊梁的杂志，是用自己的写作去照亮人心的杂志。当时茅盾人在香港，却已注意到这支新生的力量，在《文艺阵地》上给予热情的介绍与鼓励。

作为《文艺》发起人之一的吴岩，是新进的文学青年，之前没有作品结集。1948 年 4 月"文学丛刊"出版了他的短篇小说集《株守》。后来吴岩成为有名的翻译家，但他的小说创作大约就留下这一本。《株守》共收七篇小说：《惊蛰》、《离去》、《星宿》、《浪花里长大的》、《中学教员》、《天堂哀歌》、《株守》，真切、实在地描写了在沦陷了的江南，"在敌人的羁轮下的人民的生活的疤痕"。

许多优秀的作家，都满怀深情地回忆巴金对自己步入创作事业的重要影响。萧乾回忆说，巴金曾启发他走出回忆童年的狭窄主题，鼓励他写以控诉帝国主义文化侵略为题材的长篇，写更有时代感的作品。萧乾始终认为巴金是他创作道路上的引路人。他说：

> 为了给旁人创造写译的机会和便利，他可以少写，甚至不写。他不是拿着个装了五号电池小手电只顾为自己照路的人，他

---

① 卢静：《夜莺曲》序，文化生活出版社 1948 年版。
② 吴岩：《株守》跋，文化生活出版社 1948 年版。

是双手高举着一盏大马灯，为周围所有的人们照路的人。①

黄裳回忆说：

> 1946 年在上海，巴金做着翻译和文学编辑出版的工作，主持着文化生活出版社的编务，就住在他的哥哥李林曾经住过的霞飞坊旧居里。我就像过去经常到李林先生（他是我中学里的老师）那里去一样，常常到霞飞坊去。他家里经常有不少客人，都随便地坐在二楼的客厅里。②

后来，黄裳就职的报纸被封门，失了业。巴金将他写的各类文章编选出来，印成一本小书，这就是《锦帆集》；后又建议他去翻译冈察洛夫和屠格涅夫的小说，Garnett 夫人的译本也是他借给黄裳的。黄裳说："我的偶然走上文学道路，就是这样开始的。对这样一位在前面引路的前辈的帮助，我一直怀着感激的心情。"③

陈荒煤也回忆说：

> 1934 年我写的第一篇小说《灾难中的人群》，几经修改，在失去信心的情况下交给了丽尼。后来他写信告诉我，他把小说寄给了巴金，我当时心里还苦笑了一下，觉得丽尼简直是多此一举。巴金这么一个著名作家能有兴趣看我这个无名青年的作品

---

①　萧乾：《挚友、益友和畏友》，《文汇月刊》1982 年第 1 期。
②　黄裳：《思索》，《黄裳自述》，大象出版社 2002 年版，第 16 页。
③　黄裳：《思索》，《黄裳自述》，大象出版社 2002 年版，第 17 页。

吗？可是巴金不仅看了，还推荐给靳以，终于在 1934 年第 3 期《文学季刊》发表了；接着靳以又来信要我给《水星》写篇小说，我又写了《刘麻木》，从此，打开了我从事文学创作的道路。这时候，我还是一个失学失业的刚刚二十一岁的青年。

如果说我现在总还想尽量争取多挤点时间看一点青年们的来稿，还愿和青年作者保持一点联系，还常常为不能满足青年作者的要求，不能及时回信、退稿、转稿而多少有些内疚的心情，这不仅是我自己有亲身的感受，也是亲眼看到巴金、靳以他们一直不断写作，一边满腔热情坚持编辑丛书、刊物，积极扶植、培养青年作者所给我的影响。①

的确，巴金以其独到的编辑眼光，通过编辑"文学丛刊"，成功地将一批文学青年推上文坛，"文学丛刊"在当时几乎可以说是独立支撑了纯文学的创作，甚至也可以说，缘了这套丛书，才使许多中国作家在文学史上留下自己的名字。

五、批评"本身也是一种艺术"

巴金是一位有着独特审美眼光与鉴赏能力的出版人，他不仅十分重视文学创作，也十分重视文学批评的作用。

对于中国现代文学而言，李健吾在他的作家身份之外，更是现代

---

① 荒煤：《心灵中仍然燃烧着希望之火》，《人民日报》1982 年 6 月 16 日。

文学史上一位至关重要的批评家。而他最重要的两部批评论文集《咀华集》与《咀华二集》都是由巴金编入"文学丛刊"出版的。

对于批评，李健吾在《咀华集》跋里鲜明地阐发了自己的主张："它（批评）本身也是一种艺术"。确实，《咀华集》以及《咀华二集》的真价就在于它们是艺术的批评。言其为艺术的批评，这里涵盖着几重含义。一是指李健吾有一种雍容的批评风度；二是指李健吾是用艺术的尺度来衡量作品进行评论；三则是指它同样是一种艺术的创造，一种抒情的艺术品。

作为一个真正的艺术批评家，最可珍贵的就是公正，既不溢美也不文过，恰如李健吾自己所说的"不诽谤，不攻讦，不应征"。① 他用自己的心去感知体会，用温柔敦厚的语言来表达。即使是批评的意见，也无丝毫疾言厉色，而是真诚地抒发，委婉地表达，宽则以厚地给出公允的评论。并且他擅于发现作品的闪光点，细细地含英咀华。他坚守着如是观念："我必须记住考勒几对于年轻人的忠告：It's always unwise to judge of anything by its defects，the first attempt ought to discover its excellence.（就其缺点来评判任何事物都是不明智的，首先的努力应是去发现事物的优点。）"②

李健吾进行文学批评时，没有丝毫门户之见，而是拥有广阔的文学视野。他的评论文字涉及当时各家各派。另一方面，两部《咀华集》，专章进行评论的作家计有二十位：巴金、沈从文、罗皑岚、林徽因、萧乾、蹇先艾、曹禺、卞之琳、李广田、何其芳、朱大枏、芦焚、萧军、叶紫、夏衍、茅盾、穗青、郁茹、路翎、陆蠡。这二十位

---

① 刘西渭（即李健吾）:《咀华二集》跋，文化生活出版社 1942 年版。
② 刘西渭:《咀华集》跋，文化生活出版社 1936 年版。

作家除了巴金、茅盾几人之外，都是当时文坛刚刚崭露头角的新秀。这份勇气这份胆识是难能可贵的，也充分体现出李健吾作为一个优秀批评家的卓越眼光。

不论是奋力奖掖新人，还是拥有一种广阔的文学视野，都源于李健吾主张坚守文学独立性、审美性以及从世界文学范畴品评现代文学的批评思想。李健吾的批评是严格意义上的艺术批评，而不是道德批评、伦理批评或政治倾向批评。他的鉴赏与评价是纯文学尺度的，并且是立足文本本身的。正因为如此，他才会说："巴尔扎克（BAL-ZAC）是个小说家，伟大的小说家，而严格的论，不是一个艺术家，更遑论伟大的艺术家。……然而福楼拜，却是艺术家的小说家。……沈从文先生便是一个渐渐走向自觉的艺术的小说家。"[1]

基于同样的原因，虽然李健吾与巴金是至交，但是在进行艺术评论时，李健吾却认为："巴金先生不是一个热情的艺术家，而是一个热情的战士"，[2]李健吾以刘西渭的笔名发表自己对《爱情三部曲》的批评，他认为巴金由于太热情、太感性地把人生态度介入作品之中，故而因为"热情不容他描写"等原因，伤害了文学的本体的魅力与美。巴金并不同意李健吾的解读，写下了那篇酣畅淋漓的《〈爱情三部曲〉作者的自白》，申述自己的信仰自己的创作观。但他依然喜欢李健吾对艺术的敏感和批评的剔透，一连推出了《咀华集》和《咀华二集》这两本现代文学史上最精彩的文学批评集。在介绍《文学丛刊》时，司马长风特别提到这一点，即"破除门户之见，选辑的作品包括各派的作家；其中包括批判巴金小说的刘西渭的作品，尤见出巴金的器量

---

① 刘西渭：《边城》，载《咀华集》，文化生活出版社 1942 年版。
② 刘西渭：《爱情的三部曲》，载《咀华集》，文化生活出版社 1936 年版。

和风度"。①

巴金不仅重视出版批评家的作品，他自己也多次直接对作家作品发表见解，予以支持。

作为一名出版人，巴金不仅慧眼识《雷雨》，而且十分关注《雷雨》发表后的命运，两次撰文给予高度的评价。《雷雨》刊出后，最初的情形是"《雷雨》在《文学季刊》上发表后一年间，似乎没有一个批评家注意过它，或为它说过几句话。"② 随后便是多方面的指责与批评。对此，曹禺自己也在《雷雨》序中描述道："这一年来批评《雷雨》的文章确实吓住了我。"③ 随着在国内外的上演，《雷雨》日益引起了批评家的注目，如李健吾 1935 年 8 月 31 日在《大公报》上，以刘西渭的笔名发表了极有分量的评论《雷雨——曹禺先生作》，赞扬《雷雨》是"一部具有伟大性质的戏"。但是文章也认为"这出长剧里面，最有力量的一个隐而不见的力量，却是处处令我们感到的一个命运观念"；剧中的"周朴园太走运，作者笔下放了他的生"，批评作者的"心力大半用在情节上"。对此，巴金在《雄壮的景象》一文中明确强调，"我喜欢《雷雨》，《雷雨》使我流过四次眼泪，从没有一个戏像这样地把我感动过。"他指出《雷雨》是靠着它本身的力量把读者和观众征服了的。的确，《雷雨》在一群普通读者中掀起了一股冲击波。曾执导过《雷雨》的导演夏淳回忆说："这个剧本，在我当时这样一个少年学生的心灵上所产生的震动是如此之大……"④ 不止夏淳，当时

---

① 司马长风：《中国新文学史》中卷，香港昭明出版社 1982 年版，第 12 页。

② 巴金：《雄壮的景象》，《大公报》1937 年 1 月 1 日。

③ 曹禺：《雷雨》序，文化生活出版社 1936 年版。

④ 夏淳：《生活为我释疑——导演〈雷雨〉手记》，转引自钱理群：《大小舞台之间——曹禺戏剧新论》，浙江文艺出版社 1994 年版。

有许多读者都深深地为《雷雨》的魅力所折服、所陶醉。

剧本的生命在于演出。巴金还十分关心《雷雨》在舞台上的命运。1935 年，巴金旅居日本，从事《春》的创作，恰遇《雷雨》在东京首演。4 月 23 日，巴金兴致勃勃地来到东京神田一桥讲台，观看由杜宣、吴天等导演、由中国留学生演出的《雷雨》。此剧共演三场，巴金连看三遍，他为首演的成功深感高兴，并迅即作文《〈雷雨〉在东京》，对此剧再次给予崇高评价。在文中，巴金第一肯定《雷雨》表现的"是一幕人生的大悲剧"，舞台上的确表现了一个被践踏被侮辱的女人一生的悲剧；第二具体分析《雷雨》第三幕"起誓"一场，肯定它"深刻地描绘了鲁妈、四凤母女痛楚复杂的内心，这景象纵使由不熟练的演员来表演，也应该是一幕撕裂人心的悲剧。我的心起了痛楚，一个朋友几乎淌出了眼泪"；第三指出《雷雨》第三幕"关窗"一场，在艺术上借鉴了托尔斯泰的小说《复活》。"我读《复活》到那一段时很受感动。我以前读《雷雨》到这一段也很感动。"[①] 可以说，从《雷雨》的文本创作到舞台演出，巴金给予了全面的关心、爱护和鼓励。

对曹禺的第二部巨作《日出》，巴金同样给予了热情的关注。他在《大公报》文艺副刊上撰文《雄壮的景象》，对《日出》给予了很高的评价。在这篇文章中，巴金首先肯定从《雷雨》到《日出》，作者的创作从题材到思想都有了巨大的进步。《日出》是"我们现实生活的反映"，"它触到了我们这社会的各方面，它所表现的是我们的整个社会"。有读者认为此剧的结尾太悲观。巴金作了反驳和分析。他指出《日出》"单单暴露这社会的黑暗面是不够，它还隐约地指示了

---

① 巴金：《〈雷雨〉在东京》，《短简》，《巴金全集》第 13 卷，人民文学出版社 1990 年版，第 69 页。

一个光明的希望。一方面固然是荒淫与无耻，但另一方面还有严肃的工作。"

《日出》问世后，评论界大多给予充分的肯定，但也不乏贬论。在众说纷纭之中，巴金却毅然断言："《日出》是一本杰作，而且我想，它和《阿 Q 正传》、《子夜》一样是中国新文学运动中的最好的收获"。这可以说是对《日出》历史地位所作的中肯的评价；同时，也为作家的成长起到了重要的护航作用。

在新时期的《收获》，一些作品发表后引发争论也是经常的事。"程永新回忆说，张贤亮的《男人的一半是女人》写出来后，北京一些女作家看了非常不愉快，觉得这个小说完全是一种男人视角，表现的是一种大男子主义的倾向。冰心看了之后也不喜欢，她带信给巴金说，你要管理《收获》啊，这样的作品也发表出来？后来巴金看了《男人的一半是女人》，看完说，这个没什么，这个是可以发的。"①

如同当年拍板鼓励靳以消除顾虑推出曹禺的《雷雨》一样，在一些重要时刻和关键作品上，巴金常常会给予《收获》编辑部以明确的支持。著名作家丛维熙就曾满怀深情地回忆起 20 世纪 80 年代，他的中篇小说《远去的白帆》被其他杂志拒绝的时候，是巴金亲自拍板让《收获》发表了它。他还谈到《大墙下的红玉兰》在《收获》上发表后遭到批评，而此时巴金鼓励编辑部要"百无禁忌更进一步"，"因而使当年的《收获》，成了历史新时期解放思想的一面文学旗帜"②。丛维熙还举了张一弓的《犯人李铜钟的故事》等例子，这"也是在《收

---

① 何映宇：《〈收获〉50 年：当代文学简写本，时代晴雨表》，《读者参考丛书》编辑部编《文明的尺度》，第 164 页。
② 《丛维熙散文精选集》，新世界出版社 2008 年版，第 54 页。

获》死而后生的，这又是巴老在文学新时期勇往直前、义无反顾的一个佐证。……这样的例子还有很多。贾平凹的长篇小说《浮躁》发表在 1981 年第 1 期的《收获》后，领导在万人干部大会上点名批评了这篇小说。编辑部的同志感到压力很大，巴老得知此事后，立即阅读全文，他说我觉得这部作品没有什么问题。"①"作协就此召开讨论会，邀请一些作家、编辑讨论，大家讨论的结果，还是从艺术上对《浮躁》予以了肯定。而这如果放在以前，是不可想象的。"②

在谈及《收获》杂志的历史贡献时，闫纲说，"巴金的《收获》，继发表徐迟的《哥德巴赫猜想》和刘心武的《班主任》的《人民文学》之后解冻文学的又一名先驱者，在中篇小说中大放异彩，功不可没。"③萧元敏则回忆了巴金之于《收获》的巨大意义。她说："巴老在时，他是我们的主心骨；有了他的护佑，我们的勇气会更大一些。现在他不在了，他的精神始终在激励着我们，如何选择，如何取舍有时却会变得难以想象的艰难，但无论如何我们不能偏离前辈们创建的这个圆心和跑道。"④

巴金不仅在出版原创作品十分重视文学批评与文学研究的作用，在出版翻译类作品时，也同样重视这一点。由此，可以看出作为出版家巴金的独特眼光以及出版不为牟利的编辑理念。

---

① 丛维熙：《丛维熙散文精选集》，新世界出版社 2008 年版，第 54 页。
② 何映宇：《〈收获〉50 年：当代文学简写本，时代晴雨表》，《读者参考丛书》编辑部编《文明的尺度》，第 162—163 页。
③ 闫纲：《编辑家巴金》，王剑冰主编：《2003 年中国年度最佳散文》，漓江出版社 2004 年版，第 25 页。
④ 周立民《〈收获〉50 年：珍藏半个世纪的文学记忆》，《文汇读书周报》2007 年 9 月 5 日。

"文化生活丛刊"、"译文丛书"里出版了不少作家传记及文学研究的译作，这样一种方式既是对文学整体发展的有效推动，也再一次鲜明地展示出以巴金为代表的文化生活出版社同人的出版理念，是要为文学事业及文化传播做一些事，是要为实践自己的人生理想扎实地做一些事，是要为渴求知识追求进步的读者做一些事。同时，通过文学研究作品的出版，也更有利于读者感知、理解文学的本质之所在。

"文化生活丛刊"出版有《果戈理怎样写作的》、《罗曼·罗兰传》、《屠格涅夫的生活和著作》等作品，加之"译文丛书"中的《迭更司评传》、《高尔基传》等，对各个国家的重要作家作了一些基本的介绍。虽然，由于战争等因素使文化生活出版社的事业规模受到极大影响，许多计划没法实现，但是已可见出巴金架构文学版图时的深远情怀与宏大构思。值得一提的是，无论"文化生活丛刊"还是"译文丛书"，基本上在书末都有一个较详细的附录或中译本序。尤其像李健吾译福楼拜作品，耿济之译屠格涅夫作品，许天虹译迭更司作品等更是鲜明地体现出这一点。这样就填补了单行本的作家研究数量不足的遗憾，使之更为全面、完整。

孟十还在《果戈理怎样写作的》后记中说："万垒赛耶夫是苏联底新批评家，也是近来专门研究果戈理的人。"① 万垒赛耶夫对果戈理的研究是系统性的。除了此书之外，还著有《果戈理在生活中》，以及果戈理的日记、书信的编选等。由于万垒赛耶夫是一个新时代的批评家，所以他的批评是带着新时代的眼光与观点的。但是他的优秀之处在于，他并不因此就带上了有色眼镜，而是公允客观地给了果戈

① 孟十还：《果戈理怎样写作的》后记，文化生活出版社 1937 年版。

理一个真实的展示。万氏恰当地还原了果戈理的面目，既不过善也不贬损。

由于鲁迅译《死魂灵》的发表，"近两年来，果戈理在中国的读书界，也已占得重要的地位，《死魂灵》的译本短时期内销至第五版就是很好的证明。"[①] 孟十还这本译作的出版更好地对果戈理研究作了进一步的推动。

《屠格涅夫的生活与著作》从屠格涅夫的生平与作品两个方面同时着眼，分析屠格涅夫的艺术成就。这本书不仅对这位艺术巨匠的人生经历加以介绍，更对他的主要作品如《猎人笔记》、《罗亭》、《贵族之家》、《前夜》、《父与子》、《烟》、《处女地》都作了细致的分析。并且对屠格涅夫的中篇小说以及他晚年作的《散文诗》，也都作了精当的论述。另外，书中还特辟专章，特别论述了屠氏作品的女性形象及屠格涅夫作品的艺术风格。作为一本作家研究，本书胜在枝蔓清楚，简明且有生趣。

汝龙在《高尔基传》译后记中说："在中国顶受欢迎的作家恐怕要算高尔基了。他的大多数作品不但早已陆续介绍过来，而且各种作品往往不只一个译本。"[②] 汝龙指出："不管对人生的见解和态度怎样，一个作家应事先用全力去生活。生活不够深入，因而良心和信念没经过千锤百炼的作家，或在生活上取巧却想在作品上认真的作家，永远不会生出震撼人心的伟力。……他的作品所以能那么深刻有力，归根结蒂，应当归功于他先是认真的做人，认真的过了他的生活。"[③] 高尔

---

① 孟十还：《果戈理怎样写作的》后记，文化生活出版社 1937 年版。

② 汝龙：《高尔基传》后记，文化生活出版社 1949 年版。

③ 汝龙：《高尔基传》后记，文化生活出版社 1949 年版。

基的一生曲折丰富，而在这本简单明了，浅明有趣，轮廓清楚的传记中，极为清晰地得到的有力的体现。

高尔基的作品为什么能产生那么深刻、强烈的反响？汝龙在他翻译的《高尔基传》中有所阐明。《高尔基传》是由罗斯金所撰的一部传记，后由 Fromberg 转译为英文，向西方读者介绍这位著名的俄苏作家。汝龙在附记中说："抚慰灵魂的作品固然不能说它坏，它有它的益处，可是就此时此地来说，或者广泛点，就二三十年来的中国情形说，人人心头郁积着极度苦闷，作品光是教人流泪或微笑就嫌不够，身不由己昏昏睡去的怠惰者需要的是振聋发聩的雷鸣（清脆的鸡啼似乎还不足以惊醒他们的噩梦），不甘堕落的歧途彷徨者渴望明灯的召唤，至于在寂寞中挣扎苦斗的战士，不消说，精神上迫切需要鼓励与粮食。因此，高尔基的受欢迎实在不足怪了。"① 从高尔基作品的出版情况我们不难看出，文化生活出版社在介绍外国作品时所浸润着的一份强烈的现实主义情怀。

《论小说》并不是一本书的名字，而是莫泊桑在他的小说《两兄弟》前所附的一篇宣言。黎烈文在介绍这部小说时称之为"莫泊桑少数长篇小说中最有研究价值的一部。尤其是原书前的一篇代序——论小说，可见他对于文艺，尤其小说的理解。"②

在这篇长序中，莫泊桑完整系统地谈论了自己的小说观。例如他谈道："写实主义者，倘是一个艺术家的话，他不会企图把人生平凡的照相示给我们，而会把比现实还要完全，还要动人，还要可据的幻影给予我们。""所以艺术家选定了他的主题，便只能在这充塞着偶然

① 汝龙:《高尔基传》后记，文化生活出版社 1949 年版。
② 黎烈文:《两兄弟》再版记，文化生活出版社 1945 年版。

和无聊之事的人生里，采取对于他的题材有用的特殊的事情，而把其余一切抛在一旁。"

《两兄弟》原译名即是如此，此前曾在《申报》上连载，后来编入文学研究会世界名著丛书，由商务印书馆发行，依照法文原名改为《比尔与哲安》。但是这部优秀作品单行本的销量并不好。黎烈文说："无论从内容或技巧，都应是有很多读者的。但却非此。我想除很多原因外，一般读者对比尔与哲安这样的音译不感兴味怕也是原因之一。"[①] 为了更有助于读者的了解，黎烈文在文化生活出版社将此书编入莫泊桑选集时，又把名字改回为《两兄弟》。从这段经历中，我们能够更形象地体会到在文化交流、文学翻译中的一些问题，包括如何用最合情合理的方式来传达语言信息，甚至是作品名的"变形"。

《罗曼·罗兰传》原是 Ronaid A.Wilson 研究罗曼·罗兰专业论文中的一部分，"虽乃专题研究，其中几篇也可帮助我们了解罗曼·罗兰，乃译出来"[②]。

罗曼·罗兰是一位优秀的文学家，更是一位伟大的人道主义者，一位勇敢的和平主义者。在这本研究传记中，我们可以了解到谁是罗曼·罗兰心中的英雄，他与新理想主义的关系，还可以通过他所写的三大传记《贝多芬传》、《托尔斯泰传》、《米开朗琪罗传》了解这位文学伟人的人文情怀。此外，书中对他的代表作《约翰·克利斯朵夫》也作了缜密的分析。

《迭更司评传》是一部介绍狄更斯生平及其小说艺术研究的专著，并附有 A. 亚尼克斯德的《迭更司论》、《迭更司著作年表》等。《评

---

① 黎烈文：《两兄弟》再版记，文化生活出版社 1945 年版。
② 沈炼之：《罗曼·罗兰传》译后记，文化生活出版社 1947 年版。

传》有着对狄更斯小说文本的精细分析，如对《圣诞欢歌》的解释：
"没有什么能比 Christmas's 习俗更易于打动人的心，他的主要见解，
或竟是他的唯一见解，乃是人与人之间的更多的互相信任与情爱。在
圣诞时节他觉得，这种情爱得到了比较自由的表现。……因此迭更司
写他的圣诞故事（此后五年他每年都要写一个），抱着两个目的。一
个是他自己的快乐……另一个是唤醒那些富裕的人。"① 另一方面，《评
传》在论述中更指出狄更斯是为人道而战的写实主义大师，"迭更司
诚然是一个幽默家，这是无法否认的。可是这位伟大幽默家也有他的
可悲的一面。可悲的就在于他要哭的时候却不能不笑。……没有多数
人的幸福，没有全人类的幸福，他想不到什么个人的幸福。这显明在
他的作品的每一页上。这些作品乃是人道主义写实主义的珍宝"②，从
对作品风格的解析中阐发狄更斯人格精神的精髓。

　　许天虹在译后记中说："《迭更司的哲学》这原是莫洛亚（Andre
Manris）所著的《迭更司评传》的最后一篇，前面的两篇《生平与作品》
与《迭更司与小说的艺术》早已在 1937 年欣逢迭氏诞辰一百二十五
周年的时候，由我译出来发表在最后几期的《译文》中了。现因文化
生活出版社就要印行狄更斯的单行本，作为出版狄更斯的一个先声，
所以我把这一篇论述迭氏思想的文章也译了出来，以存其全。"从这
里我们也可以看到，文化生活出版社出版作家研究是与作品出版有机
地联系在一起的。

　　伍尔芙著、王还译《一间自己的屋子》堪称"文化生活丛刊"出
版的文学研究中特色独具的一本。女权主义研究在今天已成显学，在

---

① 许天虹：《狄更斯评传·译后记》，文化生活出版社 1943 年版。
② 许天虹：《狄更斯评传·译后记》，文化生活出版社 1943 年版。

当时的中国却还很少被人关注。而"文化生活丛刊"却出版了这样一本文学批评的著作。伍尔芙是一位出色的作家，写过许多妙笔生花的小说。《一间自己的屋子》开创了一个时代。它不仅是一个女作家以女作家的身份来谈女性问题与小说，而是通过分析，指出女性应去争取属于自己的在生理、心理诸方面的生存、生活空间。

缘此可以说，巴金作为编辑家善于发现的眼光确乎有超前意识。这部"文化生活丛刊"中唯一的女性作家作品，感发了女性自强自立的女权潮流；而收入"译文丛书"中的唯一的一部女作家的作品《简·爱》也正是敲响了19世纪妇女解放、独立自主的钟声。这也许是一种巧合，也许是一种必然。

第五章

参差百态、多元共生
——巴金的出版风格与审美追求

出版人的文化自觉，还体现在对出版物艺术品位的自觉追求上，即将出版物视作实现其审美理想的载体。这是美学追求层次的自觉。"言之无文，行而不远。"优秀的出版人总是自觉追求出版物形式与内容的完美统一，力求将每部作品打造成一件件雅俗共赏的艺术品。巴金在这方面也堪称典范。

法国有一家叫作伽利玛的出版社，从创办到 1975 年加斯东·伽利玛去世计算，法国 11 个获得诺贝尔文学奖的作家中有 6 个是伽利玛的作者。它"虽然不是最大，也不是最富，但它对法国文学所作出的贡献是法国任何一家出版社都望尘莫及的。它是法国出版界的一面旗帜，一个象征。"[1]巴金与文化生活出版社对于中国现代文学的意义同样如此。1936 年 9 月，《大公报》设立文艺奖金，由杨振声、朱自清、叶圣陶、巴金、凌叔华、沈从文、朱光潜、靳以、李健吾、林徽因组成评委会。评选结果是：戏剧奖归属曹禺的《日出》，小说奖归属芦焚的《谷》，散文奖得主则是何其芳的《画梦录》。这三部作品都是三位年轻作家的处女作，也都是巴金主编的"文学丛刊"推向市场的。巴金的编辑眼光，从这桩文坛盛举中可见一斑。

作为一位优秀出版人的巴金，立足艺术感觉，推出丰富多样的文学作品。巴金敢于选择，能够等待，善于以敏锐的眼光觉察到初入文坛的文学新人的潜质所在。而要成功地推出一位作者，除了内容的完美呈现之外，还需要对图书外在的审美形态加以精研与雕琢，对图书的双重属性有准确的把握。在这一方面，巴金堪称罕见的全能型编辑。

一、文学价值与市场效益的统一

参与《文学季刊》的编辑工作时，巴金便对各种文学样式都能兼而统之，对人对事都没有偏见和成见。这一点也是巴金一生始终不变的编辑理念。在整体作者队伍方面，《文学季刊》时期，经常发表作品的作者以集中在北方的进步作家为主，其中出身于清华大学的作家曹禺、吴组缃等在《文学季刊》上发表了他们的处女作《雷雨》

---

① 胡小跃：《加斯东·伽利玛：半个世纪的出版传奇》，载贺圣遂、姜华主编：《出版的品质》，复旦大学出版社 2012 年版，第 15 页。

和《一千八百担》。刊物栏目分创作小说、诗、散文、剧本、文学评论和文学研究等，每期目录，都排得满满的占了两页，每期字数都在四五十万字左右。像《文学季刊》这样一种大型的专刊创作的文学期刊，在我国文学期刊出版史上，无疑是首创的。

对于巴金在《文学季刊》时期的工作，赵家璧曾回忆说："巴金不但是位作家，他对编辑出版工作，也认为是一件有意义的事业，他后来就和吴朗西合办了文化生活出版社。我们两人之间，年龄相近，对文学编辑出版事业具有相同的兴趣，很快就成了无话不谈的朋友。我从北平返沪后，他知道我对靳以也有相见恨晚之情，而《文学季刊》的责任编辑就是他和靳以二人，实际工作巴金虽管得较少，但对《文学季刊》的命运，他们二人同样地关心，像两个人双手抚养大的孩子一样亲热。"①

《文学季刊》不仅发现了大量的新人，还团结了一大批著名小说家在季刊的周围，如巴金、冰心、老舍等；文学评论家李健吾、李长之等。就以创刊号来看，论文有李健吾的《包法利夫人》、吴晗的《金瓶梅的著作时代及其社会背景》、李长之的《王国维文艺批评著作批判》等，还有老舍、吴组缃、沉樱、李素等的小说，废名、卞之琳、林庚等的诗，以及李长之、毕树棠等七篇书评。单看这一篇目，即可知其内容之丰富，作者群之广泛。

《文季月刊》时期，除保持原有作者队伍外，因刊物迁沪，上海左翼作家的作品有了明显的增加，如茅盾、丁玲、草明、欧阳山、萧红、荃麟、葛琴、刘白羽等。有时小说栏几乎成了左翼作家的阵地，

---

① 赵家璧：《文坛故旧录：编辑忆旧续集》，生活·读书·新知三联书店 1991 年版，第 140 页。

同时还发表了进步作家田涛、沈从文、蹇先艾等的作品。《文季月刊》在沪复刊后最大的变化，如赵家璧所说，巴金、靳以与黄源、黎烈文二人来往极密，他们之间有许多共同的见解；他们与上海的左翼文坛，特别是与左翼文坛的主将鲁迅的关系越来越接近。①

"文学丛刊"是文化生活出版社最大的一套创作类丛书，对比一下京派作家与"文学丛刊"作家群的阵容，可以看出：三四十年代活跃文坛的京派作家几乎都有作品收入"文学丛刊"②。即使个别作家未有作品编在"文学丛刊"里，也都有作品收入文化生活出版社巴金主编的其他丛书。如孙毓棠的著名长篇叙事诗《宝马》即收在"文季丛书"中。

最初，京派作家的活动一般多带自娱性，是一种学院化非市场化的文学。例如，文学的商业化是沈从文始终予以痛击的，他抨击"作品成为大老板商品之一种"③的情状，鄙弃"作品成为商品之一种，用同一意义分布，投资者当然不免从生意经上着眼，趣味日益低下"④的世风。沈从文真诚地捍卫着文学的独立性与纯洁性，但现代文明的传播离不开现代出版的支持，况且文学走向市场是沟通作者与读者的

---

① 参见赵家璧：《文坛故旧录：编辑忆旧续集》，生活·读书·新知三联书店1991年版，第153—154页。

② 关于京派的所指，陈思和曾分析过，认为主要包括三代人："周作人、冯文炳、梁遇春等《语丝》人马和杨振声、朱自清、闻一多等20世纪20年代出道的作家都是第一代；朱光潜、梁宗岱、林徽因、沈从文等20世纪20年代末成名的是第二代；其时还有一批更年轻的新秀正在跃跃欲试：写诗和散文的有何其芳、卞之琳、李广田、孙毓棠、季羡林，写小说的有萧乾、吴组缃，写戏剧的有曹禺、李健吾……"参见陈思和：《人格的发展——巴金传》，上海人民出版社1992年版，第157页。此外，有研究家将与京派颇有渊源的汪曾祺及"九叶派"郑敏、穆旦、陈敬容、杜运燮也列在其中。

③ 沈从文：《新的文学运动与新的文学观》，《战国策》1940年8月第9期。

④ 沈从文：《新的文学运动与新的文学观》，《战国策》1940年8月第9期。

一种必要途径。沈从文的观点在京派作家中具有突出的代表性。事实上，直到 20 世纪 30 年代前期，京派作家多聚集在同人的小圈子中。他们的活动场所主要是林徽因家的文学沙龙，朱自清、朱光潜发起的读诗会以及燕京、清华几所森森学府。他们的作品一般发表在《大公报·文艺副刊》、《文学季刊》、《水星》几个同人刊物上，或往往以校园文艺的形式在学生中小范围流传。就像何其芳、李广田、卞之琳三位大学生爱好文学，便把各自的诗集《燕泥集》、《行云集》、《数行集》编在一起，合为《汉园集》自费出版。一般说来，京派作家的作品大多只在朋友圈子中流传。除去京派作家的主观方面的原因外，客观上这种状态的存在其实还有两个原因。其一是，诗与散文是京派作家的最爱，也是他们成就最高的艺术种类。但诗与散文在当时即使出版，也利润不多，因而一般出版社都不愿冒险尝试。其二则是，当时北京的出版业（不论是书局的数量还是印刷的质量）与上海相比都要相对滞后得多，并且南北往来还不密切，这样作家作品真正与市场形成一种良性循环便很困难。已成名的作家出版诗与散文还容易些，而文学青年们则机会很少。也因此，更从一定意义上使得京派文学在一段时间里多局限于同人圈内。

　　文化生活出版社由于开创了一种新型的人际关系，是以一种理想主义的友爱与热情进行出版工作，文化生活出版社成员"在文化生活出版社是只尽义务不争报酬的"①。这样一种精神自然使得文化生活出版社的出版工作相对远离了商品化的诱惑，加上以巴金为核心的编辑层注重南北文学的沟通，本着为作者、为读者、为文学负责的态度，

---

　　①　吴朗西：《文化生活出版社的资金来源》，《新文学史料》1982 年第 3 期。

极大地丰富了现代文学。

当年，吴朗西、伍禅怀抱一腔报国热情相偕回国后，创办文化生活出版社的直接动因便是由于丽尼翻译了一本纪德的名作《田园交响乐》，想找一家书店出版，却四处碰壁，因此大家打算自己来做一个专门出版文艺书的出版社。

"文化生活出版社始建时纯系'朋友试办'，类似同人组织。这就意味着它不同于一般的商家、企业。"所需的资金是由吴朗西、伍禅几个凑起来的，而当出版社创办后，大家都为了这个共同事业苦心竭力。没有人想到金钱，没有人想到报酬，大家彼此都讲奉献，不讲索取。文化生活出版社开创了一种崭新的人际关系，散发出独树一帜的魅力。"'钱'的因素在这个出版社显得不那么突出。'人'的因素、'力'的因素似乎处于主要地位。"① 不过，虽说吴朗西、巴金这一群知识分子作出版的初衷不图钱不图利，但他们深知自己从事文化产业的经营与图书的品质及市场的属性密切相关，因此他们在实际的运营中还是十分关注如何吸引读者的注意力，提升图书的影响力。考虑到"头一炮一定要打响才行"，而"《田园交响乐》尽管是一本优秀的创作，但读者中知道纪德的就不多。这本书对一般的读者是不会有吸引力的。"② 于是，吴朗西等决定首先把美国政论家约翰·史蒂尔写的《第二次世界大战》介绍给读者。这虽是一本政治读物，不属于文艺范畴，却也是一本好作品，尤其当时希特勒已经上台，大家都在担心可能会爆发第二次世界大战，在当时的中国更有其推广的意义与价值，读者

---

① 纪申：《记巴金及其他——感想·印象·回忆》，宁夏人民出版社1994年版，第129页。
② 吴朗西：《文化生活出版社》，《新文学史料》1982年第3期。

也会比较关注。于是，吴朗西便邀请之江大学高中部同学许天虹将英文原著翻译出来。这样《第二次世界大战》与《田园交响乐》便作为"文化生活丛刊"的第一批书一同问世了。

从这里，我们可以清楚地看到中小型出版机构的出版家们是如何设法将作品本身的价值与市场效益融合在一起的。在实际操作中既注重艺术性，也充分关注市场。不过，在对待文化的问题上，任职大出版机构的出版人往往不免更重视产业，看重经济回报和经营的稳步发展；中小出版社的编辑家虽然也要考虑出版社的生存，但总体而言，他们更专注于出版的文化使命，更具有文化理想和社会责任感，将文化作为事业追求的前提。正是由于此原因，"如果当时没有开明、北新、良友、文化生活、海燕这样一批体现知识分子人格的出版社，那么三四十年代的中国现代文学史将会改写"①。这批中小型出版机构推出了一系列可以载入史册的优秀作品，而中国现代文化史、文学史上一大批卓有影响的学者、作家也大都选择了它们，成就了它们在新文化传播和新思想散布方面的突出地位。

一套大型丛书的出版，与平时一般性地零星出版图书有所不同，总要显现出自己的风格倾向。巴金在主持"文学丛刊"时正是这样。他是有计划、有系统、有重点地进行着出版活动，作出自己的风格特色。"文学丛刊"编辑思想之一便是注重依托大型丛书这一方式，将文学的艺术性与市场的影响力完美地结合起来。他们不像当时上海滩上某些出版社只知道出版教科书赚钱，也不同于北京城内一些京派作家完全不理会文学的市场化，只在文学沙龙中漫步，读诗会上唱和。

---

① 陈思和：《试论现代出版与知识分子的人文精神》，《复旦学报》1993年第3期。

他们清楚地看到市场在文学流通中的重要性，同时又始终不渝地把作品的文学价值放在首位。"文学丛刊"包括的作家人数众多，流派各异，但这些作家都以各自的方式追求着文学性的张扬。"文学丛刊"中所收的作品散发着清新生动的气息，飘逸着鲜活俊朗的格调，不仅在当时接连不断地一版再版，而且许多作品成为现代文学中的杰作与精品，具有永恒的艺术生命力。

前面说过，"文学丛刊"中收入一些命运多舛的作家的作品。诚然这含有对他们人生经历的记忆与怀念的意味，体现出巴金体恤悲悯的人文情怀，但"文学丛刊"在编选这一类作品时依旧遵循艺术审美性的原则，坚持文学独立性的标准。例如，文学青年郑定文溺水而死后，他的友人王元化、丁景唐、魏绍昌等人为出版他的遗稿而奔走，巴金接受了遗稿，感怀于这位文学青年"写作的才能与良心"，根据其友人提供的作品，替这位他素未谋面的青年选择、整理、汇编并作后记，出版了单行本《大姊》。不过在整理、编辑遗稿时，巴金并非悉数收入，而是用文学性的眼光来选择来取舍，"其中两篇类似文艺杂论而又写得不好的东西，我没有采用。"[①] 从这种严格的编辑态度中，我们似乎可以看到"文学丛刊"为什么既突出了"新人"主体又不失艺术水准的原因。

显然，这些青年的作品被收入"文学丛刊"是出于对他们奋斗自强精神的赞美与爱敬，更是因为他们对文学本体的自觉探索与追求，使他们的作品透散出了虽尚显稚嫩单薄，却真率朴实、本色自然的风格魅力。这一些青年人均是初涉文坛便因各种原因的制约而中止了创

---

① 巴金：《大姊》后记，文化生活出版社 1948 年版。

巴金在写作

巴金与茅盾（摄于 1980 年）

　　为祝贺 1977 年《家》重新出版的一次老友聚会。（左起）李济深、帅陀、巴金、孔罗荪、张乐平、王西彦、柯灵

晚年巴金与萧乾

晚年巴金与沙汀

与巴金有着密切联系的李健吾（上图），在文化生活出版社出版的译著超过20部

晚年巴金与曹禺

思考中的巴金

武康路 113 号：巴金故居

这是巴金故居主楼南侧的一条长廊。1983 年起，巴金因受伤后上二楼工作不方便，家人就把长廊加以封闭，做了一个"太阳间"。就是在这里，巴金陆续写下了《随想录》中许多的文字

巴金散文之楼

作，但他们受到了"五四"新文学的熏陶，对生活有着敏锐的体察力、鲜活的感受力，他们的创作奔腾着不息的生命激流，撞击出灿烂的生命火花，荡漾着鲜活的艺术感染力。需要指出的是，"文学丛刊"对艺术性的推崇（这也是文化生活出版社出版物的重要特点）是源自其对文学本体的重视，是紧紧地与生活相拥抱的，其所出版的作品中始终浓浓浸润着一种热情、高昂的力量，一种把自己奉献给社会人生的理想。

有效地借用"以老带新"的出版策略是巴金对于现代文学出版的又一贡献。文化生活出版社是以推荐选拔新人新作，发掘彰显无名后进为鲜明特色的。但在具体操作中，为了更有效地带动这一些文学青年的成长，为了更好地支撑这套丛书，巴金也邀请了一些已在文坛享有盛名的老作家加盟，并得到他们的鼎力支持。以《文学丛刊》为例，在出版新作家作品的时候，"文学丛刊"每一集总有几位知名作家"压阵"。鲁迅晚年的重要作品包括小说集《故事新编》、杂文集《夜记》都有"文学丛刊"出版，此外茅盾的《路》，郑振铎的《短剑集》，王统照的《华亭鹤》、《江南曲》等均收入其中，巴金自己在繁忙的编辑工作之余，也为"文学丛刊"写下了十个集子：《神鬼人》、《发的故事》、《小人小事》、《利娜》、《砂丁》、《长生塔》、《忆》、《短简》、《龙虎狗》、《静夜的悲剧》。这样，既为这套丛书作了极好的宣传，又为这套丛书的质量进一步提供了坚实的保障。在这一前提下，每一集中大量推出的新人新作除了以自身质量取胜外，在客观上则借助老作家的带动，迅速扩大影响与知名度。也正因为如此，就有利地支持了青年作家的成长，同时也有利于丛书的市场经营，为这幢文学新厦奠定了坚实的基础。

同"文学丛刊"一样，"文季丛书"与"文学小丛刊"也获得了很多知名作家的大力支持，他们绝不因其"小"而轻视它们，而是把自己的优秀之作放在这两套丛书中出版。例如，王统照是成名于"五四"时期的老作家，他有许多作品在文化生活出版社出版，其中散文集《去来今》、短篇小说集《银龙集》收入"文季丛书"。短篇小说集《银龙集》中的《一天天》塑造了一个不满足现实中的呆板生活却又具有传统的保守与怯懦的账房先生的形象，通过描写这样一个小人物，表现了当时的人情世态。《水夫阿三》中的阿三是个终年劳作的穷苦水手，为了摆脱内心的空虚，而产生畸形的心理，终日只注意街上走过的女人。小说发表后引起了一定的反响。

二、大气磅礴的出版形态构画

出版物的形态设计，不仅仅指单本著作的装帧设计，也不仅仅是指若干种著作之间的协调配合，而是一家出版机构全部出版物的整体呈现方式。巴金不仅善于推荐新人，更在丛书的编辑方面勇于创新，最有效地发挥了丛书这一整体出版形态的优越性，体现出一种大气和才智。"文学丛刊"等大型丛书大胆推举新人，发表新作，很大程度上是得到了丛书这种出版形态的帮助。

在出版新作家作品的时候，"文学丛刊"每一辑总有几位知名作家"压阵"。例如第一集中便有鲁迅、茅盾、郑振铎等前辈作家的加盟。这样，既为这套丛书做了很好的宣传，又为这套丛书的质量提供坚实的保障。在这一前提下，每一集中大量推出的新人新作除了以自身水准取胜外，在客观上借助老作家的带动，迅速扩大影响与知名度。这样就有力地支持了青年作家的成长，同时也有利于丛刊的经营。此外，丛书的整体编辑形式还有助于推动文学各门类的发展。《文学丛刊》还有效地借助了期刊与图书的互动，通过期刊作先行的宣传，再迅速地推出图书的单行本，收到了很好的推广作用，巴金这一理念也为"文学丛刊"的脱颖而出奠定了基础。

要实现这样的宏伟构画，必须有相应的形式上的保证。在"文学丛刊"的发刊词中有这样一条，这部丛书"包括文学的各部门"。确实，"文学丛刊"最大可能地包容了现代文学的各种样式。小说、散文、诗歌、戏剧、书信、评论、报告文学、电影文学等等，举凡现代文学发展中所生成的各种文体，"文学丛刊"都有收录。这是"文学丛刊"又一显著的特征。

巴金在文化生活出版社主编"文学丛刊"时，选录作品，以文学性、审美性为立足点，既不拘泥于社团流派，也不局限于文体样式。加之"文学丛刊"不图利润不求金钱，纯以发扬光大文学昭著彰显人文精神为己任，以及最充分利用丛书的结构特点，这一切都成功地推动了现代文学品种的全面丰收，尤其促进了戏剧、诗歌、散文、报告文学、书信等非小说文体的发展，也在客观上成就了巴金参差多态、多元共生的编辑风格。

20 世纪 30 年代，也有不少其他一些丛书收入多种文学体裁。比如生活书店的《创作文库》即称"包含长短篇小说、剧本、诗歌、散文、批评，举凡文学之诸部门，无不应有尽有"。事实上，就所涉及的文学样式而言，"文学丛刊"除"生活文库"所包含者之外，尚有报告文学、电影剧本诸种形式。其涉及之广，涵盖之全，堪称三四十年代丛书出版执牛耳者。这又是另一种的博大。"文学丛刊"

所包容的多种文学体式，既使这套丛书显得生动活泼，有助于读者得到不同类型的阅读体验与感受，同时也有力地带动了诸多非小说体裁的发展，对推进现代文学各种门类的整体前行起到了十分重要的作用。尤其是散文、诗歌、戏剧这些经济方面获利不大的体裁，以及报告文学、电影剧本这样新生的样式，"文学丛刊"对它们的重视，自然是因为文化生活出版社同人不计利润的胸襟，是因为他们的气魄与胆识，而"文学丛刊"对这些门类的成功运作，使其产生巨大的影响力，则与丛书形式的有效借用分不开。这有力地促进了各种有别于传统文学的文学样式的确立与发展，对文学纯美意识的成功构建多有贡献。

文化生活出版社成功地运用了丛书的出版形态，推动了各种文学样式的繁荣，为现代文学各门类的发展提供了可能，巴金"包括文学各部门"的编辑思想为许多"多面手"作家提供了广阔的舞台。李健吾的创作与文化生活出版社有着密切的联系。这首先体现在数量上，仅"文学丛刊"中收入李健吾的作品就有八部，包括：戏剧《以身作则》《新学究》《母亲的梦》《青春》；小说《使命》；评论集《咀华集》《咀华二集》；散文《切梦刀》，数量之多，仅次于巴金（十部）、靳以（九部）；"文季丛书"中收有戏剧《这不过是春天》《黄花》《撒谎世家》长篇小说《心病》；"文学小丛刊"中则收录有戏剧《十三年》，散文《希伯先生》，可以说，几乎李健吾所有的优秀作品都是由文化生活出版社出版的。另一方面，就是李健吾以自己的创作极好地实证了"包括文学各部门"巴金的这一编辑思想与特点。

那么，这一编辑特点是缘何形成的呢？笔者以为，一方面恐怕是由于巴金有着编辑期刊的重要经验。从早年编辑小刊物的初步摸索，到 20 世纪 30 年代参与主持《文学季刊》、《水星》以及《文季月刊》、《文丛》的宝贵经验，期刊的栏目设计以及多元格局对于巴金的图书编辑思想无疑起到了重要的影响。巴金巧妙地借用了期刊的办刊特点，成功地在图书出版方面结出了新的硕果。另一方面的原因则是与他对海外出版经验的有效借鉴。《岩波文库》、《万人丛书》等的成功经验给予巴金和他的同人们重要的启示。巴金将期刊的综合性特质结合进图书出版，将一系列作品以文库本的形式系统推出，从而得以更有效地形成作品的影响力，使得以推新人为宗旨的文化生活出版社也得以迅速打开局面，在出版史上写下浓墨重彩的一章。

三、亲力亲为的装帧设计

"我们拿到一部书，说它好，往往用两个词，一个是'图文并茂'，一个是'形神俱佳'。'图文并茂'也好，'形神俱佳'也罢，无非是对图书的内容和形式所作的一个综合鉴定。假如兼'图文并茂'和'形神俱佳'而有之，那么，我们可以说某一部书是达到'文质彬彬'的艺术境界了，这里的'文'指的是图书的形式，而'质'就是图书的内容。"① 除了一流的内容之外，好书还得有好的形象、好的包装，出版大家们都深谙此道。翁泽尔德在推出"苏尔坎普版图书系列"时，就与图书装帧家弗莱克豪斯研究决定封面分别采用赤橙黄绿青蓝紫七

---

① 孙艳、翠萍编：《书衣翩翩》，生活·读书·新知三联书店 2006 年版，第 176 页。

种颜色，不同颜色的书排列在书架上就组成一道彩虹，因此人们称这个系列为"彩虹系列"。

巴金喜欢书，热衷于收藏名家名著的各种版本，并收集了一些国外图书装帧设计方面的资料，以便在工作中作参考。巴金有一本厚厚的外国印的讲装帧的书，收录了许多文学著作的封面、扉页和图片，"文化生活丛刊"的封面设计就是从中借鉴而来的。巴金很重视插图，有时为了替一个译本搜集几种版本的不同插图，他不惜花许多时间在自己的藏书中细细寻找。

巴金主持编辑的"文学丛刊"的封面、装帧别有新意。该丛书三十二开本，纯白色带勒口的封面（封面是白皙的底色，淡彩的书名），外加褐色护封。封面印上书名、作者、丛刊名称，字体、颜色不同，显得醒目、大方。又如"现代日本文学丛书"，另在封面上外加一黄色书腰，介绍书的内容等，显得新颖别致。"译文丛书"则有几种设计。一种设计为二十五开本，版式大而略带方形，封面有颇体现文意的图片，这一有特色的设计出版后受到好评；还有一种则是封面上用几个美黑体文字做成书名，简单大方。翻译家李文俊青年时期爱读文生版的"译文丛书"。他回忆说："'译文丛书'开本短而宽，而且往往是厚厚的一大册，像个脾气和蔼的矮胖子，给人一种敦实可靠的感觉。"[1] 范用也曾说："我想起巴金先生的文化生活出版社，他印的书，《"译文丛书"死魂灵》的封面就只有黑颜色三个字。"文学丛刊"，曹禺的《雷雨》、《日出》，封面简简单单，除了书名、作者名，没有更多的东西，一直到现在，也还觉得非常好。"[2] 范用还讲到台湾作家

---

① 李文俊：《纵浪大化集》，九州图书出版社 1997 年版，第 73 页。
② 范用：《谈文学书籍装帧和插图》，《出版史料》2002 年第 4 期。

痖弦说过，"直到现在我还觉得二十年代文化生活出版社出版的书"文学丛刊"、"文化生活丛刊"是最美的。"①

在图书的整体设计方面，巴金也经常会及时借鉴国外的出版经验，例如《贵族之家》一书附赠的两颗小卡片，一是人物简介，一是人物表，便是"从日本出版物里学来的"。巴金曾对姜德明讲起："欧美的出版物对二十年代的上海出版界有影响，但不大，主要是吸收了日本出版物的影响。"②

谈起封面的装帧，巴金在致姜德明的一封信中说："您问起文学丛刊及小丛刊、文季丛书的封面的事，分别答复如下：文学丛刊是我设计，由丽尼修改决定的。小丛刊和文季丛书都是我参考"少年读物丛刊"的封面设计的。……《烽火》丛书是我设计的。字是请钱君匋写的，图是从别的书上找来或者是《烽火》上用过的图。"③ 由于巴金的努力，文化生活出版社的书在装帧设计上显得自然、朴素、大方，形成了自己独具的风格。

再如《屠格涅夫选集》的装帧设计，字体是红色，其下的书名占据封面的中心，底色为长条形，上下均为波浪形，书名竖排于中央，设计为黑底反白。内文为竖排繁体字印刷。从整体看，应是手工木刻之后制版印刷的。谈及这种版本时，姜德明说："在抗战期间的国民党统治区的大后方，由于日伪的封锁，如重庆、桂林、成都等地同样只能以土纸印书，包括图书插图和刊物封面也都以手工木刻来制版印刷……这些书刊保持了原拓木刻的质朴韵味，甚至是现

---

① 范用：《谈文学书籍装帧和插图》，《出版史料》2002 年第 4 期。
② 姜德明：《沪上草》，《王府井小集》，作家出版社 1988 年版，第 129 页。
③ 姜德明：《与巴金闲谈》，文汇出版社 1999 年版，第 88—89 页。

代铅印技术无法代替的一种艺术境界。"[①] 虽然说身处抗日战争时期，面临印刷设备和纸张极端缺乏的困难境地，印书只好因陋就简地采用土法制造的手工纸，但巴金在设计方面还是殚精竭虑，毫不放松。巴金对于艺术之美的孜孜以求对我们今天的出版人来说，无疑是极好的示范与榜样。

四、罕见的全能型编辑

作为总编辑的巴金，他不仅约稿、改稿、编辑、校对，为了有效地进行市场推广，他还深入到了出版的各个环节，亲自参与图书的宣传推销。除了在书的环衬、版权页、封套、勒口等处刊登新书预告、内容简介外，文化生活出版社还印制图书目录和其他宣传品。这些图书的内容介绍及广告词，大多出自巴金、丽尼等人之手。"他在主持上海文化生活出版社的编辑工作期间，曾编辑了多种文学丛书，在现代文学史上产生了极大的影响。他像鲁迅先生一样热爱出版工作，也写了大量书刊广告，这是他文学业绩的组成部分。这些广告语言简练，风格独具，理应引起人们的重视。"[②]

现代作家中为作品写广告的不少，如鲁迅、茅盾、胡风、黎烈文、孟十还、李霁野等等。但像文化生活出版社的同人如此密集地为图书撰写广告的倒是并不多见。巴金曾为《屠格涅夫选集》的六部长

---

① 姜德明：《土纸书的特殊价值》，《新文学版本》，江苏古籍出版社 2004 年版，第 27 页。
② 《书讯》第 1 期按语，人民日报出版社 1986 年 8 月 20 日。

篇[①]、冈察洛夫的《悬崖》、托尔斯泰的《安娜·卡列尼娜》、王尔德的《快乐王子集》、库普林的《亚玛》……写了数十则广告词。丽尼不仅替自己《田园交响乐》写广告，还模仿鲁迅文笔替别的书撰写介绍。田一文替李霁野翻译的《简·爱》写的简短介绍，可以说是一首散文诗，曾受到老记者黎丁的赞赏。对此，李济生分析说："像文生社这样一个民间创办的小出版社，不经常利用各种宣传手段介绍自己的出版物，怎能让广大读者知道并取得他们的信任？不如此又何以面向大众，为新文化争夺阵地，为文化建设和积累作出贡献，以达到产生社会效益的目的？书也是一种商品，也要面对市场，能不去适应那个时代、那个社会的市场经济？否则又如何取得经济效益？书卖不出去，出版社岂不要关门？何言其他。所以巴金笑说：作家和读者是我的衣食父母。"[②]

　　巴金撰写的广告词，语言精练，文笔优美，颇吸引读者。他写作的大量文学书籍广告，其实也是他文学业绩的组成部分。诚如姜德明所说："我原以为文化生活出版社的书刊广告都是作者或译者们自己顺便写出来的，没想到巴金为丽尼、陆蠡、曹禺、高植等人的译作都写过广告。这既表现出他对新文学事业的热心，也是对朋友们的一种友情。"[③] 下文所引是巴金为《安娜·卡列尼娜》一书所写的广告：

　　　　继《战争与和平》那样的震人心魄的瑰丽史诗以后，托翁

---

　　① 巴金在晚年谈论到《屠格涅夫选集》时，还特别说："我还为这套选集写了书刊广告"。

　　② 李济生：《巴金与文化生活出版社》，上海文艺出版社 2003 年版，第 102 页。

　　③ 姜德明：《沪上草》，载《王府井小集》，作家出版社 1988 年版，第 129 页。

完成了《安娜·卡列尼娜》。从篇幅上说，它仅次于《战争与和平》；而它的艺术价值，却是托翁的主要著作的代表。《复活》倘说是托翁艺术上的一个遗嘱，那么，《安娜·卡列尼娜》便可以说是他的一部分艺术的财产了。小说一开始，便以抒情诗般的文字把我们慑住；恋爱的疯狂，凄苦情操造成的悲剧，从安娜认识佛隆斯基直到她投身于火车轮下；这整个故事是如此逼取我们的泪水。安娜，高傲、勇敢，受到了爱的煎熬，但终于在破碎的爱情中毁了自己。舞会、赛马、戏院和沙龙，都在列车经过的一瞬间完成了。——只有托翁，能写出这样的悲剧。环绕着这悲剧的，是 1865 年俄国社交生活的场面和在另一主人翁列文身上显露的托翁自己的面影。①

对此，郭风称颂说，这"实在是一篇美丽、动人、深刻的散文。在那近二百字的散文中，融化着抒情和尊敬的笔调，概述了托尔斯泰一生的艺术成就，概述了《安娜·卡尼列娜》的题旨和艺术成就，并对于一位献身于爱的悲剧的俄国妇女唱一支挽歌，其笔墨间流露出来的有关对艺术论断的评论力量，更使人惊叹不止。"②

正是由于巧妙地借用各种方式来吸引读者，影响读者，文化生活出版社出版的大量作品一经出版就受到了读者的热烈欢迎，如《雷雨》1936 年 1 月初版，到 1943 年 6 月即已再版 19 次；《故事新编》1936 年 1 月初版，到 1947 年 5 月即已再版 15 次；像《秋花》、《江上》、《画

---

① 巴金：《巴金全集》第 18 卷，人民文学出版社 1993 年版，第 547 页。

② 郭风：《关于书籍广告及其他》，转引自宋原放主编：《中国出版史料》（第二卷现代部分），山东教育出版社 2004 年版，第 699 页。

梦录》、《鹰之歌》等均是仅梓行一月即再版，印量最少的作品也都印了3版。又如译作方面，"译文丛书"的第一本书《死魂灵》1935年11月初版，1949年3月已再版至14版，《夜记》1937年4月出版，四年多的时间内先后重版7次。

　　事实上，不仅文化生活出版社的具体出版物受到了读者的关注，文化生活出版社的整体出版业绩在当时也受到了重视与嘉评，如1944年杨之华在所撰《文坛史料》中即指出，文化生活出版社"对我国文艺出版界颇多贡献"。①

---

① 杨之华：《文坛史料》，中华日报社1944年版，第404页。

第六章

领路人与同行者
——出版家巴金和他的时代

在巴金的编辑生涯中，他受到了鲁迅、茅盾、叶圣陶等许多文学前辈精神的重要影响。正如当朋友问巴金是什么力量使他在文化生活出版社主持编务那么多年时，巴金的回答有二："一是当时（20 世纪 30 年代）的新文学（进步的）和外国文学名著都不吃香，出版商认为赚不了钱，根本不重视，所以想在这方面作点贡献；二是这一想法得到前辈作家鲁迅和茅盾的支持"。① 对此，吴朗西也说："想到文化生活出版社草创时期的情况，我就不能不想起鲁迅先生、茅盾先生对我们的鼓励与支持。"②

① 引自陈思和：《余思牧和他的〈作家巴金〉》，《写在子夜》，上海人民出版社 1996 年版，第 173 页。

② 吴朗西：《文化生活出版社》，《新文学史料》1982 年第 3 期。

正是鲁迅与茅盾等前辈的关怀，使文化生活出版社这些想认认真真做点事的年轻人得到了有力的支持，受到了极大的鼓舞。

与此同时，巴金也有许多志同道合的伙伴与朋友，靳以、吴朗西、陆蠡、丽尼……这些朋友和巴金一样，专注于出版的文化使命，专注于文化的血脉传承，他们是真正意义上的现代出版人。他们是把人文精神在实际的行动中体现出来，使之不再虚浮，而人格之伟大、人文价值之真切也正是在这一过程中得到体现。这是一种积极入世的人生态度，又是一种实实在在的人生奉献。也正是有了这些出版的同道，为巴金在编辑这一神圣的工作岗位燃烧自我提供了强有力的精神支持与工作中的有益助力。

一、前辈作家的鼓励与支持

（一）鲁迅对巴金的影响

鲁迅一生有联系的书店很多，粗略计算便有 13 家之多。他帮助过不少的人和不少的事业，许多小出版社都曾得到过他无私的帮助。但是，为什么晚年鲁迅唯独选择了文化生活出版社作为最重要的出版机构？

许广平在《鲁迅回忆录》中提到与鲁迅关系密切的出版社时说："有关系较久的北新，有后起而出书较多的文化生活社。"[①] 的确，鲁

---

① 　许广平：《鲁迅回忆录》，作家出版社 1961 年版，第 150 页。这里所指的"文化生活社"即"文化生活出版社"。

迅晚年与文化生活出版社有着密切的关系。文化生活出版社从它一诞生起就得到了鲁迅的大力扶助，而同时文化生活出版社也有力地支持了鲁迅晚年不懈的努力与抗争。

巴金说，"我同鲁迅先生谈不上私人的友谊，我只是他的一个读者和学生。我很早就爱读他的小说，还带着他的作品走过好些地方。可是只有在他的最后三四年中间我才有机会跟他见面，而且我只有在他逝世的那天到过他的家。说来奇怪，我们见面的地方大都是上海的饭馆或旅馆。那个时候临时到租界上的大旅馆开一个房间，吩咐餐厅把酒菜送到楼上房间来，吃饭谈话都比较方便，杂志社有事情商谈，也喜欢到南京饭店或者新亚酒店开房间。"[1] 仔细考查推究起来，作为文化生活出版社总编辑的巴金与鲁迅的接触并不多，从他们相识之时算起，不过短短两年时间。[2] 1935 年秋，巴金回到上海参与文化生活出版社的工作，主编"文学丛刊"，与鲁迅的接触有所增多，但一般也多是在饭席上讨论有关编辑事宜。巴金两次赠书（1935 年 9 月 25 日赠《狱中记》、《俄国社会革命运动史话》，1936 年 4 月 26 日赠《短篇小说集》两本），都是通过黄源转交的。

私交虽然并不深厚，但巴金始终信仰鲁迅、尊重鲁迅、追随鲁

---

① 　巴金：《鲁迅先生就是这样的一个人》，《鲁迅回忆录》（中），北京出版社 1999 年版，第 831 页。

② 　据巴金的回忆，第一次看见鲁迅先生是在文学社的宴会上，"那天到的客人不多，除鲁迅先生外，还有茅盾先生和叶圣陶先生几位。茅盾先生我以前也不曾见过。"第一次的见面给了巴金深刻的印象，他感动地说："这位有笔如刀的大作家竟然是一个多么善良、多么平易、多么容易接近的瘦小的老人。"（《鲁迅先生就是这样的一个人》，《鲁迅回忆录》（中），北京出版社 1999 年版，第 831 页）1934 年 10 月 6 日巴金即将赴日前夕，文学社的朋友给巴金饯行，鲁迅，茅盾也来了。这是巴金同鲁迅的第二次见面。据 1934 年 8 月 5 日鲁迅日记，日记中记载有："生活书店招饮于觉林，与保宗同去，同席八人。"

迅，他说："鲁迅先生永远是我的老师。"①巴金等文化生活出版社同人以认真负责的敬业精神赢得了鲁迅的信任，鲁迅对文化生活出版社的工作十分满意。鲁迅晚年出版的《死魂灵》、《俄罗斯童话》、《故事新编》、《死魂灵百图》以及《夜记》等书，均由上海文化生活出版社出版。巴金说，要是没有鲁迅的帮助，文化生活出版社"就不会有以后的发展……难道他跟文化生活出版社有特殊关系？完全没有。他不过是在帮助他认为是好的事业的发展罢了。倘使以后他发觉他的看法错了，他会跟它断绝关系，但是他不在事先提防。就像我在前面说过的那样，他即使上过了许多人的当，他还是充满热情地相信人。"②

日本鲁迅研究专家增田涉在《鲁迅的印象》中写道，他曾经问鲁迅为什么要和"一位倾向很不同的青年作家一道工作"。鲁迅回答说，"因为那个人比别人更认真"。③认真是鲁迅最喜欢的品格，不仅是巴金的精神，更是整个文化生活出版社的共同精神核心。正是因此，文化生活出版社与鲁迅联系在了一起。对此王辛笛也回忆说："文化生活出版社创办于1935年5月。巴金在当年8月从日本短旅回到上海，就应吴朗西等人之邀参加了出版社的工作，从此他也就在文生社找到了自己的事业。他得心应手地编辑丛书，团结一大批作家在文生社的周围，同时文生社又本能地团结在鲁迅的周围。巴金在编辑工作中不但找到了人格理想与文学事业相一致的道路，而且确定了自己文坛上

---

① 1983年10月，在黄源、黄裳以及女儿小林、女婿鸿生的陪同下，巴金坐着轮椅来到了鲁迅的故乡。在留言簿上，他写下了深藏已久的心里话："鲁迅先生永远是我的老师。"（参见薛家柱：《巴金在杭州》，载1987年《江南》第7期）

② 巴金：《鲁迅先生就是这样的一个人》，《鲁迅回忆录》（中），北京出版社1999年版，第833—834页。

③ ［日］增田涉著、钟敬文译：《鲁迅的印象》，湖南人民出版社1980年版，第19页。

的位置。"①

做起工作来，鲁迅事无大小，一样地严肃对待。"不论写文章或译书，他选择一个字都不肯马虎。他编印一本书，批格式、看校样、设计封面，也都非常仔细。书印好分送朋友连包扎都要自己动手，而且一点也不苟且。"② 这一切都给了巴金重要的影响。现在保存下来鲁迅致巴金惟一的一封信，就是退还《死魂灵百图》校样时写的。信中说："校样已看讫，今寄上；其中改动之处还不少，改正后请再给我看一看。里封面恐怕要排过。中间一幅小图，要制锌版；三个大字要刻起来；范围要扩大，和里面的图画的大小相称。如果里封面和序文，都是另印，不制橡皮版的，那么，我想最好是等图印好了再弄里封面，因为这时候才知道里面的图到底有多少大。"这篇短简中谈的全是编校技术，却充分显示了鲁迅的责任心以及他对编辑业务的严格要求。对于正在从事编辑出版工作的巴金，显然是最切实最具体的指导。

鲁迅的一生都在不断地追求。20 世纪 30 年代，当他目睹了血腥与黑暗之后，陷入一种怀疑与苦闷、孤独与悲凉的心理状态。但为了支持精神，他依然不断地认同，以扼住心中那份难以摆脱的痛苦与绝望。并且"为了能有个理想来支撑他与官方的对抗，鲁迅不惜对自己的立场作那么大的修正，……在三十年代的中国，与国民党对抗最激烈的势力，就是共产党，鲁迅看待它的目光，也就最为亲切。"③ 尽管

---

① 王辛笛：《我所了解的巴金》，《新文学史料》2001 年第 5 期。

② 巴金：《鲁迅先生就是这样的一个人》，《鲁迅回忆录》（中），北京出版社 1999 年版，第 834 页。

③ 王晓明：《鲁迅的最后十年》，《王晓明自选集》，广西师范大学出版社 1997 年版，第 91 页。

鲁迅始终想和各种最先进的主张思潮或集团结合，但他是一个思想界的战士，他不愿与具体的政治事件、政治团体发生关系，始终是坚持把新文学运动的启蒙传统发扬下去。鲁迅对中国现实社会有着最清醒的判断与认识，他又是一个骨头极硬的倔强人，因此在他一生的奋斗中他从未脱离启蒙的初衷，始终不移地高举启蒙大旗。这时，他亲近左翼运动，但他"性情又和郭沫若那一类人很不相同，不习惯在精神上迅速地脱胎换骨"①，不像其他一些作家那样极容易靠拢新生物，同时他对新生物也并非全盘接受，而一直坚守知识分子的广场意识。他虽然也认同"左联"有关社会主义革命文学等主张，但他实际上依然一如既往发扬独立的知识分子启蒙立场，王晓明曾经说过，鲁迅"用了马克思主义的词句作封面，内页还是新青年"。②

事实上，鲁迅此刻仍在强调启蒙、醒民，并且指出这是当务之急的事："启蒙工作现在是最需要的。……知识分子别的做不了，翻译介绍是总做得到的。"③鲁迅又说："左翼作家……不但要那同走几步的'同路人'，还要招致那站在路旁看看的看客也一同前进。"④显然，鲁迅希望能以自己的一点力量做一点事，也用以除去心中不时袭来的虚无与悲凉。对于鲁迅此时的精神状态，陈思和也有深入的解剖，他说："伟大的鲁迅正是一个在广场上苦斗的知识分子典型，他一边横

---

①　王晓明：《鲁迅的最后十年》，《王晓明自选集》，广西师范大学出版社 1997 年版，第 93 页。

②　王晓明：《鲁迅的最后十年》，《王晓明自选集》，广西师范大学出版社 1997 年版，第 94 页。

③　冯雪峰：《回忆鲁迅先生》，转引自《王晓明自选集》，广西师范大学出版社 1997 年版，第 96 页。

④　鲁迅：《论"第三种人"》，《鲁迅全集》第 4 卷，人民文学出版社 1991 年版，第 335 页。

着站立在广场上，迎战八面来敌；一边又苦苦地在后来者中间寻找着同盟军。"① 对此，我想应该可以这样理解，前一层主要指鲁迅矢志不渝地张扬新文学启蒙传统，播撒新文学启蒙的火种，以一个独立的人的姿态进行抗争。后一层则主要是指鲁迅培养文学新人，支持出版机构，扶植了一批新文学传统的承继者，做一些文化方面的建设。尤其在后一层面上，文化生活出版社与鲁迅紧紧地联系在了一起。

正是由于看到了出版机构的重要性，鲁迅不仅自己办刊物，作出版，去努力地驱散淤积于自己心底的虚无与悲凉，并且在晚年积极扶助了一批显现人文精神的刊物与出版社。而鲁迅追求真理、探索真理，绝不退缩、绝不妥协的人格魅力，使一批有良知有血性有正义感的青年自动地团结在了先生周围；鲁迅勇于解剖社会、更勇于解剖自己的一言一行、一举一动，无不深深触动、感染着这些年轻人，诚如巴金动情地说："几十年中间用自己燃烧的心给我照亮道路的还是鲁迅先生。"② 这些年轻人包括：主编《申报·自由谈》以及后来《中流》的黎烈文，主编《作家》的孟十还，主编"文季丛刊"的靳以，与鲁迅一起办《译文》的黄源，主持文化生活出版社的巴金，主持良友图书公司的赵家璧，他们由衷地尊敬鲁迅，把鲁迅当作老师，主动围绕在鲁迅周围，始终不移地追随鲁迅的不朽精神。

巴金说："（当时）刊物的销路有多有少，各有各的特色，一份刊物团结一些作家，各人喜欢为自己熟悉的杂志写稿。这些刊物不一定

---

① 陈思和：《结束与开端：巴金研究的跨世纪意义》，《犬耕集》，上海远东出版社 1996 年版，第 84 页。

② 巴金：《怀念鲁迅先生》，《随想录》，载《巴金全集》第 16 卷，人民文学出版社 1991 年版，第 341 页。

就是同人杂志。我们有一个共同的地方：敬爱鲁迅先生。大家主动地团结在先生的周围，不愿意辜负先生对我们的关心。"① 在同一篇文章中，巴金还写道："我们听先生的话，先生赞成什么口号，我们也赞成。"② 对此，萧乾回忆说："那是很热闹的两年：孟十还编着《作家》；靳以先后编着《文季》和《文丛》；黎烈文主编的是《中流》；《译文》则由黄源主编。……我们议论各个刊物的问题，还交换着稿件。鲁迅先生直接（对《译文》）或间接地给这些刊物以支持。"③ 赵家璧也回忆说："巴金、靳以与黄源、黎烈文二人来往极密，他们之间有许多共同的见解，他们四个人中，黄源所编《译文》直接与鲁迅有关，黎烈文主编的《申报，自由谈》，开始一个时期，鲁迅虽屡易笔名，却一直是最重要的支持者，以后黎烈文脱离《申报》，一九三六年九月，改编《中流》文学半月刊，鲁迅仍是主要撰稿人之一。……当时集合在鲁迅周围或是说思想比较接近的，有两种人，一是党员作家和编辑，一是党外的进步作家和编辑，后一种人由于接近了鲁迅，因而在鲁迅影响下，对党有了进一步的认识。……黄源还根据他亲身的经历，谈到他们几位当时都还年轻的文学爱好者，如巴金、靳以、黎烈文等，……他们几个人是通过鲁迅的身教言教，才逐渐走上革命道路的。"④

---

① 巴金：《怀念胡风》，《随想录》，载《巴金全集》第 16 卷，人民文学出版社 1991 年版，第 736 页。

② 巴金：《怀念胡风》，《随想录》，载《巴金全集》第 16 卷，人民文学出版社 1991 年版，第 736 页。

③ 萧乾：《挚友、益友和畏友巴金》，《文汇月刊》1982 年第 1 期。

④ 赵家璧：《文坛故旧录：编辑忆旧续集》，生活·读书·新知三联书店 1991 年版，第 153—154 页。

的确，在这一群年轻人的心目中，鲁迅是播散理想火种、始终不停步地向着真理前进的人，是用自己燃烧的心去为青年照亮道路的人。这些年轻的出版家、编辑家，在鲁迅精神的导引下成为新文学传统的承继者，于启蒙的文学与文学的启蒙的双重轨道上奔突飞驰。对他们来说，鲁迅是令人尊敬的文学前辈，鲁迅伟大的人格力量的光辉照耀着他们。他们主持的出版社、刊物都在鲁迅的关心下成长发展，壮大成熟。而同时，这些刊物与出版社的崛起与存在，以鲁迅为圆心，形成一个又一个同心圆，使得鲁迅在迎战八面来敌时有了坚实可以依托的阵地，也为他所培养的一批文学青年提供了驰骋叱咤的空间。这些年轻的出版家以及一批进步的自由作家，团结在鲁迅先生身边，"克服党派与宗派的争斗，超越流派与社团的局限，在独立于官方势力与左翼宗派势力之外，自然而然地形成了一种新的力量。"[1]

文学作品不是一个单独的存在，其生成与发展同作者密不可分，其阅读与欣赏则离不开读者的介入与参与。而沟通文学作品、作者及读者的重要中介就是出版机构。有了它们，才能使文学的流通有所保障，形成良好的文学生产机制。而当时，以左翼面貌出现的刊物大都仅出几期即被查禁停刊，如《海燕》仅出2期，《北斗》办了8期，《十字街头》只有3期。因此，进步青年的作品，便很难能在左翼自己的刊物上发表。[2] 至于出版机构，左翼文学更缺乏自己的有效阵地，左翼作品一般较难有单行本问世。现在，鲁迅的坚持与文化生活出版社

---

[1] 陈思和：《人格的发展——巴金传》，上海人民出版社1992年版，第179页。

[2] 据张静庐主编的《现代中国出版史料乙集》第49页所载，1936年12月，上海有14种杂志遭政府查禁，其中有《文季月刊》、《作家》、《中流》、《生活星期刊》、《读书生活》等。1937年7月下旬北平禁售刊物又达六十余种。

等出版机构的理想有着相同的音律，他与巴金等青年编辑结下了友谊，这样，就使他在不断往复的苦斗、追寻的回环中找到了一批同路人，也找到了一种最佳的出版合作方式。"文学丛刊"由巴金主编，文化生活出版社出版，无形中形成了一层保护色，从而为鲁迅周围进步的文学青年提供在文坛大展身手的阵地，使这样一群受到鲁迅培育的年轻人更好地发挥他们的艺术才华，同时也显然更为有力地支持了鲁迅的抗争。像艾芜的处女作《南行记》，何谷天（周文）的处女作《分》，毕奂午唯一的一个集子《掘金记》就收在《文学丛刊》里。此外，萧军、萧红、沙汀、艾芜、周文、张天翼等也都有多部作品收在"文学丛刊"里。从这一重意义上讲，在"文学丛刊"以丛书编辑的方式，成功、有力地支持了这批鲁迅看着的进步作家，同时，这些进步作家的作品也丰富了"文学丛刊"的内涵，使其更加斑斓多姿，并且从另一方面再次见证出文化生活出版社丛书包容百家的开放性。

另一方面，巴金赢得鲁迅的关怀与支持，还有一个重要的原因。当时经济不景气，出版商们因赚不到钱，都不愿出文学书，尤其是非名家的作品；巴金等人反其道而行之，一心繁荣文学创作，一心把更好的作品介绍给读者，不断推出新人新作。正如巴金所说："我编辑丛书只是把可读的书介绍给读者。我生活在这个社会，应当为它服务，我照我的想法为它工作，从来不管理论家讲了些什么，正因为这样我才有时间写出几百万字的作品，编印那许多丛书。"①巴金的这种做法得到了鲁迅的认可与支持。鲁迅生前的最后几部书稿都交给了文

<hr>

① 巴金：《怀念胡风》，《随想录》，载《巴金全集》第16卷，人民文学出版社1991年版，第737页。

化生活出版社，还对书的装帧设计给予指导，亲自撰写广告，甚至垫付印刷费用。鲁迅不仅自己为文化生活出版社写稿，还把自己欣赏的青年作家的作品介绍给巴金。他写信给萧军说："有一个书店，名文化生活社，是几个写文章的人经营的，他们要出创作集一串，计十二本，愿意其中有你的一本……"① 此后萧军所有的创作便均由文化生活出版社出版。其中收入《文学丛刊》的有四部：《羊》、《绿叶底故事》、《江上》、《十月十五日》，此外还有一部巨著《第三代》收在《现代长篇小说丛刊》中。

谈及《故事新编》② 的出版时，巴金回忆说："我当时不过是一个青年作家。我第一次编辑一套"文学丛刊"，见到先生向他约稿，他一口答应，过两天就叫人带来回信，让我把他正在写作的短篇集《故事新编》收进去。《丛刊》第一集编成，出版社刊登广告介绍内容，最后附带一句：全书在春节前出齐。先生很快地把稿子送来了，他对人说：他们要赶时间，我不能耽误他们（大意）。其实那只是草写广告的人的一句空话，连我也不曾注意到。这说明先生对任何工作都很

---

① 鲁迅：《致萧军》（1935 年 9 月 10 日），载《鲁迅全书信集》第 13 卷，人民文学出版社 1991 年版，第 208 页。

② 关于《故事新编》的稿子，还有一段文坛掌故。《故事新编》中的《奔月》《铸剑》两文，"因时间紧迫，就利用发表于《莽原》半月刊上的铅印文字，剪贴在一起发稿。稿本是鲁迅托黄源交给巴金的，由于黄源'想留着做一纪念'，当黄源交给巴金时，黄源就'托他妥为保存，稿印成后，由文化生活出版社代为装订成册'。巴金按照黄源之意，认真负责地装订成册，并还给黄源。之后，黄源把这一情况告诉鲁迅。鲁迅很感动，并对黄源说：'送给你吧。'从此，这本文稿，在动乱的岁月中，也和黄源自己的书籍一起，留存在文化生活出版社，虽经过战乱岁月，却丝毫无损。当上海鲁迅纪念馆成立时，黄源就捐献给上海鲁迅纪念馆。这本珍贵的文稿，能完好地保存下来，是与巴金认真负责地保存、爱护分不开的。"（参见周国伟：《鲁迅先生的确是一个伟大的人——沉痛悼念鲁迅好友巴金先生》，《上海鲁迅研究》2005 年第 4 期。）从这本珍贵文稿的命运中，我们可以感受到的是巴金在保存时所花的心血与对鲁迅的深情。

认真负责。"①鲁迅当时的身体状况并不好，但他因为不愿意耽误文化生活出版社的出版计划，便在两个月内连续写好《理水》、《采薇》、《出关》、《起死》四篇，并于 1935 年 12 月 26 日晚，"编《故事新编》并作序讫，共六万余字"。这样，将原来《新编的故事》正式命名为《故事新编》。《故事新编》的出版，极有力地支持了"文学丛刊"这个新生儿。

"文学丛刊"第一辑问世不久，巴金又请鲁迅再为丛刊编一个集子。鲁迅欣然允诺，爽快地应承下来。过了几天，鲁迅托黄源带口信给巴金，告诉他集子的书名是散文集《夜记》。不久，鲁迅病了。病好以后，鲁迅写成了《半夏小集》、《这也是生活》、《死》、《女吊》等四篇，"预备做《夜记》的材料，不幸没有完成"②。收在"文学丛刊"第四辑中的《夜记》，是许广平在鲁迅逝世以后，替鲁迅编成的。

许广平从鲁迅遗稿中选出 8 篇（此 8 篇后与其他文稿结集为《且介亭杂文末编》），又从鲁迅已编好但尚未出版的《且介亭杂文》与《且介亭杂文二集》中选出 6 篇，集在一起。因为鲁迅"在遗著《杂文集》中说过：'编年有利于明白时势'"③，这 14 篇文章按照所撰年代的顺序排列，并由许广平作了后记。许广平在《编后记》中写明："文化生活出版社的预告，早已登过一本《夜记》。现在离开预告好久了，不兑现的事情，是鲁迅先生所不肯的。就在这个意义上，我才敢于编辑这本书。"④这些文章对了解鲁迅晚期思想有着重要的价值，并且"这

① 巴金：《怀念鲁迅先生》，《随想录》，载《巴金全集》第 16 卷，人民文学出版社 1991 年版，第 340 页。

② 许广平：《夜记》后记，文化生活出版社 1937 年版。

③ 许广平：《夜记》后记，文化生活出版社 1937 年版。

④ 许广平：《夜记》后记，文化生活出版社 1937 年版。

本《夜记》在鲁迅全集中是没有的，收藏着也就很有意义"①。对于鲁迅的工作精神，巴金颇为感激。他说："每次我翻看这两本小书，我就感觉到他对待人的诚恳和热情，对待工作的认真和负责，我仿佛又看到他那颗无所不包而爱憎分明的仁爱的心。"②

在文化生活出版社的翻译事业方面，鲁迅也同样给予了极大的关怀与支持。文化生活出版社出版第一套丛书"文化生活丛刊"后不久，吴朗西就将纪德的《田园交响曲》送给鲁迅，并请黄源向鲁迅约稿。鲁迅对文化生活出版社的精神很赞赏，高兴地答应把自己译的《俄罗斯童话》交由文化生活出版社出版，并且亲自为《俄罗斯童话》撰写了文辞绝妙的广告词，进一步扩大了文化生活出版社及其所出丛书的影响力。对于一家新生的小小规模的出版社来说，鲁迅的支持无疑给了他们巨大的信心。

出版翻译作品是鲁迅一直的心愿，因此他担纲主持《译文》杂志的编辑工作。《译文》出版一年之后，由于鲁迅始终认为"新产生一刊物，由老作家稍微帮助一下，便能自己起来……办刊物应多量吸收新作家，范围要放大"③的观点，便希望由黄源出面与生活书店接触、续签合同，主持《译文》的工作，同时打算创办"译文丛书"，扩充译作发表的容量。而生活书店"担心鲁迅不当主编，可能会影响到杂志的销路"④，"译文丛书"又不能像杂志那样接受预订，不但不同意，

---

① 倪墨炎：《现代文学丛书散记》（续三），《新文学史料》1995 年第 1 期。

② 巴金：《鲁迅先生就是这样的一个人》，《鲁迅回忆录》（中），北京出版社 1999 年版，第 834 页。

③ 鲍昌、邱文治：《鲁迅年谱》，天津人民出版社 1980 年版，第 463 页。

④ 《胡愈之谈"大众语"讨论和〈译文〉停刊事》，载《鲁迅研究资料 9》，天津人民出版社 1982 年版，第 220 页。

反而要撤销黄源的职务。鲁迅对生活书店的这一做法很不满意，与生活书店的合作也告终止。这次合作的结束，不仅使得《译文》因故停刊（后又改由上海杂志公司出版），而且也直接影响到"译文丛书"的出版计划。

经过一段时间与文化生活出版社的相处，鲁迅与文化生活出版社增进了了解，关系更加密切，友谊更加深厚，于是鲁迅又委托黄源与文化生活社的巴金联系。1935 年 9 月 11 日，黄源写信给鲁迅，邀请鲁迅去南京饭店吃饭，共同商谈有关"译文丛书"的出版事宜，鲁迅欣然前往。通过这次会面，"鲁迅先生决定《译文丛书》在文化生活出版社出版"，[①]并确定出版的第一本书即是鲁迅翻译的《死魂灵》。对于这段往事，巴金回忆说："第二年秋天我从日本回来，有一天"译文丛书"的编委会在南京饭店请客，鲁迅先生和景宋先生都来了。他瘦了些，可是精神很好。他因为《译文丛书》和他翻译的《死魂灵》第一部就要在文化生活出版社刊行感到高兴。"[②]茅盾也出席了这次会面，他译的《桃园》是丛书的第二本书。"译文丛书"出版了世界各个民族的优秀作品，在现代翻译史、文学史上具有重要的意义。而鲁迅翻译的《死魂灵》本身也成为现代翻译文库中的夺目精品，有力地推动了中外文学交流。

事实上，"鲁迅对生活书店并没有恶意，生活书店在当时还是进步的。鲁迅很赞成邹韬奋翻译的《高尔基传》，积极支持郑振铎编《世

---

① 黄源：《鲁迅先生与〈译文〉》，载《文学回忆录》，四川人民出版社 1983 年版，第 241 页。

② 巴金：《鲁迅先生就是这样的一个人》，《鲁迅回忆录》（中），北京出版社 1999 年版，第 834 页。

界文库》，在《世界文库》上连载《死魂灵》就是例子。"这次鲁迅与生活书店的矛盾主要是因为"鲁迅对生活书店这种单纯的营业观点是不满的"①。而文化生活出版社同人搞出版虽然也以切实的工作取得了骄人的市场影响力，但是他们不以营利为目的，完全基于一份人格力量的支持，是为了人生理想的践约与实现。正因此，他们在出版生态不佳的艰难时世中与鲁迅开始了友好的合作。在具体的创作、编辑的互动关系中，鲁迅积极地将自己的著作交与文化生活出版社，在"文学丛刊"及其他丛书中出版，文化生活出版社的编辑们出鲁迅的书也分外认真迅速，他们的友谊在一种十分融洽的关系中得到促进。显然，鲁迅的关怀有力地支持了文化生活出版社的事业，而文化生活出版社也成功地支持了鲁迅的抗争、实现着鲁迅的心愿。可以说，这是一种双向的选择，这是一种最佳的合作。

虽然由于鲁迅不幸早逝，这股新生力量未能更进一步地发展，但已使得文坛的格局有所变化，使得维护文学的自身真纯有了某种可能性，对 20 世纪 30 年代后期的文坛建设起到了巨大的推动作用。对此，陈思和指出："由于鲁迅的逝世，最有希望形成的这样一个中国知识分子的群体涣散了，而最能继承他这种知识分子道路的是巴金和胡风。巴金在 20 世纪 40 年代主持文化生活出版社，独立地为中国现代文学提供了很大的贡献；胡风办《七月》，办《希望》，一直坚持鲁迅的传统。"②像巴金这样一批知识分子走民间道路，在民间寻找一个

---

① 《胡愈之谈"大众语"讨论和〈译文〉停刊事》，载《鲁迅研究资料9》，天津人民出版社 1982 年版。

② 张业松：《第二届胡风研究学术讨论会述评》，陈思和、张业松编：《思想的尊严：胡风百年诞辰学术讨论会文集》，宁夏出版社 2008 年版，第 405 页。

战斗岗位是其必然的选择。也正因为如此，这样一批独立于文坛各派势力之外的年轻出版家以及鲁迅周围的一批青年作家作为文坛的一股新生力量，以其充满艺术才情的作品为文学史留下重要的一页。

巴金这样怀念着鲁迅：

> 鲁迅先生的确是一个伟大的人，我每次看见他，我就忍不住要在心里说这样的话。站在他面前，你觉得你接触到一个光辉的人格，他的光芒照透了你的心，你的一切个人的打算都消失了。你不能不爱他，你不能不爱他的思想，你会因为你是他的朋友，他的同志而感到幸福，你会极力把自己变好来使他高兴……我觉得鲁迅先生就是这样的一个人。我永远不能忘记他。他的笑容对我永远是鼓励，也永远是鞭挞。①

巴金敬爱鲁迅，自称是鲁迅的学生，"他执着思想的火把，领导着无数的青年向远远的一线光亮前进"。在十四位为鲁迅扶灵者的名单中，我们可以看到，鹿地亘、周文、沙汀、胡风、萧军、巴金、张天翼、欧阳山、靳以、曹白、吴朗西、黄源、黎烈文、姚克，几乎所有的人或是文化生活出版社的成员，或是文化生活出版社的作者。他和文化生活出版社的同人、友人们，决心走鲁迅所指出的文学之路。当时扶灵的照片和其他五幅逝世纪念照片都刊在巴金、靳以主编的《文季月刊》上。《文季月刊》还在十二月号上特别刊发了《鲁迅先生纪念委员会筹备会公告》第一、第二号全文。

---

① 巴金：《鲁迅先生就是这样的一个人》，载《鲁迅回忆录》（中），北京出版社 1999 年版，第 835 页。

鲁迅先生逝世后，由萧军主持负责，"鲁迅先生纪念委员会"的成员编辑了《鲁迅先生纪念集》，由文化生活出版社发行。当时，八一三淞沪抗战爆发，工作人员走散，出版业务几乎完全停顿。眼看纪念鲁迅逝世周年的日子临近，巴金四处奔走，终于赶在 10 月 19 日下午纪念会召开之际印制完成。这本纪念集收集了当时国内外报刊、杂志上的纪念鲁迅的文章，全书八百多页，五十余万字，成为今天研究鲁迅的重要参考资料。这其中巴金等文化生活出版社同人在出版、发行上是以最快的速度、最好的质量来进行的，他们是以自己的实际行动来完成这一对鲁迅的深深纪念。[1]

（二）茅盾对巴金的影响

与鲁迅一样，对于文化生活出版社的工作，茅盾亦给予了热情的支持。茅盾不仅把创作《路》交给巴金，收入"文学丛刊"第一辑中；还把译作《战争》《桃园》交给文化生活出版社，支持巴金等同人的工作。

抗战时期，茅盾与巴金共同负责《呐喊》的创刊，为战时的文化建设做出了卓越贡献。淞沪抗战爆发，文艺刊物停刊，《文学》等四份杂志联合创办《呐喊》周报，巴金、黎烈文等公推茅盾担任主编，刊物出了两期被租界巡捕房查禁，改名《烽火》继续出版下去。茅盾离

---

[1]　还有值得言说的一点是，1941 年，王冶秋在艰难境遇中选编了一部《鲁迅先生序跋集》，通过许广平交上海文化生活出版社出版，已排出样本。同年冬，太平洋战争爆发，上海完全沦陷。该书责编陆蠡被日军逮捕，文化生活出版社陷于完全停顿状态，该书已排之版被拆除。1946 年巴金回到上海，在文化生活出版社的积存校样中找到了《序跋集》仅存的一份校样。后来巴金委托人民文学出版社王仰晨将这份珍贵的校样交鲁迅博物馆资料部妥为保存。

开上海后，巴金负责接替他的工作。对此，巴金回忆说"不久他（指茅盾——作者注）离开上海，由我接替他的工作。"①

巴金常说，自己虽然不能持枪上战场，但仍要像战士一样坚持战斗在文化岗位上。在广州《烽火》的复刊号上，刊有编辑部的一篇《复刊献词》：

> 现在经了一些时日努力的结果，我们又在自己的土地上重燃起我们的《烽火》。我们诚挚地希望那无数与我们暂别了数月的弟兄们再来帮助我们完成这一事业，使《烽火》永远燃烧，一直到最后胜利的日子。

据姜德明的分析，"这热情而激愤的文字，出自巴金的手笔"②。其中所显现的也正是巴金等文化人不屈的精神。巴金的信条便是："对于战士，生活就是不停的战斗。他不是取得光明而生存，便是带着满身伤痕而死去。"③

茅盾不仅对巴金的工作给予了热情的支持与鼓励，还在实际的编辑工作上对巴金有着巨大的影响。巴金认为茅盾对自己的编辑生涯有着重要的影响。巴金说看到凡是茅盾采用的每篇稿件都已用红笔批改得清清楚楚，而且不让一个笔画难辨的字留下来，自己意识到了编辑工作的特殊之处：

---

① 巴金：《悼念茅盾同志》，《随想录》，载《巴金全集》第 16 卷。人民文学出版社 1991 年版，第 290 页。

② 姜德明：《书边梦忆》，中华书局 2009 年版，第 200 页。

③ 巴金：《做一个战士》，《无题》，载《巴金全集》第 13 卷，人民文学出版社 1990 年版，第 330 页。

　　我也出过刊物，编过丛书，从未这样仔细批稿，看到他移交的稿件，我只有钦佩，我才懂得做编辑并不是容易的事。第二年春天他在香港编辑《文艺阵地》，刊物在广州印刷，他每期都要来广州看校样。他住在爱群旅社，我当时住在广州，到旅社去看他，每次都看见他一个字一个字地专心改正错字。我自己有过长期校对的经验，可是我校过的书刊中仍然保留了不少的错字。我每想起自己的粗心草率，内疚之后，眼前就现出茅盾同志在广州爱群旅社看校样的情景和他用红笔批改过的稿件。他做任何工作都是那样认真负责，一丝不苟。①

　　我这一生发排过不少的书稿，我自己的译著大部分都是我批了格式后发排的。我做这个工作从来粗心草率。抗战初期我看见茅盾同志批改过的稿件，才感到做一个责任编辑应当付出更多的精力和心血。②

　　在担任文化生活出版社的总编辑期间，因为人手不够，巴金除了组稿、审稿外，还得做诸如校对、跑印刷所等具体的工作。他曾经逐字校对过《人生采访》那样的五六百页甚至更大部头的书。对于译作，他必定会对照原文仔细校订，如孟十还译的果戈理、普希金的作品和许天虹译的《大卫·高柏菲尔》的译稿，都被他认真地校改。编辑工作中，他事必躬亲，对出版工作中的每个环节都一丝

---

　　① 巴金:《悼念茅盾同志》,《随想录》,载《巴金全集》第16卷,人民文学出版社1991年版,第290页。

　　② 巴金:《上海文艺出版社三十年》,《随想录》,载《巴金全集》第16卷,人民文学出版社1991年版,第413页。

不苟地对待。

　　有一次为了改正《草原故事》（高尔基原著）中的错字，我到华文印刷所去找排字工人求他当场改好。那个年轻人因为下班后同女朋友有约会，显得很不耐烦，但是我缠住他不放，又讲了不少好话，终于达到了目的。①

　　可以说，巴金这种近乎极端的敬业精神，正是源于鲁迅、茅盾这些文学前辈对他的深刻影响，而他在实际的工作中使之进一步得到了升华。

（三）叶圣陶对巴金的影响

　　陈思和曾记述了与巴金老人的一次谈话，巴金说："我当年编"文学丛刊"，就是靠着一股理想，那时也有人反对，说编这类书不赚钱，结果我还是编了。不但没赔本，还销得很好。这说明好书总是有人读的。"②"文学丛刊"第一辑推出的年轻作家都是当时文坛最优秀的人才，他们的集体亮相令文坛耳目一新，使得"推荐新人"成为这套丛书的显著特色。

　　的确，从巴金的编辑生涯中，我们不难看出他的编辑思想与特点：

---

　　①　巴金：《上海文艺出版社三十年》，《随想录》，载《巴金全集》第16卷，人民文学出版社1991年版，第412页。
　　②　引自陈思和：《作家余思牧和他的作家巴金》，《写在子夜》，上海人民出版社1996年版，第173页。

善于发现和推荐新人新作，发掘彰显无名后进。善为伯乐本来是职责的标志之一，任何优秀编辑都会做到这一点。巴金这一特点应该说受到许多文学前辈，尤其是他的第一位责任编辑叶圣陶的影响。

巴金在晚年曾满怀深情地回顾说，叶圣陶"作为编辑，他发表了不少新作家的处女作，鼓励新人怀着勇气和信心进入文坛"①。其实，巴金最为崇敬的鲁迅在编辑活动中也是如此。鲁迅常常留心发现新作家、发现人才，"常常花费时间替一些不认识的年轻人做种种事情，看稿、改稿、介绍稿子，甚至出钱替他们刊印作品。例如《奴隶丛书》中《丰收》、《八月的乡村》、《生死场》便是他出钱印的，他还为它们写了介绍性的序文。许广平在《鲁迅和青年们》一文中回忆说："鲁迅先生每编一种刊物，即留心发现投稿中间可选之才，不惜奖掖备至，倘可录用，无不从优。"②

不过巴金的特别之处在于，他把坚持发现和介绍新人的处女之作作为自己编辑的风格追求，这在一个重名人名作的商业社会里不能不冒很大的风险。

巴金说过，"编辑的成绩不在于发表名人的作品，而在于发现新的作家，推荐新的创作。"③ 在 1935 年的"文学丛刊"广告中，他直言不讳地说："我们编辑这一部"文学丛刊"，并没有什么大的野心，我们既不敢捐起第一流作家的招牌欺骗读者，也没有胆量出一套国文范本贻误青年，我们这部小小的丛书虽然也包括文学的各部门，但是作

---

① 巴金：《致〈十月〉》，《随想录》，载《巴金全集》第 16 卷，人民文学出版社 1991 年版，第 332 页。

② 转引自周国清：《编辑学导论》，湖南师范大学出版社 2008 年版，第 227 页。

③ 巴金：《致〈十月〉》，《随想录》，载《巴金全集》第 16 卷，人民文学出版社 1991 年版，第 332 页。

者并非金字招牌的名家，编者也不是文坛上的闻人。"① 这里，巴金有意将"第一流作家"、"名家"甚至是"国文范本"统统作为攻击的目标，表示出他与之对立的立场。其实这并不完全是事实。"文学丛刊"里助阵的有鲁迅、茅盾等大作家，巴金自己当时也被人称作是文坛的"巨子"，当然不像他所说的都是无名小卒。但他的话表达了某种现实的针对性。当时一些与新文学关系比较密切的出版社，都有明确的文学圈子，如生活书店，出版《文学》、《译文》等都不脱文学研究会的老牌作家圈子；开明书店的也是以文学研究会与"白马湖作家群"为主，也兼有编教科书的工作（即"国文范本"）；北新更是以"五四"一代的老作家为主；现代书局和良友图书公司都是后起的出版社，编辑也都是年轻人，他们出于对文坛著名作家的尊敬和打开销路的商业目的，或多或少都有以名家为招牌的意思；资深的商务印书馆同样是把名家和古籍作为主打的重头戏。

　　培养新人是巴金一生不变的信念。1956 年，巴金在《〈萌芽〉创刊致词》中呼吁："作为编辑工作者，你们应当把自己看做这个园地的园丁，你们做的不仅是介绍、展览的工作，你们还有将'萌芽'培养成树木的责任"，刊物的编辑部"有责任帮助和培养青年作者，把一批一批成熟的作家送进我们的'文坛'"②。对此，陈荒煤感慨地说，巴金"一直是热衷于发现、培养、扶植青年作家的编辑和出版工作者，培育了一代又一代新人，对中国革命文学事业作出了不可磨灭的贡献。"③

　　1957 年，巴金、靳以主编的《收获》创刊。作为新中国的第一

---

① 　《文学丛刊》发刊词。
② 　巴金：《巴金论创作》，上海文艺出版社 1983 年版，第 500 页。
③ 　荒煤：《心灵中仍然燃烧着希望之火》，《人民日报》1982 年 6 月 16 日。

份大型文学期刊,《收获》对诸多作家的发掘和发现始终是文坛的佳话。不少作家正是被《收获》发现后,才登上文坛的,当代文学史上有影响的作家几乎都跟《收获》有关系。"所以,陈村说,它是中国当代文学的简写本。"①

就是在《收获》这本杂志上,刊发了《创业史》、《人到中年》、《活着》、《许三观卖血记》、《迷舟》、《妻妾成群》、《东渡记》、《顽主》等一大批当代文学的优秀作品,王安忆、马原、余华、格非、苏童、北村等一大批活跃在中国当代文坛上的作家,当年都因登上这本杂志而为人们所熟知。对于《收获》,这些作家都怀有深深的感激之情。马原说:只有在《收获》上发表过作品,才真正算得上是个作家。苏童说:就像梨园艺人忘不了初次粉墨登场的舞台,我至今难忘屡次投稿碰壁时《收获》的知遇之恩,或许是提前了一两年,或许是在关键时刻将我推上了文学舞台。王朔说:到了《收获》时,我才开始感到一种写作的自由的快乐。

诚如巴金所说,叶圣陶是他一生的责任编辑。"……我每向前一步,总要想到我们那些朋友,我那些老师,特别是我的'责任编辑',那就是叶圣老。因为他们关心我,我不愿使他们失望,我不能辜负他们的信任。"②巴金就是这样怀念着叶圣陶等前辈,并沿着他们的足迹坚定地走下去。

---

① 程永新:《一个人的文学史》,天津人民出版社 2007 年版,第 281 页。

② 巴金:《我的责任编辑》,《随想录》,载《巴金全集》第 16 卷,人民文学出版社 1991 年版,第 677 页。

二、志同道合的伙伴

（一）巴金与靳以

中国现代作家中，创作与编辑"双美"的并不在少数，有些甚至在编辑工作中更加倾注自己的心血。在一定意义上可以说，他们正是通过自身的编辑工作，通过亲自参与出版事业来从另一个角度建设现代文学，促进现代文学的繁荣与发展。巴金如此，靳以同样也如此。

靳以这位去世距今已五十余年的作家，却常常被巴金、曹禺、沈从文、赵家璧、黄源等资深作家、编辑家在回忆录中屡屡提及。巴金曾回忆说："今天不少有成就的中年作家大都在他那些有独特风格的刊物上发表过最初的作品，或多或少地得到他的帮助。"[①] 孔罗荪说：靳以"是一位教育家，又是一位作家，更是一位编辑家。在他工作的三十年中，大部分精力是放在编辑文学杂志上面的。"[②] 曹禺说："他是一位好编辑，可惜像他这样的编辑太少了！"[③] 沈从文也回忆说："曹禺最早几个剧本，就是先在《文学季刊》发表，后来才单独印行的……靳以那时还极年轻，为人特别坦率，重友情，是非爱憎分明，既反映到他个人充满青春活力的作品中，也同时反映到他编辑刊物团结作家的工作里。"[④]

---

① 巴金：《靳以逝世二十周年》，《收获》1979 年第 6 期。
② 罗荪：《怀念靳以》，《文学回忆录》，四川人民出版社 1983 年版，第 57 页。
③ 赵家璧：《文坛故旧录：编辑忆旧续集》，生活·读书·新知三联书店 1991 年版，第 240 页。
④ 沈从文：《悼靳以》，《大山里的人生》，湖南文艺出版社 1993 年版，第 379 页。

在靳以的编辑生涯中，十分突出的一点便是他与巴金有着共同的编辑理念，保持了三十多年的合作关系。1931 年，巴金与靳以相识，此后两人不仅保持了终身的友谊，更因为有共同的理想而成为编辑工作的最好合作者和关系密切的朋友。他们共同发掘了一批文学新秀，把他们的优秀作品介绍给读者，有力地沟通了南北作者之间的联系，被称为南北作家的黏合剂。对于巴金和靳以主持大型文学刊物的努力及成绩，许多文化人有目共睹。沈从文当年便在《大公报》的文章中提到："巴金、章靳以主持大型刊物的态度，共同做成的贡献是不可忘的。"①

1934 年 1 月 1 日，《文学季刊》问世，靳以、郑振铎合编，巴金、冰心、李健吾、李长之、杨丙辰任编委。创刊号上，发刊宗旨开宗明义，宣称要继承"五四"新文学反帝反封建的一贯传统，组织、推动作家，特别是年轻的进步的有朝气的作家，以新的创作来打破当时北平文坛的沉闷空气，"以更健壮的更勇猛的精神，从事新文学的建设"。"巴金和郑振铎的北来，打破了那时存在过的京、海二派的畛域。一时，北平青年的文章在上海的报刊上出现了，而上海的作家也支援起北方的同行。"②萧乾这里所说的具体所指，便是《文学季刊》等杂志，就是从这份《文学季刊》开始，巴金真正参与了文学编辑的工作，并推荐发表了年轻剧作家曹禺的《雷雨》。

与《文学季刊》同一时期，巴金与靳以、卞之琳等一起创办另

---

① 沈从文:《从现实学习》，天津《大公报》1946 年 11 月 10 日。
② 萧乾:《挚友、益友和畏友巴金》，《文汇月报》1982 年第 1 期。

一个文艺月刊《水星》①。卞之琳回忆说：《水星》"实际上是《文学季刊》的附属刊物。两刊的稿源是一个，有的分给季刊，有的分给月刊。"②"当时北平与上海、学院与文坛，两者之间，有一道无形的鸿沟。尽管一则主要是保守的，一则主要是进步的，一般说来，都是爱国的正直的，所以搭桥不难。……地域的交通，仅仅是表面的，却也说明了内在或潜在的趋向。……我们没有想拟发刊词，却自有一种倾向性——团结多数，造桥架桥。《文学季刊》先这样办了，也就给他的附属月刊定了调子。"③ 这个造桥搭桥的工作，主要便是靳以和巴金二人担任的。

对于《文学季刊》和《水星》两个刊物，当时天津《大公报》上有撰文章评价说："我们可以肯定地说，从去年年尾到今年九月，北平文坛在冷静中度过，其衰落的原因正与这古城的命运相同。然而绝不令人失望的是在这一阶段中，尚有全国唯一的大型杂志《文学季刊》和空前的纯创作的《水星》两个兄弟刊物孤军支撑着这冷静的场面。"④然而，《文学季刊》这样一本很有特色的有益于社会、有益于青年的文学期刊，却在 1935 年 12 月出满 2 卷 4 期后停刊。1936 年 2 月 9 日的天津《大公报·文艺》上，萧乾曾撰文为之悼念。这篇题为《悼〈文学季刊〉》的文章，对刊物作了中肯的评价：推崇创作，重视培养文学青年。萧乾呼吁说："读者需要它，这个刊物不该停刊。"对于《文

---

① 《水星》创办于 1936 年 10 月 1 日。《水星》的主编是卞之琳、巴金、沈从文、李健吾、郑振铎和靳以。这是一个只发表创作，不发表评论和译作的文学刊物，前后共出版了 2 卷 9 期。

② 余时：《关于〈水星〉》，《羊城晚报·花地》1982 年 2 月 27 日。

③ 卞之琳：《水星微茫忆水星》，《读书》1983 年 10 月号。

④ 《大公报·小公园》1330 号，1935 年 8 月 19 日。

学季刊》的功绩，有研究者评价说："刊物贡献的大小，首先决定于它是否推出了较多的高质量的作品，就这一点看，20世纪30年代没有哪个期刊可与它（即《文学季刊》——作者注）相比拟，这是一个多出精品的期刊。该刊的贡献，除此以外，它还广泛团结了不同政治倾向与艺术流派的作家，培养了许多青年作家。它为新文学的建设作出了十分突出的贡献。其撰稿人还有王任叔、陈白尘、萧军、萧乾、蹇先艾、张天翼、姚雪垠、丰子恺、李广田、卞之琳、臧克家、艾芜等。当时期刊盛行撰稿人制度，《文学季刊》撰稿人名单竟达一百零八人。"①

当时的文学青年，后来都成为现代文学史上知名的作家，也是后来文化生活出版社的主流创作力量。可以说，靳以通过《文学丛刊》为巴金、为文化生活出版社准备了一支重要的创作队伍。不仅如此，巴金正是在这段与靳以共事的日子里，两人一起替《文学季刊》的发行商立达书局策划编辑了一套丛书，收录了当时北方文坛一批新秀的重要作品，共计10本，包括有沈从文的《八骏图》、曹禺的《雷雨》、卞之琳的《鱼目集》等，而这套丛书也正是文化生活出版社最重要的一套丛书"文学丛刊"的原始雏形。自此，巴金与靳以，一个主要用力于杂志的编辑，一个则将更多的精力放在主编《文学丛刊》等丛书上。通过杂志与丛书的互动，使京、沪两地的文学青年发生了直接的沟通，形成了新的文学阵营与文学格局。

《文学季刊》停刊后，巴金与靳以又一同主编了《文季月刊》。该刊是《文学季刊》的继续，1936年6月1日创刊，在当时同样产生

① 周葱秀、涂明：《中国近现代文化期刊史》，山东教育出版社1999年版，第348页。

了很大的影响。关于《文季月刊》，巴金曾回忆说："1936年，他（指靳以——作者注）到上海编辑《文季月刊》就用了我们合编的名义。我们彼此信任。"①巴金、靳以虽然在《文学季刊》时代便已经有了相当密切的合作，但是两个人的名字第一次以"巴金靳以合编"的字样印在刊名之上，则是始于《文季月刊》，而这缘于赵家璧的建议。

《文学季刊》和良友公司的《人间世》半月刊是在同一时期停刊的。而《人间世》的停刊，为赵家璧向良友经理余汉生建议接办《文学季刊》提供了最适当的时机和最充足的理由。在赵家璧的帮助下，1936年6月1日《文季月刊》于上海创刊。刊物由原来的季刊改为月刊，刊名也改了。赵家璧从欧美的纯文艺刊物得到启发，考虑到巴金和靳以两个人的名字，在全国读书界中有一定的影响，建议用"巴金靳以合编名义"。当时赵家璧还担心巴金不赞成，因为《文学季刊》出版时，仅在书末版权页上，在编辑者项目下普普通通印上四号宋体的两行字：郑振铎、章靳以。这次却是要用二号黑体大字，印在每期封面上端。巴金接受了建议，与靳以共同主编，但表示他仅挂名，不管编务。这是他与靳以合作的惯例，靳以在刊物的编辑和运作上有气魄也有能力驾驭好编辑工作，而巴金更多是以他在文坛的影响力以及好人缘为刊物约稿，并以独到的眼光发现新人新作。②巴金与靳以的合

---

① 巴金：《〈收获〉创刊三十年》，载《巴金全集》第19卷，人民文学出版社1991年版，第400—401页。

② 以曹禺作品的出版为例来看，继《雷雨》发表在巴金、靳以主编的《文学季刊》后，曹禺写就的《日出》，也是发表在《文学季刊》上。其中每幕的催稿信都是靳以写的。曹禺自己也曾说过："那部《日出》原稿，就是靳以拿去首次与读者见面的。"赵家璧也曾回忆自己想争取到曹禺的稿子，但是最后还是失之交臂。此后，《原野》、《北京人》等等也都是发表在巴金、靳以主编的刊物上，随后再由文化生活出版社推出单行本。

作，用巴金的话说就是："我有一位朋友靳以创办过好几种文艺期刊，我当过他的助手，这就是说我比较空闲的时候帮他看看稿件，改改校样。他总是很忙，我却只能说是一个义务的临时工。"①

《文季月刊》一如既往地坚持《文学季刊》原有的编辑方针，在创刊号上的《复刊词》中写道：

> 据说，我们这季刊（指《文学季刊》——作者注）的休刊，原因是读者的不需要。我们自然没法替自己辩护，但同时却有不少的读者用了笔和舌给我们送来安慰和鼓舞。
>
> ……我们这季刊是复活了，而且正如我们所期望的，是以新生的姿态复活了。
>
> 但我们并不是忘恩的，背信的，我们在《告别的话》中所允许过朋友们的一些约言，我们要尽力去实践。以前的季刊是我们和朋友们共同努力的结果，今后的月刊也应该是的。
>
> ……我们是青年，我们只愿意跟着这一代向上的青年叫出他们的渴望，在这一点上我们的季刊曾尽过一点责任，我们的月刊也会沿着这路线进行的。

赵家璧曾说："从《告别的话》到《复刊词》，充分说明两位编辑对这个同人刊物怀着深厚的感情，着眼于中国的青年一代，包括作者和读者。对当时的出版界里挂着文化的招牌，而不从读者需要出发，

---

① 巴金：《给丁玲同志的信》，载《讲真话的书》，四川人民出版社1990年版，第908页。

专干翻印古书谋求利润的商人表示不满。"① 为了使编辑者对刊物内容行使独立权力起见，对外发行仍用文季月刊社名义，良友图书公司担任总经售。"为了纪念这一刊物既有继承旧的《文学季刊》的复活，又有改为月刊的新生的双重意义，决定把创刊号增加一倍篇幅，号称特大号，同时要把这件事，大大地向全国进行宣传。"②

对于《文季月刊》的编辑理念，有研究者写道："(《文季月刊》)与《现代》、《文学》、《作家》、《译文》等杂志一起为作家们的追求和梦想提供了广阔的展示舞台，营造了三十年代文坛的绚烂风景。这份杂志也是两位知识分子友谊的见证：巴金和靳以两位挚友的名字作为主编人，第一次共同印在了杂志的封面上，在他们的热情邀约中，沈从文、冰心、师陀、丁玲、萧红、曹禺、何其芳、卞之琳等新朋旧友的佳作纷纷在杂志上亮相。"③

在编辑《文季月刊》的过程中，巴金、靳以不仅与鲁迅有了密切联系，他们还更多地接近了鲁迅周围的一批进步文学青年，发表他们的作品。而这些青年作家又成为巴金主编文化生活出版社《文学丛刊》另一支重要的创作力量。其实，早在北京时靳以就很关心左翼文学，黄源回忆了这样一件事：当年胡风写了一篇《张天翼论》，在上海一时无法刊出，便是由黄源转寄给靳以，由靳以在《文学季刊》上发表的。④ 同样的情况屡有发生。

---

① 赵家璧：《文坛故旧录：编辑忆旧续集》，生活·读书·新知三联书店 1991 年版，第 147 页。

② 赵家璧：《文坛故旧录：编辑忆旧续集》，生活·读书·新知三联书店 1991 年版，第 146 页。

③ 周立民：《文季月刊》编后记，上海社会科学院出版社 2004 年版。

④ 参见黄源：《我所知道的胡风同志》，《新文学史料》1987 年第 4 期。

　　1936 年上海出版了一些有影响的文学杂志，除《文季月刊》外，还有孟十还主编的《作家》，最初三期由鲁迅主编而以后由黄源主编的《译文》、黎烈文主编的《中流》等。文艺阵地出现了一个暂时繁荣的局面。但是，在鲁迅逝世后两个月，即到了 1936 年 12 月，在上海出版的 14 种期刊，被国民党政府用一纸禁令同时查封了。其中就有《作家》和《文季月刊》。《文季月刊》于 1936 年被查禁后，靳以又在巴金的支持下主编了《文丛》，由文化生活出版社总发行、总经售。沪版《文丛》因故停刊后，巴金与靳以在抗战的艰苦岁月中，又在广州复刊《文丛》，在自己的岗位上尽一个文化人的一份力。

　　1956 年，巴金、靳以等在上海酝酿创办一本文学杂志，希望能够接续《文学季刊》的风格和传统，为作家和文学爱好者提供一个创作和发表的园地。"提议创办《收获》的人都是对郑振铎、靳以、巴金等人创办的大型期刊《文学季刊》，以及后来巴金、靳以联手编辑的《文季月刊》、《文丛》等系列期刊充满感情的人。时为中国作协负责人的刘白羽在回忆录中就明确地说想恢复《文学季刊》这样'卓然不群'的刊物，为此，他去说服了中宣部领导同意创办这样一份杂志，并明确建议编辑部设在上海，由巴金、靳以主编。"[1]"创办《收获》是我国有史以来文艺界和出版界空前的盛事，可以想见，巴老准备为它付出多大的牺牲。"[2]"当时《收获》的编委会阵容非常强大[3]，都是些名

---

[1]　周立民：《〈收获〉50 年：珍藏半个世纪的文学记忆》，《文汇读书周报》2007 年 9 月 5 日。

[2]　阎纲：《编辑家巴金》，王剑冰主编：《2003 年中国年度最佳散文》，漓江出版社 2004 年版，第 25 页。

[3]　1957 年，中国作协大型刊物《收获》出版时，冰心、曹禺、柯灵、郑振铎、刘白羽、艾青、陈白尘、周而复、峻青、李季等十三人组成编委会，版权页上依然印着"主编巴金 靳以"六个字。

作家。那时作家的创作欲望也非常高涨，作品不断出现，但文学杂志却很少，巴金和靳以非常想将《收获》办成一个文学百花园。"①

与以往一样，具体编务工作主要还是由靳以负责。巴金回忆说："《收获》的编委会果然开得少。刊物在北京印刷发行，因靳以不愿把家搬到北京，编辑部便设在上海，由靳以主持。大约创刊前三四个月，有天晚上靳以在我家聊天，快要离开以前，他忽然严肃地说：'还是你随我合编吧，像以前那样。'就只有这么一句，我回答了一个字：好。"②

不过，接下来的政治风云却让《收获》接二连三地遭到重创。"反右"开始后，天津作家方纪的《来访者》刚一发表就挨批了。挨批后，编辑部就得表态、写检查，形势可以说是风云突变。1959 年，靳以因心脏病突然发作去世，这对巴金来说无疑是另一沉重的打击。其后不久，《收获》被迫停刊。巴金后来回忆说，"我最后一次在华东医院的病房里看见他，他还对我说：'我们应当把《收获》办得更好。'这句话当时给我留下很深的印象，但是我发表了悼念靳以的文章以后不久就忘记了他的话，我并没有把他丢下的担子挑起来。那些年我就像是在冰上走动，一直提心吊胆，真有度日如年的感觉。在困难的时候，还是让罗荪同志帮忙，抓刊物的工作。大半年后《收获》出满三年，中国作协派人来商量停刊的事，说是纸张缺乏，我感到意外，但是在'三年自然灾害时期'，我也无话可说。靳以创办的刊物由我来

---

① 参见何映宇：《〈收获〉50 年：当代文学简写本，时代晴雨表》，《读者参考丛书》编辑部编《文明的尺度》，第 162 页。

② 巴金：《〈收获〉创刊三十年》，载《巴金全集》，人民文学出版社 1991 年版，第 400 页。

宣布结束这不是第一次。1935 年年底《文学季刊》停刊，他在天津照料母亲的病，我去北平看完校样写了《停刊的话》。这一次又轮着我来结束他创办的刊物。想想，我有些难过。"①

在谈到合作编辑《收获》时，巴金总是说："想着《收获》，我不能不想到靳以，他是《收获》的创办人，又是《收获》的主编，我不过是一个挂名的助手。他用自己的心血哺育这个新生的孩子，严肃认真，一丝不苟，不声不响地献出全部精力。"② 虽然巴金不曾参与到杂志的具体编辑工作中，但这位从未领过工资的"挂名主编"，在靳以早逝后便将更多的精力投给了《收获》，继续着他与靳以的理想；即使是在多病的晚年也依然关心着《收获》。对于《收获》的编辑而言，巴金是这份杂志的灵魂，是将"五四"新文学精神带到这份杂志中的一面旗帜。这样的影响是实实在在的。③ 对于巴金与靳以的友情，他们的老朋友赵家璧回忆说："我每当看到《收获》就会联想到《文季月刊》，而这两位作家之间深厚的友谊，以及他们对办好文学期刊的两颗跳动着的心，永远值得我向他们学习和纪念。"④

另一方面，对现代文学而言，靳以的价值不仅在于他是一个优秀的编辑，还因为他自己本身也是一位颇具才情的优秀作家。靳以在编辑岗位上全身心投入工作，作出了贡献，同时编辑活动对他的创作也相应产生了影响。而在这一方面，诚如杨义所分析的，靳以受到了巴

---

① 巴金:《〈收获〉创刊三十年》,《巴金全集》, 人民文学出版社 1991 年版, 第 401 页。
② 巴金:《〈收获〉创刊三十年》,《巴金全集》, 人民文学出版社 1991 年版, 第 399 页。
③ 周立民:《〈收获〉50 年：珍藏半个世纪的文学记忆》,《文汇读书周报》2007 年 9 月 5 日。
④ 参见赵家璧:《文坛故旧录：编辑忆旧续集》, 生活·读书·新知三联书店 1991 年版, 第 234 页。

金的极大影响。在分析靳以创作风格的变化时，杨义指出靳以由个人感伤转向批判写实，而有时又于峻急中显现一份澄静，这与"加深了与主张'血和泪的文学'的郑振铎、主张向垂死的社会发出'我控诉'的巴金的交往"①分不开。的确，靳以这种艺术风格的变化从他在文化生活出版社出版的各种作品中得到鲜明的展示与体现。编辑活动与文学创作发生如此的联系，靳以堪称现代文学史上兼具作家、编辑家身份知识分子中的佼佼者。

靳以的创作与文化生活出版社也有着密切的关系。靳以是一位多产作家，因为他心中有太多的话要倾吐，正因此很少停笔苦思，在三四十年代创作了许多好作品，而这些作品又几乎都是由文化生活出版社出版的。例如，"文学丛刊"除第四集外，其他九集中均有靳以的作品；又如，"现代长篇小说丛书"中有《前夕》，"文季丛书"中有《红烛》、《众神》，"烽火文丛"中有《遥远的城》，"烽火小丛书"中有《我们的血》、《火花》，靳以是除巴金之外在文化生活出版社出版作品最多的作家，他以自己的创作全力支持了这家凝结着一份人文精神的新型出版机构。

对于杂志与图书的有效互动，巴金、靳以有着相同的编辑理念，也正因此，他们在编辑领域可谓珠联璧合，为现代出版树立了重要的示范作用。正如研究者所言，"两位作家就这样从 30 年代合作到 50 年代，直到创办被誉为中国当代文学重镇的《收获》杂志。他们不记功利不记名分在为自己热爱的事业而辛苦奔忙，堪称中国现代文坛的佳话。"②

---

① 杨义：《中国现代小说史》中卷，人民文学出版社 1993 年版，第 648 页。
② 周立民：《文季月刊》编后记，上海社会科学院出版社 2004 年版。

（二）巴金与吴朗西

吴朗西是文化生活出版社的创办人，他一生从事过许多编辑工作，最重要的贡献则是创建了在现代出版史上有着特殊影响的文化生活出版社。当时，吴朗西与伍禅听说朋友丽尼想印《田园交响乐》而不得，于是打算尽力去支持。吴朗西便去找丽尼，"谁知一谈就谈出我们自己办书店的事情来了。[①] 文化生活出版社仅是当时三个从事文化工作的青年，既不为名更不是图利，全凭忧国忧民之思和满腔之热忱，要在乱世中为祖国文化积累做点贡献。虽是'经商'，却视之为实现自己理想的事业，锲而不舍地埋头实干下去。"[②]

九一八事变后，吴朗西与好友伍禅离开日本，准备共赴国难。回国后迫于现状只得靠翻译外国文学作品谋生。1932 年一·二八事变后，吴朗西一度与伍禅、陆蠡、吴克刚等同学前往福建泉州平民中学任教，在那里，他与巴金结为好友，后来这些人便成了创办和经营文化生活出版社的骨干力量。1934 年初，吴朗西接到女友柳静电报，要他回上海她哥哥所在的三一印刷公司创办的《美术生活》画报做编辑。在编辑《美术生活》的同时，吴朗西又与青年画家一起编辑出版了《漫画生活》杂志。

吴朗西直面现实生活的编辑思想得到了进步作家的认同，经茅盾介绍，吴朗西结识了鲁迅。鲁迅为《漫画生活》写了《说面子》、《阿金》等文章。除鲁迅、茅盾外，巴金、老舍、胡愈之、王统照、张天翼、欧阳山、黎烈文、丽尼、靳以等作家都曾为该杂志写过稿。《漫画生

---

① 吴朗西：《文化生活出版社的创建》，《新文学史料》1982 年第 3 期。
② 李济生：《巴金与文化生活出版社》，上海文艺出版社 2003 年版，第 39 页。

活》也因此受到国民党检查机关的刁难。鲁迅向日本友人增田涉介绍说："《漫画生活》则是大受压迫的杂志。上海除了色情漫画外，还有这种东西，作为样本呈阅。"①

1934 年、1935 年这两个年头被称作出版界的"杂志年"，一般的书店出版社都不愿意出版单行本。就是在这样一种出版业很不景气的状况下，吴朗西与伍禅等一批年轻人聚到一起，创办了在中国现代出版史、文学史上都留下重要影响的文化生活出版社。他们希望"出自己想印的书，有益于人民的书为佳，且周围朋友中懂外文，从事写作的人倒不少，稿源当不成问题，不妨先试印两本书探路。"② 缺少资金，吴朗西的新婚妻子柳静拿出了自己多年积蓄的三百元，伍禅等也拿出了自己不多的积蓄，作为出版社创社的启动费用。

文化生活出版社创办后，吴朗西不仅自己积极投入出版社的工作，还不断地寻找自己的同路人与合作者，力邀巴金回国主编《文化生活丛刊》。当时，巴金正在努力寻找着释放自己生命火花的方式与途径，文化生活出版社的成立正为其一心奉献、不计报酬、不计名利的心愿提供了一个切实的岗位，他欣然接受邀请，出任文化生活出版社的总编辑。

吴朗西对巴金的工作十分尊重，从不以总经理的身份加以干涉。正如巴金的弟弟李济生所说："那时的一个小小出版社哪会跟现今一样订什么选题计划，更不用上报、讨论，一切全在他(巴金)脑子里，

---

① 鲁迅：《致增田涉》（1935 年 3 月 23 日），载《鲁迅全集》第 14 卷，人民文学出版社 1991 年版，第 569 页。

② 吴朗西：《文化生活出版社的创建》，《新文学史料》1982 年第 3 期。

他是总编辑，他说了算。"①

巴金自己也有一段文字回忆当年办文化生活出版社的往事：

> 1935 年 5 月，我在东京开始试译屠格涅夫的《散文诗》，当时颇想在半年内完成这件小小的工作。可是后来不知道为什么缘故，只译了十首就搁笔了，现在回想起来，文化生活出版社的创办应该是一个原因。但这并非说我是文化生活出版社的创办人。不是。我回国时文化生活社第三本书已经在排印中了。我是受文林兄（即吴朗西——作者注）那种乐观的态度的感动，才决心参加他这吃力不讨好的工作（我说"吃力不讨好"，并非菲薄这种工作，只是因为在我们这样的人来做它，的确是"吃力不讨好"的。在别人，那又是另外一回事了）。可是一经"参加"之后（虽说我只是一个赞助人），我的脚就给绊住了。我自己的许多工作也就被耽搁下来。屠格涅夫的散文诗的试译也应是其中之一吧。②

巴金、吴朗西以及文化生活出版社的一些主要参加者伍禅、陆蠡、朱洗、毕修勺、吴克刚、郑枢俊等，他们之间有着共同的理想与追求，有着更深的文化内涵。巴金、吴朗西他们把近乎空想的绝对自由、平等和民主的理想视为自己的价值取向，愿意为它无偿地奉献自己的毕生精力，把主持正义、团结互助、无私奉献看作是一种社会责任并身体力行。"文化生活出版社与一般商业性出版社不同，主要不

---

① 李济生：《我所知道的文生社》，《出版史料》1984 年第 3 辑。
② 巴金：《散文诗》译后记，文化生活出版社 1945 年版。

是为了营利，吴朗西和巴金不向出版社支取薪金，所有股东从不分红，纯粹为文化事业作贡献。该社以宽阔的视野和兼收并蓄的态度对待人类的文明，尊重知识，更尊重进步的文化人。"[1] 当他们找到编辑出版事业这一条传承人类文明、弘扬进步文化的切实可行的途径时，便不计私利、不讲报酬、忘我地投入工作。也正是在这份精神中，能够使我们见出他们那种要去放散生命火花的精神的伟大。

正是因为拥有这份精神，无论出版业如何萧条，战时生活多么困顿，但他们精神永远不曾迷失，心灵永远充满生命与希望。在每一部作品具体的出版过程中，文化生活出版社同人都付出了心血与汗水。不仅在书籍的质量方面做到尽力保证"没有一本读者读了一遍就不要再读的书"，更通过一切办法（包括降低成本等）来使普通大众都能拥抱精神世界的美好。巴金、吴朗西等文化生活出版社的同人们以自己的努力做到了这一点，以自己的行动在文化史上镌刻下自己的烙印与痕迹。

（三）巴金与陆蠡

陆蠡是文化生活出版社历史上一个永远不灭的名字，也是现代文学史、出版史上一个永远为人追思怀想的优秀知识分子。

抗战全面爆发后，上海沦为孤岛，文化生活出版社的事业遭到严重破坏，难以进行正常工作。吴朗西赴四川筹办分社，巴金去广州、桂林创建分社，文化生活出版社在上海的社务则由陆蠡主持。留

---

[1] 姚福申：《深得鲁迅先生晚年信任的出版家吴朗西》，《中国编辑》2006 年第 1 期。

沪期间，陆蠡一方面想方设法维持日常工作，另一方面，与内地的文化生活出版社保持着密切的联系，形成了一种息息相关、互相呼应的关系。当时上海局势虽然也不稳定，但它的出版业经过数十年的发展，已形成了相当的规模，有先进的印刷设备和纸张。相比之下，内地的印刷业则相对落后得多，出版印刷条件十分艰苦，大多采用土纸印刷。文化生活出版社迁到内地后，往往由巴金等编辑在内地编好书稿，寄回上海排纸型印刷出版，然后再运回内地销售。巴金还曾于1939年返回上海与陆蠡一起编辑了"文学丛刊"的第六、七两辑中的一些作品。

陆蠡做了大量的工作以确保书籍的顺利付型排印。有的时候，他也直接同作者联系，出版优秀、进步的作品。例如当他得知靳以的《前夕》完稿后，便写信给远在重庆的靳以，希望能将这本书出版，"还说自己为我（即靳以——作者注）设计封面，记得用紫色，加白边，还特意很精彩地画了来"[1]。不仅如此，陆蠡还在霞飞路（今上海淮海路）开办了一个门市部，销售进步书籍。当门市部遭查封后，便又将文化生活出版社出版的书籍运到内地出售。同时，针对当时上海的实际情况，他还主编、出版了不少具有进步思想与专业价值的丛书，如"少年读物小丛书"与"现代生物学丛书"等，继续发扬文化生活出版社的精神，使文化传承的精神火种生生不灭。

编辑"少年读物小丛书"的缘起是因为原来文化生活出版社办有一个半月刊杂志《少年读物》，由于内容涉及抗日而被禁刊。为了表示抗议，也为了继续向读者提供优秀的读物，陆蠡主编了"少年读物

---

① 靳以：《忆陆蠡》，《靳以选集》第3卷，四川人民出版社1983年版，第485页。

小丛书"，诚如他在介绍这套丛书时说："为了安慰自己，也为了告无罪于读者，于是就计划出一种丛书式的杂志，或则是杂志化的丛书。'少年读物小丛书'就是实现这计划的初步表现。"其负责的态度与斗争的勇气可见一斑。同时，陆蠡还邀请著名生物学家朱洗编写一套"现代生物学丛书"。朱洗是留法学生，在法国研究生物学，信仰无政府主义，翻译过克鲁泡特金的《互助论》。他不仅接受陆蠡的邀请撰写、主编了"现代生物学丛书"，还帮助陆蠡一同负责一些社务活动。此刻虽是战火纷飞的时代，他们却丝毫不忘普及知识，推广科学，完成一个知识分子对传播文明的责任。正是因了陆蠡的努力，"在圣泉主持下的文化生活社虽然很困窘，仍然出了不少好书"①。

1942 年，太平洋战争爆发，日军入驻上海公共租界，被称作"天堂中的最后一片乐土"的法租界其实也已名存实亡，意识形态、新闻出版诸方面受到日军的高压控制。文化生活出版社同其他进步新闻出版机构一样面临更大的厄运。文化生活出版社被查抄走大量书籍，靳以所著《前夕》即是其中具有代表性的一本，正如靳以回忆说："在那些书中，敌人特别指出《前夕》是抗日的。"当陆蠡去法租界巡捕房理论时，却被拘留入狱。

7 月 21 日，陆蠡被押出牢房，说是释放却就此失踪，再没有回来。"到八月份时（即 1942 年 8 月——作者注），有一个北方人来文生社找陆蠡，手里拿着一件陆蠡的大衣。那人说他是跟陆蠡同一牢房的难友，陆蠡在日本人面前始终表现得坚强不屈，不肯说一句违背良心的话。他每次过堂审讯的口供，都使旁边的囚友胆寒色变，

---

① 靳以：《忆陆蠡》，《靳以选集》第 3 卷，四川人民出版社 1983 年版，第 485 页。

大家劝他下次要改变口供，可是到了第二次审问时，他又照常回答。七月二十一日，日本人把陆蠡押出牢房，说是释放他，陆蠡将一件大衣留给同牢难友，并留下文生社的地址就走了。这以后，陆蠡失踪了，再也没有任何确实的消息。当时谣言很多，有的说他关在江湾，有的说关在芜湖，后来又有人说在南京。唐搜受托把陆蠡的棉袍邮寄去，结果被退回来，说是'查无此人'。"陆蠡的朋友们百般寻访，却终无消息。于是，朋友们就把这一天作为他的遇难日加以纪念。①

陆蠡用自己年轻的生命捍卫了文化生活出版社，捍卫了中国人的尊严，体现出一个真正知识分子的铮铮铁骨与崇高灵魂。正如李健吾在《陆蠡的散文》中所说："他可以撒谎，然而诚实是他的天性，他的勇敢不含丝毫矫情。为什么我们能够在最后保持胜利？正因为这个老大民族忽然进出这些信心坚定视死如归的年轻人。古代希腊哲人苏格拉底在被判死以前，曾为自己这样申诉：'我宁可照我的样式说话

---

① 陈思和、李辉《记文化生活出版社》，《新文学史料》1982 年第 3 期。关于这段历史，也有记载陆蠡死于监狱。唐挚曾记述说："据曾经关在同一监狱的难友说：一次日本人把陆蠡提出去问口供：'你爱国不爱国？'他不能违背自己的良心，于是说：'爱国。'又问：'你赞成不赞成南京政府？'（指汉奸汪精卫政府）他说：'不赞成。'还有：'依你看，日本人能不能把中国征服？'他断然回答：'绝对不能征服。'日本人恨他态度顽强，说他一定有政治背景，给他上了刑。几次提审，他决不改口，终于因屡受酷刑吐血而亡。"（唐挚：《艺文探微录》，第 6—7 页。）马蹄疾曾记述说："1942 年 4 月 9 日，正值陆蠡外出；文化生活出版社遭到日寇袭击，抄走了新旧两卡车图书，其中包括靳以的抗战长剧、小说《前夕》等进步书籍。陆蠡闻讯，为了书店免受损失，立即亲赴法租界巡捕房交涉，捕房将其扣押，转解送至虹口日本宪兵拘留所，从此失踪。据说他唯一的罪行是倔强，日敌问他赞成不赞成汪精卫政府，陆蠡厉声大骂汪精卫是汉奸；日敌问他对于大东亚战争的看法，陆蠡高呼一切侵略战争必然失败；最后因受刑过度，吐血不止，死于刑讯现场，时年三十四岁。"（马蹄疾：《文坛艺苑轶话》第 202 页）

而死，也不照你们的样式说话而生。'"①

作为一个为了正义献出自己生命的坚强战士，陆蠡的精神不朽，永远为他的朋友和国人所纪念。对巴金而言，陆蠡这位具有一颗"黄金的心"的朋友，则是他一生最值得骄傲和纪念的友人。1939年到1940年，巴金返回上海期间和陆蠡、朱洗经常在一起倾心相谈。1940年7月，巴金离开上海，自此却是永别。

巴金在抗战胜利后不久回到上海，多方打听陆蠡的下落，但是得不到确实的消息。寻找陆蠡便成为文坛友人们的一桩急迫事情。刘尊棋办的《联合日报》上曾刊登过一则以"本刊编辑室"的名义刊登的加框启事《打听陆蠡的消息》：

> 作家陆蠡，名圣泉，浙江台州人。著有《海星》《竹刀》《囚绿记》诸作，并译书多种，战后在沪负责文化生活出版社编辑部事务。太平洋战争爆发，敌日侵据上海市区，旋文化生活社被抄查，并责令负责人谈话，时陆氏适外出，事后向当时的巡捕房投案，被引渡敌方，自此杳无消息，现在抗战胜利，天日重光，而陆先生依然没有下落，文艺界友好对此都异常关怀。读者中如有知道陆先生的踪迹的，或有陆先生在狱中的难友，曾知道他受难的情形的，都希望详细函告。无论如何，对于这位可爱的作家，我们总希望有一个确凿的消息，来函请寄本刊编辑室。

1946年1月，《少年读物》复刊号出版，《复刊词》中写道：

---

① 转引自天台县政协文史资料研究委员会编：《天台文史资料》第1辑，第40—41页。

现在暴敌投降，国土光复，同人欢聚一处，欣幸我们七年前的预言已经应验，更高兴地商谈复刊《少年读物》的计划和工作。只是陆蠡先生还是下落不明。我们多方打听，也得不到一点确实消息。有人认为他被捕时口供强硬，一定已遭毒手，可是没有人能回答我们他死在何时，埋骨何地。我们希望他还活在人间，但登报招寻，这许久却得不到他的片纸回音。三个月并不是短的时间，可是我们始终失去希望。今天我们谈起他，还不能相信这个大家敬爱的朋友会默默地永离人世，我们盼望着他有一天会从辽远的地方敌人某一个集中营里逃出来，回到我们中间。我们是能够等待的。但是我们不能坐等，我们要连续不断地呼唤他，我们要继续他未做完的工作。我们决定复刊《少年读物》，这是他创办的，他主编的，现在我们还把主编的位子留给他，我们不会做得像他那样好，不过我们愿意尽力量做去，而且照着他订下的编辑方针做去。我们用不着另写"复刊词"，陆蠡先生七年前为本刊写的"发刊词"就可以向读者说明一切。

1946 年各大报刊陆续发表了纪念陆蠡的文章。《文艺复兴》7 月号发表怀玖的《忆陆蠡》等。《大公报》于 11 月刊出"纪念陆蠡特刊"两期，《少年读物》于 1947 年 1 月第四卷第一期出版"纪念陆蠡先生特辑"。《大公报》1946 年 11 月 19 日刊发一则"预告"，向读者介绍近日将登出的"纪念陆蠡特刊"。这则预告名为预告，实为一篇感情真挚深切的短文，从行文风格看，李辉分析推测似应为巴金亲笔所写。全文如下：

战争带来的当然是死亡。千万壮丁已为战争的魔手抓去，（这程序且在更亲切贴己的方式下继续进行着！）我们绝不承认一个文坛上知名人士之死，是比荒墟下一无名兵士更值得纪念的。所以我们这特刊于追悼陆蠡而外，更着重在他作品的检讨。我们珍惜他把散文当艺术品处理那份严肃工作。而且他曾做到了"艺术而不逃避"的境界。隐在那些晶莹短作后面的，是一具敏感诚恳的心灵。不马虎，不招摇，兢兢业业在为新文学创造历史、作战而死，有其激昂慷慨。在后方受罪，至少还可拍拍胸脯说是自由之民，陆蠡却只本本分分守着一个文化岗位（文化生活社），好让他的伙伴们在港桂昆渝驰骋。然而今日陆蠡哪里去了？谁也不知道，这黑洞是比死更其凶恶可怕。郁达夫便这样消失到印尼的热带森林里了。陆蠡却被拖进入一辆日本军用卡车里，那便是一切的终了。和一切一样，这笔笔永远无法清算的账。作任何追悼"战亡者"文章时，我们除了悲哀以外，都还不免引起一个问题：那些冤魂究竟为什么而死？为谁而死？①

这则预告刊出后的第三天，11月21号，《纪念陆蠡》特刊在《大公报》与读者见面，这期发表三篇文章：靳以的《忆圣泉》、单复的《悼念陆蠡师》、宗鲁的书评《海星》。另有由单复辑的《陆蠡著译年表》。11月22号，第二期特刊发表，刊有两篇文章：巴金的《忆蠡兄》②、苏夫的《陆蠡的散文》。巴金记述了他和陆蠡之间的交往，他说自己认识不少人，然而很少见到像陆蠡这样"有义气、无私心、为了朋友甚

---

① 李辉：《寻找陆蠡》，《人·地·书》，人民日报出版社1988年版，第155—157页。
② 本文发表时名为《忆蠡兄》，结集时更名为《怀陆圣泉》。

至可以交出自己的生命、重视他人幸福甚于自己的人"；他还说："有
了这样的朋友，我的生存才有光彩，我的心才有了温暖。"① 巴金期待
有一天陆蠡会奇迹般地归来，他满怀深情地说："只要希望未绝，我
们愿意等待一生。"②

1947 年，文化生活出版社改为股份公司登记时，巴金与吴朗西
商定，巴金、吴朗西、陆蠡各占五分之一股份，其余五分之二为其他
作家和为出版社出力的同人，如朱洗、吴金堤、毕修勺、伍禅、靳以
等拥有。吴朗西定期把抚恤金交给陆蠡的妹妹，赡养陆蠡的父亲和女
儿陆莲英。③

晚年巴金仍旧不时想起陆蠡这位永远的朋友。1995 年秋天，他
在西湖养病，不禁又回想起五十多年前曾和陆蠡同游西湖。他说：
"我不能不想到一个正直善良而有才华的朋友的遭遇。""可是我到
哪里去找我的朋友呢？"他依靠女儿小林的帮助和笔录，写了《巴
金译文集》三卷的代跋。在结尾处，巴金提出要把自己的译作献给
死难的故友，他这样写道："我想念远去的亡友，这友情永远不会
消失。"④

陆蠡以自己年轻的生命证明了一个知识分子所应有的人格价值与
社会意义。他短暂的生命历程向我们显现了一个真正的知识分子把自

---

① 巴金：《怀陆圣泉》，《怀念》，载《巴金全集》第 13 卷，人民文学出版社 1990 年版，
第 536 页。
② 巴金：《怀陆圣泉》，《怀念》，载《巴金全集》第 13 卷，人民文学出版社 1990 年版，
第 534 页。
③ 吴念鲁：《回忆父亲吴朗西》，《人物》2001 年 9 期摘要刊登。
④ 邵全建：《生死不渝的深情》，载台州市地方志编纂委员会编《台州会要》，第
562 页。

己的人生价值与专业价值在其各自层面进行的光辉展示。而这予我们今天的出版人如何将社会责任与文化责任达成最有效的统一，无疑有着极大的启示意义。

巴金编辑出版大事年表

1904 年

10 月 25 日，出生于四川成都。

1919 年　15 岁

开始接触到《新青年》、《每周评论》、《星期评论》、《少年中国》、《少年世界》、《北京大学学生周刊》、《星期日》、《学生潮》、《威克烈》等各种新刊物。

1921 年　17 岁

5 月，参与编辑成都无政府主义刊物《半月》，以"芾甘"为名发表第一篇文章《怎样建设真正自由平等的社会》。该刊于同年 7 月出版第 24 期后停刊。

9 月，参与编辑《警群》月刊，第一期出版后因与原筹办者理念不同，《半月》刊同人联名发表声明，集体脱离该刊，《警群》亦停刊。

1922 年　18 岁

上半年参与创办成都无政府主义者联盟主办的《平民之声》周刊，生平第一次担任主编，主持编辑事务。这个杂志因警察厅认为"对于国家安宁恐有妨害"不允许发行，只好半公开地在街头零卖。该刊出版 10 期后停刊。

7 月，新诗《被虐者底哭声》（共十二首）发表于《时事新报》副刊《文学旬刊》第 44 期，这是目前所见到的巴金发表的最早的文学作品。

1925 年　21 岁

"五卅惨案"发生后，参加声援南京学生的活动，9 月和郑真恒等 16 人创办无政府主义刊物《民众》半月刊。

1926 年　22 岁

曾与卫惠林一起为太平洋书局编《革命论丛》，最终未出版。

4 月，《五一运动史》出版，该书是目前所见的巴金第一本单行出版的书。

1927 年　23 岁

1 月，乘法国邮船"昂热号"离沪赴法，2 月抵巴黎，沿途写有《海行杂记》三十八则。

本年，巴金在巴黎遥控编辑了一家在旧金山出版的刊物《平等月刊》，发表大量对国内时局的看法和作为一个无政府主义者的对策。在这期间，开始写作第一个中篇小说《灭亡》。

1928 年　24 岁

8 月，完成中篇小说《灭亡》，署名"巴金"。《灭亡》经朋友索非推荐给当时在《小说月报》主持工作的叶圣陶，得到叶圣陶的好评，于 1929 年 1 月至 4 月在《小说月报》连载；1929 年 10 月由开明书店出版单行本。

译著托洛茨基《托尔斯泰论》，亦署名巴金，载于 10 月 18 日《东方杂志》第十五卷。此文较《灭亡》早发表近 3 个月，是"巴金"署名最早见于报刊的文章。

1929 年　25 岁

1 月，从法国回上海之后的第二个月，巴金以"马拉"为笔名为自由书店编辑《自由月刊》。《自由月刊》1 月 30 日正式创刊，前后共编辑出版了 5 期。在刊物的开场白中，巴金代表编者说明，这是一个"半文艺半广告的刊物"，是"书店和主顾（读者）的通讯机关"。自由书店是由几个同情克鲁泡特金学说的人捐款办的。出版的第一本书就是巴金翻译的克鲁泡特金的《面包略取》。[①] 这也是巴金单行出版的第一本译著。

1930 年　26 岁

3 月，巴金代表上海世界语学会接待日本世界语者长崎，并于 30 日出席上海世界语学会第五次会员大会，当选为执行委员；本年，巴金还为上海世界语学会编辑世界语杂志《绿光》。

1931 年　27 岁

1 月 20 日，巴金化名李一切与卫惠林共同主编的《时代前》月刊出版，该杂志仍以介绍、宣传思想为主，也登载一些文艺方面的小文章，共出版了 6 期。

4 月 18 日，《时报》开始连载《激流》。

8 月，《新生》结稿，第一个短篇小说集《复仇》由上海新中国书局出版。

---

① 这是采用日文译本的书名。后来巴金将此书重新译过，采用俄文本的书名译为《面包与自由》。

本年结识复旦大学学生章靳以，两人成为日后编辑工作的最好合作者和关系密切的朋友。

本年巴金还自费编辑了图片册《过去》，介绍国外革命家克鲁泡特金、妃格念尔、苏菲擅、马拉、丹东、凡宰特、大杉荣等的事迹；编印画册《西班牙的血》《西班牙的黎明》和《西班牙的苦难》，配以说明或配以诗句，后来他说："编选画册，就很激动，就想到写几句配上去，来表现西班牙人民反抗侵略者的英雄主义精神和揭露法西斯的罪行。"①

1932 年　28 岁

12 月，应《读书》杂志约写《我的写作生活》一文，回顾自己 1927 年以来的生活、思想和写作状况。

1933 年　29 岁

1 月，开始创作中篇小说《萌芽》，在《大中国周报》连载，8 月由现代书局出版，不久遭禁；次年 8 月将书中人物改名换姓，改题《煤》，拟由开明书局出版，又遭禁；后改名《雪》自费印刷，1936 年 11 月才由文化生活出版社出版。

5 月，《家》（《激流》第一部）由开明书局出版。

8 月初，出席傅东华举办的《文学》创刊宴会，席间第一次与鲁迅、茅盾见面。

9 月至 12 月，去北京与靳以、郑振铎共同创办《文学季刊》，任编委。

1934 年　30 岁

1 月 1 日，《文学季刊》创刊。该刊在出版了 2 卷第 4 期后，于 1935 年

---

① 参见《巴金访问荟萃》，《巴金全集》第 19 卷，人民文学出版社 1991 年版，第 662 页。

12 月停刊。

1 月回上海。国民党正式实行图书检查，《文学》2 卷 1 号巴金的《电》、欧阳山等的短篇小说被抽出，《新年试笔》中"巴金"的名字被勒令改署为"比金"。

4 月，《电》改名《龙眼花开的时候》，署名"欧阳镜蓉"在《文学季刊》连载，次年 3 月由良友图书公司出版，改题《电》，为《爱情三部曲》的第三部。

10 月，《水星》创刊。这本杂志是巴金与靳以、卞之琳等一起开创的又一块文学的试验田。该刊前后出版了 2 期 9 卷。

11 月，《巴金自传》由第一出版社出版。

1935 年　31 岁

5 月，吴朗西、伍禅、丽尼等在上海创办文化生活出版社，以巴金名义编辑出版《文化生活丛刊》。

9 月，接受吴朗西的邀请，任文化生活出版社总编辑。自此，在文化生活出版社工作了 14 年。

论著《俄国社会运动史话》、译著《狱中记》（伯克曼著）由文化生活出版社出版。

11 月，往北平协助靳以办理《文学季刊》停刊工作。短篇小说集《神·鬼·人》由文化生活出版社出版。

1936 年　32 岁

5 月，译著《门槛》（屠格涅夫等著）由文化生活出版社出版。

6 月 1 日，与靳以创办《文季月刊》。该刊是《文学季刊》的延续，在当时产生了重大影响。

8 月，散文集《忆》、译著《俄国虚无主义运动史话》（斯捷普尼雅克著，即《地底下的俄罗斯》改版本），由文化生活出版社出版。

12 月，短篇小说集《发的故事》由文化生活出版社出版。

1937 年　33 岁

3 月 15 日，与靳以编辑的《文丛》月刊问世，共出 2 卷 12 期；童话集《长生塔》由文化生活出版社出版。

8 月 8 日，发表《只有抗战这一条路》；13 日，淞沪抗战爆发，文化生活出版社业务停止，工作人员继续撤走；22 日，由《文学》《译文》《中流》《作家》四家刊物联合出版的《呐喊》周刊（第三期改名为《烽火》）在上海出版，茅盾、靳以为编辑人，巴金为发行人，不久因茅盾离沪由巴金主持编辑工作。24 日，《救亡日报》创刊，巴金名列编委名单。

1938 年　34 岁

3 月，与靳以一起经香港到广州。

5 月 1 日，经全力筹措，《烽火》改为旬刊在广州复刊，巴金为编辑人；10 月 11 日，《烽火》出至 20 期后在日军炮火下被迫停刊。

1939 年　35 岁

3 月，散文集《旅途通讯》由文化生活出版社出版。

7 月，杂文集《感想》由烽火社出版。

10 月，散文集《黑土》由文化生活出版社出版。

1940 年　36 岁

6 月，修改克鲁特泡金的《人生哲学：其起源及其发展》，易名为《伦理学的起源和发展》，次年 6 月由文化生活出版社出版。

8 月，译著《一个家庭的悲剧》（赫尔岑著）和中篇小说集《利娜》均由文化生活出版社出版。

9 月，重译凡宰地《我的生活的故事》（即《一个卖鱼者的生涯》），由文化生活出版社出版。

1941 年　37 岁

6 月，杂文集《无题》由烽火社出版。

1942 年　38 岁

1 月，散文集《龙·虎·狗》由文化生活出版社出版。

4 月，短篇小说《还魂草》由文化生活出版社出版。

6 月，散文集《废园外》由文化生活出版社出版。《巴金短篇小说集》（第三集）由开明书店出版。

1943 年　39 岁

3 月，散文、小说集《小人小事》由文化生活出版社出版。

7 月，译文集《父与子》（屠格涅夫著）由文化生活出版社出版。

11 月，译文集《迟开的蔷薇》（史托姆著）由文化生活出版社出版。

1944 年　40 岁

5 月下旬，译著《处女地》（屠格涅夫著）由文化生活出版社出版。

10 月，中篇小说《憩园》由文化生活出版社出版。

1945 年　41 岁

2 月译著《散文诗》（屠格涅夫著）由文化生活出版社出版。

12 月，建国前的最后一个短篇小说集《小人小事》由文化生活出版社出版。

1946 年　42 岁

5 月 21 日，离开重庆到上海，负责文化生活出版社社务。

8 月到 12 月，《寒夜》开始在《文艺复兴》上连载。次年 3 月由上海晨光出版公司出版，这也是巴金建国前创作的最后一部小说。

1947 年　43 岁

9 月，编辑自选集《巴金文集》，次年由春明书店出版。

1948 年　44 岁

3 月，译著《快乐王子集》（王尔德著）由文化生活出版社出版。

6 月，译著《笑》（奈米洛夫等著）由文化生活出版社出版。

8 月，改订 1938 年出版的《西班牙的黎明》，易名为《西班牙的曙光》，于次年 2 月由文化生活出版社出版。

散文集《静夜的悲剧》由文化生活出版社出版。

1949 年　45 岁

3 月，开始译鲁多夫·洛克尔的《六人》，10 月由文化生活出版社出版。

9 月，将文化生活出版社社务交康嗣群；当选为中国人民政治协商会议代表，中旬前往北京参加第一届全体会议。

12 月，与王辛迪、尤淑芬（李健吾夫人）、李采臣、陆清源等成立平明出版社，任董事长兼总编辑。1955 年 11 月，平明出版社与文化生活出版社一起合并入新文艺出版社（即后来的上海文艺出版社）。

1951 年　47 岁

7 月，《巴金选集》由开明书店出版。

1953 年　49 岁

2 月，关于朝鲜的第一本散文集《生活在英雄们中间》出版。

3 月至 7 月，《新生》、《海的梦》、《雾·雨·电》、《家》、《憩园》、《旅途随笔》、《还魂草》等旧作相继修订出版。

1955 年　51 岁

2 月，《春》、《秋》由人民文学出版社重版。

1956 年　52 岁

7 月，全国整风开始，创作《"鸣"起来吧》、《"独立思考"》等杂文，均署名余一。

8 月，编成散文集《大欢乐的日子》，次年 3 月出版。

10 月，参加鲁迅新墓迁葬仪式，与金仲华一起将写有"民族魂"的旗帜献盖于鲁迅灵柩。

1957 年　53 岁

5 月，开始编《巴金文集》。

7 月，大型文学刊物《收获》创刊，与靳以共同担任主编。

1958 年　54 岁

10 月开始，《中国青年》、《文学知识》、《读书》等杂志展开对巴金建国前作品的批判和讨论。本年《巴金文集》第一卷至第六卷陆续由人民文学出版社出版。

1959 年　55 岁

《巴金文集》第七卷至第九卷相继由人民文学出版社出版。

1961 年　57 岁

10—12 月,《巴金文集》第十卷到第十三卷由人民文学出版社陆续出版。

1962 年　58 岁

8 月,《巴金文集》第十四卷由人民文学出版社出版。至此,汇集巴金建国前文学创作的十四卷文集出齐。

1965 年　61 岁

7 月,被迫发表批判电影《不夜城》的文章,与萧珊一起去看望该电影的编剧柯灵。

1966 年　62 岁

8 月,受到上海市文联"造反派"批判,被关入上海文联资料室"牛棚",从此开始了靠边、检查、被批斗和强迫劳动的生活。

1967 年　63 岁

5 月,《人民日报》发表署名文章,点名批判巴金。

本年,上海市文艺界批判文艺黑线联络站等单位先后编印多种巴金批判专辑。

1969 年　65 岁

《文汇报》发表《批臭巴金,批臭无政府主义》、《彻底批判大毒草〈家〉〈春〉〈秋〉》等文章。

本年开始抄录、背诵但丁《神曲·地狱篇》,至 1972 年 7 月抄到第九曲。

1977 年　73 岁

恢复写作权利，出席上海文艺界的座谈会。

1978 年　74 岁

7 月，开始写创作回忆录。

8 月，《巴金近作》由四川人民出版社出版。

1979 年　75 岁

12 月，《随想录》（第一集）由三联书店香港分店出版。

1980 年　76 岁

4 月，《巴金近作》第二集由四川人民出版社出版。

1981 年　77 岁

关于建立"中国现代文学馆"的倡议得到茅盾、叶圣陶、夏衍、冰心、丁玲、臧克家、曹禺等作家的赞成和支持，该馆筹备委员会于本年 12 月在北京成立，巴金、冰心、曹禺等九人为委员。

《随想录》（探索集）、《创作回忆录》由三联书店香港分店出版。

1982 年　78 岁

《巴金近作》第三集《探索与回忆》由四川人民出版社出版，《巴金散文选》（上下册）由浙江人民出版社出版，十卷本《巴金选集》由四川人民出版社出版，《随想录》第三集《真话集》由三联书店香港分店出版。

1983 年　79 岁

上海文艺出版社续编《中国新文学大系》（一九二七——一九三七），巴金应邀撰写小说卷序言。

本年《巴金论创作》由上海文艺出版社出版。

1984 年　80 岁

患"帕金森氏综合征"，在两手发抖情况下在病床上一笔一画写出随想录第四集《病中集》。

1985 年　81 岁

3 月 26 日，北京西郊万寿寺中国现代文学馆（旧馆）落成开馆，巴金主持开馆典礼。

1986 年　82 岁

12 月，《巴金六十年文选》由上海文艺出版社出版发行。

本人亲自整理、编订并撰写序言的《巴金全集》自本年度起由人民文学出版社陆续出版。

从 1980 年 6 月开始，人民文学出版社陆续分五集出版《随想录》，依次为《随想录》、《探索集》、《真话集》、《病中集》和《无题集》，到 1986 年 12 月全部出齐。

据不完全统计，《随想录》的国内版本迄今至少已经有 13 种，同时还被翻译成英语、法语、日语、韩语等多种语言流传海外。本年 10 月，出版韩文版《随想录》选集。

1993 年　89 岁

人民文学出版社二十六卷本《巴金全集》全部出齐；着手进行《巴金译文全集》的整理和校阅工作。

1996 年　92 岁

1 月，《巴金七十年文选》由上海文艺出版社出版。

1997 年　93 岁

6 月，十卷本《巴金译文全集》由人民文学出版社出版。

2005 年　101 岁

10 月 17 日，在上海逝世。

参考文献

巴金：《巴金全集》（1—26 卷），人民文学出版社 1986—1994 年版。

巴金：《巴金译文全集》（1—10 卷），人民文学出版社 1997 年版。

艾以：《艺海一勺》，四川文艺出版社 1986 年版。

鲍昌、邱文治：《鲁迅年谱》，天津人民出版社 1980 年版。

陈荒煤：《文学回忆录》，四川人民出版社 1983 年版。

陈荒煤：《冬去春来》，江苏文艺出版社 1994 年版。

陈思和：《犬耕集》，上海远东出版社 1996 年版。

陈思和：《写在子夜》，上海人民出版社 1996 年版。

陈思和：《从鲁迅到巴金：陈思和人文学术演讲录》，中西书局 2013 年版。

陈思和：《人格的发展——巴金传》，上海人民出版社 1992 年版。

陈思和：《巴金图传》，广东人民出版社 2002 年版。

陈思和：《中国新文学整体观》，台湾业强出版社 1990 年版。

陈思和、李辉：《巴金研究论稿》，复旦大学出版社 2009 年版。

程永新：《一个人的文学史》，天津人民出版社 2007 年版。

胡风：《胡风晚年作品选》，漓江出版社 1987 年版。

黄裳：《黄裳自述》，大象出版社 2002 年版。

贺圣遂、姜华主编：《出版的品质》，复旦大学出版社 2012 年版。

姜德明：《与巴金闲谈》，文汇出版社 1999 年版。

姜德明：《新文学版本》，江苏古籍出版社 2004 年版。

姜德明：《沪上草》，作家出版社 1988 年版。

纪申：《记巴金及其他——感想·印象·回忆》，宁夏人民出版社 1994 年版。

鲁迅：《鲁迅全集》第 4、12—14 卷，人民文学出版社 1981 年版。

鲁迅博物馆、鲁迅研究室、《鲁迅研究月刊》选编：《鲁迅回忆录》（上、中、下），北京出版社 1999 年版。

李存光编：《巴金研究资料》（三卷），海峡文艺出版社 1985 年版。

李存光：《巴金传》，北京十月文艺出版社 1994 年版。

李辉：《巴金传》，人民日报出版社 2011 年版。

李辉：《人·地·书》，人民日报出版社 1988 年版。

李济生：《巴金与文化生活出版社》，上海文艺出版社 2003 年版。

罗荪：《文学回忆录》，四川人民出版社 1983 年版。

茅盾：《茅盾全集》第 35 卷，人民文学出版社 1991 年版。

茅盾：《茅盾自传》，江苏文艺出版社 1996 年版。

倪墨炎：《倪墨炎书话》，北京出版社 1998 年版。

司马长风：《中国新文学史》，香港昭明出版社 1983 年版。

唐金海、张晓云编：《巴金年谱》，四川文艺出版社 1989 年版。

田一文：《我忆巴金》，四川文艺出版社 1989 年版。

王建辉：《出版与近代文明》，河南大学出版社 2006 年版。

王晓明：《王晓明自选集》，广西师范大学出版社 1997 年版。

许道明：《京派文学的世界》，复旦大学出版社 1994 年版。

许广平：《鲁迅回忆录》，作家出版社 1961 年版。

姚福申：《中国编辑史》，复旦大学出版社 1992 年版。

叶圣陶：《叶圣陶集》第 9 卷，江苏教育出版社 2004 年版。

杨义：《中国现代小说史》，人民文学出版社 1993 年版。

杨义主笔：《中国新文学图志》，人民文学出版社 1996 年版。

赵家璧：《文坛故旧录：编辑忆旧续集》，生活·读书·新知三联书店 1991 年版。

周立民：《另一个巴金》，大象出版社 2002 年版。

后　记

接到贺畅老师邀我写一本《中国出版家·巴金》的约稿电话，得知人民出版社希望出版一套"中国出版家丛书"，首批入选的知名出版家有张元济、陆费逵、叶圣陶、邹韬奋、郑振铎和巴金等，不禁为之心潮涌动——不仅仅因折服于这套丛书的宏大构想而拍案叫绝，更为自己能有机会重新梳理巴金对中国出版的贡献而跃跃欲试。

巴金不仅是一位伟大的文学巨匠，他在出版方面的贡献也堪称功勋卓著。巴金极具编辑热情与编辑天赋，对出版事业倾注了大量心血。有研究者评价说："巴金以文名太高，掩盖了他在出版事业方面的贡献，其实后者对新文学的贡献远比前者重大。"此言道出了巴金为文学出版所营造的文化氛围及其历史贡献所在。

当年，我跟随陈思和教授攻读现代文学，对陈老师所提出的有关现代出版和知识分子民间岗位的思想极为服膺，我的心中被这一新开垦的研究处女地深深吸引，于是决定拿巴金任总编辑的文化生活出版社作为博士论文的研究对象，这也成了我与编辑工作结缘的开始。有很长一段时间，我坐在图书馆里阅读文化生活出版社的出版物，将近三百种图书基本浏览一遍。在陈老师的悉心指导下，我将文化生活出版社与现代作家作品的关系进行了梳理与考究，得出了自己对于文化生活出版社的认知与判断，继而从中提炼出自己的看法与思想。

时光荏苒，弹指间距我离开学校进入出版界工作已经十八个年头。"纸上得来终觉浅，绝知此事要躬行。"在出版社的工作中，我对巴金及其同人的编辑理念体悟更深，对他们的敬业精神感佩更切。作为一名现代文学的研究者，更作为一名出版业的从业者，我由衷地尊敬巴金和他的同道们，他们在推动文学生长、促进民族文化发展的过程中做出了巨大贡献。他们没有人想到金钱，没有人想到报酬，大家彼此都讲奉献，不讲索取，为了自己钟情的文化事业尽心竭力，流血流汗而至死不悔。

巴金曾说："我们工作，只是为了替我们国家、我们民族作一点文化积累的事情。这不是我自我吹嘘，十几年中间经过我的手送到印刷局去的几百种书稿中，至少有一部分真实地反映了当时我国人民的生活。它们作为一个时代的记录，作为一个民族发展文化、追求理想的奋斗的文献，是要存在下去的，是谁也抹煞不了的。这说明即使像我这样不够格的编辑，只要去掉私心，也可以做出好事。那么即使终生默默无闻，坚守着编辑的岗位认真地工作，有一天也会看到个人生命的开花结果。"

这"个人生命的开花结果"，正是巴金所追求的生命境界，对我们这些今天的出版人无疑也是一种重要的人生启示，希望我们也能够像巴金他们那样贡献自己的专业知识，发挥社会良知的作用，使自己的理想在平实的岗位得到实现、得到践约，从而去传衍精神的火种，使之永生。

十八年后，再次写下这些文字，我要衷心感谢我的导师陈思和教授，是他的教导使得我对巴金的文学理想与编辑生涯有了近距离的感知；感谢巴金故居的大力支持，为本书提供了弥足珍贵的历史图片；感谢马长虹老师的精心编辑，以及卓然君的诸多帮助。没有以上诸位的提携和支持，就没有读者面前的这本书。

孙　晶

2016 年 3 月于复旦

统　　筹：贺　畅
责任编辑：汪　逸　马长虹
封面设计：肖　辉　孙文君
版式设计：汪　莹

图书在版编目（CIP）数据

中国出版家．巴金／孙晶　著．—北京：人民出版社，2016.5
（中国出版家丛书／柳斌杰主编）
ISBN 978－7－01－015719－1

I.①中…　II.①孙…　III.①巴金（1904~2005）－生平事迹　IV.① K825.42

中国版本图书馆 CIP 数据核字（2016）第 009083 号

中国出版家·巴金

ZHONGGUO CHUBANJIA BAJIN

孙　晶　著

人民出版社 出版发行

（100706　北京市东城区隆福寺街 99 号）

北京盛通印刷股份有限公司印刷　新华书店经销

2016 年 5 月第 1 版　2016 年 5 月北京第 1 次印刷
开本：710 毫米 ×1000 毫米 1/16　印张：19
字数：200 千字

ISBN 978－7－01－015719－1　定价：76.00 元

邮购地址 100706　北京市东城区隆福寺街 99 号

人民东方图书销售中心　电话：（010）65250042　65289539